RECONSTRUCTION OF
PRIVATE LAW
AND SYSTEM FR
PERSPECTIVE OF WILL

王森波 著

意志视角下
私法理论与体系的重构

中国法制出版社
CHINA LEGAL PUBLISHING HOUSE

序

本书作者是我的学生，2011—2013 年在华东政法大学博士后流动站跟随我做博士后研究。1993 年中国政法大学毕业后，他一直从事律师工作，2008 年进入复旦大学攻读博士学位后才开始转入理论研究。根据他的这一经历，入站时我曾建议他的选题尽可能地与实务相结合，以充分发挥其法律实务方面的特长。然而私法基础理论对他有着一种不可抗拒的吸引力，他最终选择的是《近代私法意志理论的反思与重构》这样一个宏大而抽象的选题。2013 年 10 月，该选题以优秀的成绩通过了答辩。然而，作者本人似乎并不满意，出站后也一直没有停止修改。今年五月去庐山法院调研时，作者又提到了这篇论文，他说民法典很快就要出台了，他不能再等了，他对私法理论及其体系的研究无论如何也该定稿了。看得出，本书的修改和出版是他的一桩很大的心事，多年来，他对此一直充满期待而又略显不安。

以个体意志的作用对象为基础，潘德克顿法学所建构的是一个由物法、债法、家庭法等各子体系组成的横向结构体系。这种体系由于过于强调各子体系内部的理论自足性，在一定程度上忽略了私法各组成部分的共同基础及其内在关系，因而在理论上常常无法形成前后一致的融贯性解释，也难以避免法律适用上的内在冲突与竞合。在体系构造上，这种横向体系构造不仅无法协调所谓的“事实不平等”与自治理念之间的冲突，而且也不能妥善处理民法典与诸单行民事法律之间的关系，甚至是物法、债法和家庭法这些仍保留在民法体系内部的部分，它们之间的关系也显得越来越疏远淡漠，以至于看起来越来越不像是“一家人”了。可以说，潘德克顿法学及其所建构的体系已经无法适应当下的社会现实，其理论与体系的建构方式的确需要重新审视了。

立足于意志的自主性，作者希望能为私法各子体系的理论建构寻找到一个共同的逻辑起点，并由此解决潘德克顿法学所面临的各种困境。经过七年的艰难探索，作者对潘德克顿法学理论与体系进行了改造完善，并从私法视角论、意志自主论和纵向构造论三个方面进行了系统的阐述。

作者认为，不同的视角影响着人们对法律的理解方式和解释方式，并进一步影响甚至决定着人们的法律思维方式和法律理论与体系的建构方式。私法的视角主要有两种：一种是“关系—正义”视角，也可称为“关系视角”或“正义视角”；另一种是“个体—意志”视角，也可称为“个体视角”或“意志视角”。正义视角一般都会承认某种先在或应然的秩序，并立足于这种秩序来设定一般性的正义原则；而意志视角一般不承认任何先在的秩序，而是立足于个体的意志来设定规则，所考虑的是个体的行为选择是否能够真正体现本人的意志。立足于两种不同的视角，尽管有助于人们形成对私法的全面认识，但从私法理论和体系建构的角度而言，同一理论或体系中不能同时存在两种视角，否则必然导致理论的内在冲突与体系的分解。对当前潘德克顿法学所面临的困境，立足私法视角论，基本上可以寻找到问题的根源。

立足于意志的自主性，作者系统阐述了自主行为理论。意志自主与意志自由不同，自由表达的是个体与环境的关系，而自主反映的是个体的选择倾向；自主行为与法律行为也不同，法律行为仅限于有效的意思表示行为，而自主行为不仅包括法律行为，还包括履行行为、侵权行为以及其他基于个体自主决定而实施的一切行为。由此，私法领域的个体行为有了共同的逻辑起点和规范基础。

在作者看来，私法不过是个体意志自主决定的领域，立足于意志自主，可以打造出一个纯粹的个体意志自主决定的空间，这一空间可进一步划分为主体领域、关系领域和责任领域三个不同的部分。其中：主体领域表达的是一个孤立而完全的个体免受他人干涉或侵犯的空间，反映的是单纯的不以个体意志为转移的共处关系，在此领域，一切个体对他人的主体领域负有普遍性的不作为义务。除主体领域的共处关系外，个体还可以基于自己的意志与他人设定各种关系，由此进入关系领域。关系领域的义务既有个体通过承诺的自我设定，也有法律的预先设定，但即使是法律预设的义务，是否建立关系从而接受这种义务的约束仍然取决于个体的意志。在此意义上，关系领域的义务在本质上都可以说是个体意志自我设定或认可的义务。无论是主体领域的普遍性义务，还是关系领域自我设定或认可的义务，对本人都具有约束力。义务的违反构成责任，责任体现的是对自主行为的法律约束。主体领域、关系领域和责任领域的私法领域划分体现的是一种纵向的逻辑脉络，从而形成了私法体系的一种纵向构造。

可以看出，作者对私法理论及其体系的建构是宏大而自成体系的。其提出的私法视角论强调视角在理论与体系建构中的重要性，对如何处理当前私法自治理念与“事实不平等”问题的冲突有重要的理论价值。意志自主论立足于意志的自主性对自主行为、权利与责任等私法核心概念进行了重新阐释，有效解决了当前私法理论所面临的内在冲突、权利泛化以及责任与债和义务的关系等理论难题。相对于潘德克顿的横向体系，纵向体系构造的内在逻辑关系更为清晰，且更具有包容性和开放性，对知识产权、劳动关系、消费关系乃至成员关系等内容在私法体系中的安排，排除了理论和法律理念上的障碍。

目前，我国的民法典制定已进入最后阶段，各分编草案正在广泛征求意见，其基本的体系框架已经成型。本书提出的是一个完全不同的体系构造，其立足于意志视角所阐述的意志自主论在很大程度上也是对传统私法理论的颠覆。但是，本书提出的“纵向体系”无论是否能对我国的民法典制定产生影响，它对我们重新审视私法的体系构造都有不可忽略的价值；本书的观点无论是否能被广泛接受，它都值得一读。因为，它为我们理解私法打开了一个新的视角，展示了私法的另外一副模样。

华东政法大学法律文明史研究院

何勤华

目录

contents

上篇　私法视角论

——私法理论与体系建构的视角：历史演变与当代选择

中篇 意志自主论

——意志视角下私法理论的重构

下篇 纵向构造论

——立足于意志自主论的私法体系

上篇　私法视角论

——私法理论与体系建构的视角：历史演变与当代选择

导言

一、视角与理解私法的方式

随着近代民法典的降临，法典自身成了历史性的起点，古老的罗马法对现今大多数法律学子而言已经成为一个历史的想象。“这个古老的帝国就像年久失修的旧城堡那样衰落了，爬山虎慢慢布满全身，再加上那脱落的窗户和开裂的角楼，他愈发像一幅图画，像一首诗歌，但也愈发不适于居住。”① 与此同时，人们似乎也并没有放弃这样一种观念：法律从来都不是突然生成的，在历史传统与现代法律之间，必然存在着某种血脉相连的关系。罗马法隐藏着法律内部的发展演进逻辑，它仍然向我们叙述着一个经历。因此，在很多学者看来，近代私法并没有“自发地形成新的法律世界，而是在与过去密不可分的共同体中如此行为，他们仍然是正在进行着的传统的一部分”。②

但无论如何，不容忽视但不幸常常被人忽视的是，在如何看待和理解法律的问题上，古今已有很大的不同。在很多情况下，今天的法

① 拉德布鲁赫在评价德国法律史研究时做了这样的评价，他批评说这幅图画正是历史学派所“向往的充满深奥意境的理想图画”。参见［德］赖因哈德·齐默尔曼：《罗马法、当代法与欧洲法——现今的民法传统》，常鹏翱译，北京大学出版社2009年版，第45页。

② ［德］赖因哈德·齐默尔曼：《罗马法、当代法与欧洲法——现今的民法传统》，常鹏翱译，北京大学出版社2009年版，第97页。

律学人即使仍然使用着与古代罗马同样的法律词语，但词语所表达的内容却可能早已大相径庭了。今天的法律人几乎毫不迟疑地将买卖关系视为一个单独的法律关系，但在古代罗马，通过要式口约完成的买卖则是由买的要式口约和卖的要式口约两个相互独立的法律关系来共同完成的。① 买卖关系在罗马法上也可以通过合意契约来建立，但与现代法律的要求不同，通过合意而建立的买卖关系不仅仅要求双方意思表示的一致，其表示的内容还需要符合特定的条件。比如，买卖关系必须以货币为价金。因此在罗马法上，由于缺少以货币为价金的条款，以物易物不构成买卖。② 罗马法上的合同形式不仅影响着对关系类型的判断，还影响着行为的法律后果。同样是买卖关系，如果当事人采取合意契约的方式来订立，出卖人对明知而未作明示的标的物的瑕疵负有诚信义务，这足以使买受人获得一项诉因。但如果双方采取要式口约的形式，即使标的物存在瑕疵，买受人也无法取得有效的救济手段。

这种基于相互关系或具体关系类型的法律思维方式在有关“错误”的法律认识上同样有清晰的体现。在罗马法学家眼里，所谓“错误”并不是我们当前所理解的一方当事人意思与表示的不一致，而是双方当事人之间的分歧，或者说是合意的欠缺。因此从实质的法律后果上，错误所导致的结果并不是无效或可撤销，而是合意的未达成。③

可以看出，对于同样的买卖关系，古代罗马人与现代人的理解并不一致。罗马人似乎从不像我们今天这样立足于个体的立场来看待私

① 参见周枏：《罗马法原论》（下册），商务印书馆 1994 年版，第 720 页。

② 参见［英］巴里·尼古拉斯：《罗马法概论》，法律出版社 2004 年版，第 188 页。

③ 参见 Digest，18.1。立足于合意的欠缺来认识契约法的错误，直到萨维尼那里才得到改变。萨维尼将错误定位于单方的意思与表示的不一致。就此问题可参见《意志表示错误制度研究》一书（梅伟著，法律出版社 2012 年版，第 72 页）。

法上的问题，他们对一个行为的正当性判断，总是放在城邦共同生活的框架下，所考虑的是个体的行为是否符合城邦生活对他的角色要求，而并不考虑——至少是很少考虑——这一行为是否能够真实地反映个体的意愿。易物之所以不是买卖，是因为罗马法对买方与卖方的不同角色身份进行了区分，不同角色负有不同的义务，不同角色在法律上有不同的法律救济方式，没有价金的互易无法确定买方与卖方，从而也就无法基于买卖合同的规范来确定各自的义务及法律救济方式。① 现代人以当事人的意思来确定权利义务，故此并不存在罗马法所面临的这种基于角色定位而产生的困惑。

对同一私法问题，不仅古代罗马人与现代人之间有不同的理解方式，不同的文化传统也会造成理解方式上的差异。比如，对于债的履行问题，尽管古代罗马赋予了债权人非常大的权力，但基本上并未脱离私法的范畴，是否使用法律赋予的权力仍取决于债权人自己的选择，国家并不过多地予以干涉。如《十二表法》规定，当债务人不履行判决确定的义务时，债权人有权将债务人拘禁、卖作奴隶甚至杀死。② 但这些权力并不是由国家决定并实施的，是否行使这些权力完全取决于债权人本人。但在古代中国，债的履行并不仅仅被视为一个私法行为，还被认为关乎社会的秩序。因而在古代中国，常常立足于国家的角度来对私法关系进行干涉，并以刑事或行政的调整手段来代替民事调整手段。如《大清律例·户律》"违禁取利"的规定："凡私放钱债及典当财物，每月取利，并不得过三分。年月虽多，不过一本一利。

① 在罗马法上，基于买卖关系有两种诉讼，一是买物之诉，二是卖物之诉，分别是由买方和卖方提起的。参见［意］彼德罗·彭梵得：《罗马法教科书》，黄风译，中国政法大学出版社 2005 年版，第 287 页。

② 参见［古罗马］《十二表法》第三表，第 2—7 条。

违者，笞四十。以余利计赃重者，坐赃论，罪止杖一百。”这种以刑事或行政调整方法代替民事调整方法的思维方式甚至直到现在仍有所体现，如 1996 年 9 月 23 日《最高人民法院关于对企业借贷合同借款方逾期不归还借款的应如何处理问题的批复》中规定，企业间借贷属于无效合同，对约定的利息，人民法院有权予以收缴。即使当事人没约定利息，人民法院仍有权按同期银行贷款利率计算并予收缴。

这种差异的形成绝不是单纯的制度设计不同所导致的结果，在不同的制度设计背后，反映的是人们对法律的不同理解方式。而这种对法律的不同理解方式，又与人们观察法律的角度或解释的立足点密切相关。这种对法的观察角度或者解释的立足点，我称之为法的视角。立足于不同的视角，人们对法律可以形成不同的理解方式和解释方式，并由此进一步形成不同的法律理论和体系构造。比如，对于合同关系的理解和解释，现代法律立足的是当事人的意思，古代罗马立足的是相互关系中对双方的角色定位，而在古代中国，人们对来自官方的干预则有着更多的认同。

二、私法的两种视角

视角取决于观察者所处的位置，或者说视点。视点并不单纯表示方位，也代表着一种立场。立足于不同的视点或立场，人们对同样的事物看到的是不同的姿态，对同一问题也会有不同的理解和解释。法律调整的是人与人之间的关系，观察和理解法律的视点不能脱离人本身。立足于人，可以形成三种视点：要么立足于独立的个体，要么立足于两个人之间形成的关系，要么立足于更多的人组成的集体或社会。私法调整的是私主体之间的关系，如果完全立足于社会的视角——就像古代中国那样，私法会淹没于社会法或行政法中，不可能形成独立的私法部门。因而就纯粹的私法而言，私法的视点只能有两个：或立足于独立的个体，或立足于人与人之间所建立的关系。

单纯的视点不能形成视角。视点位于观察对象之外，它虽然影响着理解的方式，但理解在此时尚未开始，理解开始于观察者所观察到的事物本身。观察者立足于视点观察事物时，其眼光的落脚处，我们可称之为观察的着眼点。着眼点才是观察和理解的起始点，同时也是进一步建构理论体系的起始点。立足于不同的着眼点或者说起始点，人们提出了各种各样的理论学说，并由此形成了诸多法学流派。比如，有人着眼于利益提出利益法学，有人着眼于权利提出权利理论，其他诸如自然法学、分析实证法学、概念法学、社会法学、经济分析法学等各种法律理论或学说，都毫无例外地有着其自身的着眼点或者说起始点。

不同的视点和起点可以有不同的组合形式，如自然法理论以自然自在的外在秩序为起点，它既可以与个体的视点相结合从而为个体天赋的自然权利进行辩护，也可以与关系视点相结合并由此为等级制度提供理论支撑。① 又如，利益法学，它既可以立足于个体为个体利益提供保护，也可以立足于集体从而为剥夺个体利益提供正当性理由。视点与起点的不同组合形式使各种法律理论学说呈现出更为丰富的姿态，同样以自然法自称的理论可能立足的是完全不同的立场，而乍看起来完全对立的学说，却可能对具体的制度构建有着基本相同的理解。如自然法和实证法虽然对法的渊源的认识起点不同——前者立足于自

① 近代自然法思想是以个体为立场的，与古希腊斯多噶学派的自然法学说以及中世纪基督教的自然法思想所秉持的立场明显不同。尽管它们都认可存在某种自然秩序，但无论是斯多噶派还是基督教思想家，这种自然秩序都是客观外在的，而在近代自然法思想家眼里，这种自然秩序毋宁是由人的理性所能够达致的——甚至完全是由人的理性所建构的——秩序。

在的秩序，后者立足于实定的法律，但它们完全可以立足于同样的立场来构建具体的法律制度。比如，自然权利理论和德国潘德克顿法学的意志论，虽然分属于自然法和实证法两个不同的学术流派，但他们却有着相同的个体立场，在通过理性来建构法学理论与体系问题上，两种学说同样不存在根本性的分歧。

但是，并不是所有的起点都可以与不同的视点进行组合。某些起点只能形成于特定的视点，因而与另一种视点从根本上存在天然的分歧和冲突。比如，经济分析理论主要考虑的是社会成本问题，在调整法律关系或解决纠纷的各种方法中，同等效果但社会成本最低的方法为最优。成本比较总是以某种具体的关系存在为前提的，个体的意愿或偏好尽管并未完全被忽略，但不可能成为理解或解决问题的出发点。又如，权利理论，权利总是个体的权利，总是以个体的意愿、利益或选择为出发点的。脱离了个体的视角，权利就失去了正当或合理的基础。因此，经济分析理论与个体立场、权利理论与关系立场是难以相互通约的。

立足于关系立场，个体行为是否具有正当性，关键在于在双方的相互关系上，其行为是否符合这种关系对双方的角色要求。由此，无论是社会的自然生成，还是法律的现实规范，针对不同的关系类型中的各种不同角色，对其行为要求或者说对其权利义务都必然存在某种先在的预设，否则，对个体行为的正当性评价便失去了标准和依据。由于这样的标准和依据是作为正当性评价而存在的，因而无论是以外在的自然为起点，还是以利益为起点，抑或以其他着眼点为起点，这样的标准和依据从根本上说都是为行为的正当性寻求一种正义原则。

关系立场需要事先预设某种正义原则，反过来，正义原则也离不开关系立场。单纯的个体行为本身无所谓正义或非正义，只有当一个人的行为与他人发生某种关联时，才存在正义问题。也就是说，正义在任何情况下都存在一个预设的关系立场。“一个纯粹的事实，或者一种任何人都无力改变的事态，有可能是好的或坏的，但却不是正义的或不正义的。”[1] 比如，一个人扔出了一个石块，单单从这一行为本身我们无法说它是正义或不正义的。但如果这一行为是在周围有较多人的情况下实施的，或者故意针对他人实施的，那么我们就可以说这样一个行为是不正义的，因为这一行为与他人建立了联系。也就是说，正义是通过具体的关系来体现的，离开了人与人之间的特定关系，正义就失去了根基。由此可以说，正义原则是一种关系原则，是在人与人之间的关系意义上存在的。

立足于个体立场，无论是以自由为起点，还是以权利为起点，还是以其他着眼点为起点，个体行为的选择都取决于本人的意志。即使个体选择在任何情况下都不可避免地会受到各种外在条件的限制，但选择最终都是本人在对各种因素进行权衡的基础上自主做出的。当然，个体意志的自主性并不是绝对的，在很多情况下需要受到限制，为此，法律需要确定个体意志能够自主决定的领域或范围。超出个体意志自主决定范围的行为不具有正当性，但在个体意志自主决定的范围之内，个体意志的自主选择是否具有正当性，并不取决于该行为是否符合某种外在的原则要求，而是取决于该行为是否能够真实反映本人的意志。

因此，与正义视角的关系立场不同，意志视角体现的是一种个体立场。立足于这种个体立场，个体的选择只要是个体自主决定的，无论最终的结果是否符合某种客观的公平正义标准，均不影响其效力。也就是说，在个体意志自主决定的范围内，法律不再为个体行为提供

---

① ［英］哈耶克：《法律、立法与自由》（第二、三卷），邓正来等译，中国大百科全书出版社2000年版，第50页。

外在的公平正义标准，它将行为的选择与后果的承担均交给了行为者自己。在此意义上，意志视角与个体立场是不可分割的。

不可否认，个体意志的表达同样也是在关系中的表达，离开了具体关系，单纯的个体意志表达不具有法律意义，因而并不受到法律的关注。比如，单纯的个体愿望也体现个体的意志，但在与他人建立起某种关系之前，这样的愿望没有必要被纳入法律的调整范围。但是，与立足于关系立场的正义视角不同，在意志视角下，法律调整的出发点不再是立足于关系的某种正义原则，而是立足于单方的意志。除了个体意志不能超出自主的边界之外，原则上它只考虑个体意志表示的真实性，而并不考虑——至少是不重视——任何外在的公平正义原则。也可以进一步说，意志视角所关注的是个体意愿是否得到了真实的表达，并不注重实际的结果，而正义视角关注的是相互关系上的平等，尤其是平等在结果上的实现。在这一问题上，意志理论和正义理论反映的是两种完全不同的视角，体现出对法律完全不同的理解方式。

由此，私法可以区分为两种不同的视角：一种是“个体—意志”视角，或简称为个体视角或意志视角；另一种是“关系—正义”视角，或简称为关系视角或正义视角。其中，正义视角一般都会承认某种先在的或者是应然的秩序，并立足于这种秩序来设定一般性的正义原则。而意志视角一般不承认任何先在的秩序，而是立足于个体的意志来设定规则，所考虑的是个体行为是否能够真正体现自己的意志。

在上述视角分类的意义上，所有的私法理论也可以被归为两类，它要么是为个体意志的行使方式进行注解，要么是为个体行为的正当性评判提供一种正义的标准。立足于个体意志视角的不仅有意志论，还有权利论，它既可以在实证法的范畴中得到论证，也可以在自然法的基础上孕育发展。正义视角同样如此，古代的自然法、当代的平等理论和经济分析理论，都以某种外在的原则为基础，均可归为正义理论的范畴。

视角决定着人们对法律的理解方式和解释方式，并进一步影响着人的法律思维方式和法律理论的构建方式。不同的观察视点形成了不同的立场，不同的建构起点反映着理论建构的不同逻辑原点，并决定着法律调整方式的最终落脚处。总之，基于不同视角所形成的法律理论以及法律体系必然有着不同的内在逻辑关系，在这种情况下，它们相互之间在很大程度上也是难以相融的，或者说不可通约的。

不可通约指的是理解方式、思维方式、理论与体系的构建方式等方面的不可通约。一种法学理论不可能同时立足于两种不同的视角，否则很难做出前后一致的融贯性解释；一个制度设计也只能有一个出发点和一个落脚点，否则无法确定明确的依据。比如，在医患关系中，如果有两种治疗方案，方案的选择权该由医方行使呢，还是由患者行使？无论是尊重个体的选择还是立足于关系的平衡，在制度设计上只能立足其一，否则当双方出现分歧时，法律无法给出一个最终的解决标准和裁判依据。同时，立足点的选择也是与制度设计理念保持一致性的关键因素，不同的立足点形成不同的法律理念，不同法律理念下的制度设计无法保持内在逻辑关系的一致性，从而也无法协调地并存于同一法律体系之中。

不可通约并不意味着不同的视角在任何方面都是截然相反、水火不容的。我们常常发现，尽管古代罗马与近代德国立足的是两种完全不同的视角，但在很多情况下，对于同样的问题，法律规则的具体设计却并无明显的差异，甚至罗马法的概念和制度直到今天仍不失借鉴意义。因此，不同视角之间的差异主要是指理解与建构方式的差异，这种差异虽然导致了理论和体系建构上的不可通约，但在对具体问题的处理结果上，却常常可以达致殊途同归的效果。同时，由于任何一个视角相对于另一视角都具有一种超脱的立场，因而总是能清晰地观察到对方所存在的问题与不足。因而，无论采取何种视角，都不意味着对另一种视角的完全排斥，尽管在体系构建上二者不可通约，但在具体的制度建设上，两种视角却可以互为镜子，从而是能够相互参考、相互借鉴的。

三、私法视角问题的当前意义

迄今为止，法学界似乎还从没有人关注过私法的视角问题，但这一问题的现实意义不容忽视。由于不同视角影响着人们对法的理解和建构方式，因此通过对私法视角的讨论我们能够更为清晰地梳理私法理论及其体系的内在逻辑关系，并在此基础上进一步寻找不同视角所存在的问题及问题形成的根源，从而为问题的解决提供有针对性的方案。当前，私法理论所面临的困境，以及法典化建构所面临的挑战，在很大程度上也正是由于没有解决好视角冲突问题所导致的。

当代私法理论是建立在个体意志视角基础上的，自治是其基本理念，在很多情况下，权利的享有与义务的承担都是当事人自我设定的。但随着社会的发展，这种立足于意志视角的自治理念常常会导致非常不公平的结果。比如，在劳动关系与消费关系中，作为弱势一方的劳动者和消费者虽然在法律意义上仍然是自主决定的主体，但是在其与用人单位和经营者订立合同的过程中，由于事实上的地位不平等和信息不对等，劳动者和消费者常常只能被迫接受不公平的条件，事实上无法真实地表达其本人的意志。在这种情况下，法律上的平等关系带来的却是事实不平等的结果。由于立足于意志的视角无法解决这种困境，学者们转而借助于一种正义视角，试图通过限制当事人的自治来平衡双方的关系。

这样的解决方式虽然在某些方面有助于解决意志理论所面临的困境，但基于关系视角所形成的理念却是与基于个体视角的基本理念偏离的，理论上也无法做出前后一致的融贯性解释。比如，如果某种关系类型上的事实不平等需要基于正义的理由予以干涉的话，我们需要界定：这种事实不平等达到何种程度才可以启动正义原则的介入？法律干预的边界在哪里？在正义原则的介入下，传统私法理论上的基本理念与一般原则应如何重新定位？在未解决这些问题的情况下，私法理论和体系均会陷入新的困境。

事实上，我们也已看到，随着正义原则的渗透，传统的民法体系已经开始解体，劳动关系和消费关系等事实不平等关系逐渐从民法体系中被剥离。甚至对于传统民法的基本内容，尽管它们仍存在于同一法律体系之中，但各部分之间的联系却早已渐行渐远，以致看起来越来越不像是一家人了。

我国当前的民法典编纂也面临着同样的问题。从目前已完成的各专家建议稿和人大法工委草案看，与传统的五编制体系相较，尽管都不同程度地进行了一些改变和调整，但均是在传统体系的框架内进行的，并没有突破传统民法的理论基础与思维方式，对潘德克顿法学及其体系所面临的困境如何予以解决也没有进行丝毫尝试。在这种情况下，我国当前法典化的必要性与现实意义也必然会受到质疑。

私法理论和体系的重构是当前私法学界的重要课题，对于我国当下的私法学界而言，由于正处于法典化过程中，这一问题更是我们无可回避的任务。不过，无论我们做何选择，都应当清醒地认识到，潘德克顿法学这件曾经光鲜的外衣早已破烂不堪了，寄希望于对其缝缝补补已经无法再现其昔日的荣光。我们不应当仍然沉浸于其落日的余晖中，潘德克顿体系这驾破旧的马车也不可能继续长久地行驶在现代社会的大道上，应是我们重新思考新思路的时候了。

本书所讨论的是私法的视角以及在此视角下理论与体系的建构问题，全书共分三部分。第一部分为私法视角论，视角本身并不足以解决私法理论和私法体系的重构问题，但理论和体系的重构不能盲目为之，须有明确的逻辑起点。在此意义上，私法视角的选择是解决理论与体系重构不可缺少的前提。由此，私法视角论可以说是关于理论与体系重构的前提性论证，因为任何理论与体系的建构都不可能脱离特定的视角。不讨论视角问题，理论与体系的建构就容易走向迷途，陷入困境。第二部分为意志自主论，在意志视角下，以意志的自主性为逻辑起点，从自主行为、自主的领域、自主的权利表达、自主行为的责任承担等方面对私法基本理论进行了重述。第三部分为纵向构造论，该部分集中讨论的是私法体系，以意志为视角，以意志自主论为基础，提出了一种四编制的纵向体系构造。

私法理论与体系，何其博大深邃，本人不自量力，欲一改私法二百年来之传统，而开创新的理论起点又谈何容易。然本书凝聚着本人七年的努力，所有主张即使难免粗陋浅薄，仍觉并非一无是处。倘能促使学人从另一不同的角度重新审视一下私法理论及其体系，我相信必能看到私法的另外一番模样。

第一章　罗马法的“正义”视角

第一节　罗马法的历史演进

一、罗马法的生成与发展

罗马城的建立在很大程度上是以氏族间的联盟为基础的，联盟意味着出现了一个凌驾于氏族之上的具有共同体性质的组织。为了统一的联盟组织共同目标的实现，必然要求对外行动的一致性，进而需要联盟内部权力的相对集中与统一。在这种权力结构不断分化与组合的过程中，城邦联盟内部各氏族之间的权力斗争必然构成罗马社会早期政治斗争的主线。

氏族斗争促成了王的权力的相对集中与统一，王反过来通过一系列改革措施逐步瓦解氏族的势力，从而又进一步加快了权力集中的步伐。据传，为瓦解部落和氏族力量，第二任王努马将不同部族的人按职业重新进行组合，并按地域将罗马领地划分为若干不同的区域“帕吉”。此后，图留斯不分氏族而是按财产将罗马城邦市民重新组织成不同的百人团，并在此基础上组成百人团大会，同时按地域将居民重新划分成 4 个地区性的部落，在此基础上又设立了 17 个乡村部落。努马和图留斯的改革对古罗马政治进程影响深远，恩格斯就说过，罗马“在所谓王政被废除以前，以个人血统为基础的古代社会制度就已经被破坏了，代之而创立了一个新的、以地区划分及财产差别为基础的真正的国家制度”。[①]

政治上的权力斗争所带来的不仅仅是权力结构和政治体制的变化，城邦政治生活必然与氏族关系以及跨氏族的社会生活关系的发展进程交织在一起。依赖血缘纽带组织起来的氏族有一定的封闭性，它有自己的居住地域，有自己的祭祀和习惯，甚至在一定范围内保留着氏族内部管理和颁布氏族法令的权力。然而改革首先在政治生活上打破了封闭而单纯的氏族生活，氏族不再是政治生活中的基本要素。库里亚大会也逐渐失去其原来的氏族集会的性质，它不再以氏族为基础来进行划分，而是按地域划分并以一种民众会议的姿态加入城邦组织当中，从而使氏族生活同作为共同体的城邦政治生活连接起来。家庭和社会生活由此逐渐脱离了氏族的局限，通过非血缘的关系形式重新进行组合，并形成了以新的政治性组织为中心的社会生活圈子和社会交往形式。

这一过程是氏族与城邦政治生活逐步走向融合的过程，同时也是氏族封闭生活逐渐被打破而融入城邦共同体生活的过程。在这一过程中，氏族逐渐失去了其作为基本政治单位的地位，氏族关系的纽带日益松弛，人与人之间的关系不再单纯地依赖于氏族内部成员之间的关系，而是被更为广泛的家庭组织关系和个体间社会关系所取代。这种社会变化反过来又影响了城邦政治体制和政治斗争形式的变化，政治问题也不再是单纯的氏族之间以及王与氏族之间的关系，而是转变为统治集团与被统治集团的关系，“人”因而不再是氏族的人，而成为

① ［德］马克思、恩格斯：《马克思恩格斯选集（第四卷）》，人民出版社 1972 年版，第 126 页。

城邦的人，从而形成了具有国家政治意义的统一身份——市民身份。

统一的市民身份构成了统一市民法的前提和基础。当罗马政治生活以氏族组织为基本单位的时候，国家所关注的是氏族之间的关系，个人关系作为氏族内部事务主要由氏族习惯来调整。社会生活与城邦政治生活的交织打破了氏族生活的封闭性，相应地也必然带来各氏族习惯的相互渗透与融合，这成为“法”向“法律”转换的最原始的动因。《十二表法》的颁布意味着表现为氏族习惯的“法”向“法律”的转变，氏族习惯开始融入一种更为广泛适用的、已脱离氏族关系的统一的社会规范中来，统一的市民法由此形成。

早期市民法主要表现为习惯法，带有较浓重的宗教特征，掌握法律解释权的祭司贵族常常通过对法律的任意解释来欺压平民，由此引起平民阶层的普遍不满。为限制贵族的擅断和专横，对法进行明确并以成文法方式给予公布就成为平民的迫切要求，这一度成为当时平民与贵族斗争的焦点。公元前 454 年，护民官向元老院提议建立由贵族和平民共同组成的立法委员会，颁布对双方均有益并且使双方拥有平等的自由权的法律规范。公元前 451 年，罗马成立了十人法律起草委员会，起草编辑了十表法律，将其提交公众评议和讨论，并在修改后，经百人团民众会议表决通过。次年成立的第二个十人委员会在十表的基础上又增加了两表，共十二表。《十二表法》成为罗马历史上第一部成文法。

从内容上看，《十二表法》并未涉及祭祀贵族的解释权问题，也没有通过具体的法律条款来改变祭祀贵族对法解释权的垄断和司法程序的神秘色彩。但是，《十二表法》将习惯成文化并公开颁布，在客观上为法的世俗化拉开了序幕。此后不久，一位平民祭司长提比留·科伦尼卡开始通过宣传和教学的方式向公众提供法律咨询。法知识的传播打破了祭祀贵族对法解释权的垄断，法学家依靠他们深厚的学识逐渐获得了与祭司们同样的权威，他们对法的解释权因此得到了普遍的承认，并被赋予法的适用上的指导意义。法的解释由此开始从弥漫着神秘的宗教色彩的僧侣们的深宅走向大众。

尽管世俗化打开了法通往日常生活的大门，但早期罗马法有着严格的形式主义传统。“一项请求只有当能够以得到承认的形式加以表达时，才可以向法庭提出。”[①] 当某种请求无法在现行适用的“法律”中寻找到根据时，这种请求便无法得到裁判官的支持。裁判官在这一时期既不能创造新的诉讼形式，也不能将现有的“法律诉讼”扩展适用于未得到“法律”承认的请求。同时，法律规范所要求的形式过分地拘泥于细节，人们哪怕只犯有极其细小的错误，都将可能面临败诉。这些法律诉讼逐渐引起人们的厌恶。在这种情况下，公元前120年左右，《阿布兹法》对诉讼程序进行改革，将适用于异邦人的“程式诉讼”确立为普遍适用的诉讼形式。由此，程式诉讼开始主导罗马法的历史舞台。

在程式诉讼中，裁判官既不直接创造私人间的法律关系和法律规范，也不向个人发布命令性规范，形式上他并无立法权。但是裁判官却可以通过创制某种程式来赋予当事人在特定情况下以诉讼手段，并通过诉讼取得法律上的保障。这样一来，裁判官实质上能够通过程式诉讼来认可甚至创制某种实体法律关系，生活中的“法”由此得以通过诉讼手段转化为“法律”的规范。这样，裁判官终于从早期法律诉讼形式主义的羁绊中解放出来，在法的适用问题上“开辟了一个范围更广的可能性领域”，[②] 从而开创了一个“法”和“法律”的多元化快

① ［英］巴里·尼古拉斯：《罗马法概论》，黄风译，法律出版社2004年版，第21页。

② ［意］朱塞佩·格罗索：《罗马法史》，黄风译，中国政法大学出版社2009年版，第187页。

速发展的时代。

由于裁判官并不享有立法权，因此所谓裁判官法并不表现为“法律”的形式，而是通过裁判官告示来体现。裁判官通过告示宣布在自己任期内对何种诉讼依照怎样的标准进行司法活动，依照治权，裁判官并不受告示限制，可以根据具体情况直接认可、拒绝或推翻已经公布的诉讼手段，但司法权作为治权，它会受到公共舆论的限制，其同僚或护民官还可以针对裁判官的活动行使否决权。因而裁判官告示一般很少在任期内发生变动，而且裁判官还会对上任留下的经验加以吸收，从而使裁判官告示在某种程度上具有沿袭性，其内容不断地得到修正和丰富。公元前 67 年，《科尔内利法》规定裁判官必须依其永久告示司法，由此限制裁判官依其治权对告示所公布的内容的随意改变，裁判官告示愈加严肃和正式。

与此同时，随着法的世俗化进程，祭司贵族对法的解释的垄断权逐渐被打破，世俗法学家公开宣传法并提供法律咨询，向当事人提供能够达到诉讼目的的解决方案。随着程式诉讼的出现，法学家会建议当事人采取何种诉讼手段以及选择应提出的程式。当裁判官法未就某项请求赋予诉权时，他们还会为当事人设计适当的程式，通过当事人向裁判官提出请求，要求裁判官给予审判。由于裁判官往往并不具有专业的法律知识，那些有威望的法学家建议的程式往往会成为裁判官决定具体程式时的重要参考。

法学家同样没有制定“法律”的权利，他们只是揭示规范，并以现存的“法律”为前提条件，因此，法学家的解释只是一种关于“法律”的知识，并没有任何强制性效力。这种解释依赖法学家的威望和影响，在“法律”的实践中却发挥着极其重要的作用。社会是不断发展变化的，需要通过解释使“法律”能够涵摄并解决社会发展中不断出现的现实问题，从而能够更好地适用于不断发展变化的社会环境。在程式诉讼中，法学家还通过提出程式设计的建议影响并丰富着裁判官法的内容。从这一意义上，法学解释承担着发掘规范的任务，实际上发挥了创造“法”的功能，并因此成为罗马法的渊源。

市民法、裁判官法和法学家法反映了罗马法在发展进程中的不同渊源，就这些不同渊源的法，市民法是基础。裁判官法形式上并不创造和修改市民法，但实际上对市民法起着补充和根据现实需要不断进行修正的作用。法学家法通过解释对市民法和裁判官法同样起着促进和修正作用。应予注意的是，古代罗马的程序法对私法关系有着非常重要的影响，裁判官法和法学家法在某种意义上均是在程序法基础上形成的。在某种意义上甚至可以说，法律通往世俗生活的大门是通过诉讼程序打开的。总之，在古代罗马，不同渊源的法在形成和发展过程中，一直是相互渗透、相互影响和不断交汇的，并形成了一种不可分割、共荣共生的关系，共同统一在一个更宽泛的市民法概念之下。

随着君主权力的加强，国家权力逐渐延伸到国家的各个角落，私法自我演进的生命力开始枯竭。公元 130 年，哈德良皇帝委托法学家尤里安确定了裁判官告示的最终文本，裁判官法彻底寿终正寝，不再是影响法的发展的重要渊源。法学家的解释在这一时期也出现了重大的变化，法学理论开始同君主权力联系起来，由此出现了“经君主批准的解答权”。解答权成为有名望和才华的个别法学家的特权，并成为对法官具有约束力的法的渊源。尽管这并未直接导致个别法学家在君主权力干预下对法学理论活动的垄断，但在裁判官已失去生命力的前提下，未经批准的解答权除单纯的学术活动上的意义外，已不能对司法活动产生任何影响。他们不再有受人尊敬和追捧的社会地位，法学家的创造力和积极性受到严重影响。对那些享有“经君主批准的解答权”的法学家而言，他们则越来越具有官僚化的特征。法学家再也不是向民众提供法律咨询的专家，而沦落成为君主提供服务的工具。

由此，富有生命力的法学理论失去了对现实的指导作用，法学家充满睿智和激情的创作活动走向了末路。

与此同时，君主开始直接颁布涉及私法关系的各种法律规范，这些规范以谕令的形式予以颁布，国家权力开始直接对私人关系实施干预。“帕比尼安在根据市民法和荣誉法的基本区别规则整理各种渊源时，把君主谕令同元老院决议一起列入市民法类别；这是因为这些渊源被等同于法律，而且君主有权把它们直接同市民法制度一起运用，而不是仅局限于像裁判官那样采用诉讼手段。”① 这样一来，通过君主颁布的各种谕令和其他形式的“法律”开始成为市民法的渊源，并最终随着权力不断向君主集中而成为法的唯一渊源。

二、罗马法体系的形成

根据《学说汇纂》中收录的彭波尼的说法，罗马法的整理编辑工作早在公元前6世纪王政时期就出现了，赛斯特·帕皮里曾将王政时期实施的库里亚法汇集成册，称为《帕皮里市民法》，法学家彭波尼说作者在这部汇编中没有“掺加任何个人的东西”，② 因而是一本单纯的关于法的汇集。但是这种说法似乎并不能经得起推敲。罗马城邦建立初期，城邦的权力极为有限，当时的政治生活主要表现为王为加强王权而致力于对氏族力量的削弱，因而其颁布的所谓法律主要是着眼于城邦的权力分配，私人关系并未被纳入国家权力的视野，甚至对于体现国家权力的司法制度也表现出较强的私人审判的特征。在这种情

① ［意］朱塞佩·格罗索：《罗马法史》，黄风译，中国政法大学出版社2009年版，第262页。

② 参见Digest，1.2.2.1.

况下，即使王颁布法律，主要也应是具有公法性质的规范，而不是关于私法的规范。同时，平民与贵族斗争的历史表明此时罗马所适用的是习惯法，其解释权由祭司贵族掌握，《十二表法》颁布的重要原因就在于使习惯法明确化，这一历史也说明《十二表法》颁布前应当不存在大量的成文私法规范，而且人们普遍将《十二表法》作为古代罗马的第一部成文法，这一普遍认识也可与罗马法的早期演进过程相吻合。正因为此，有人认为所谓《帕皮里市民法》并非真正的市民法，而不过是关于一些圣事仪式规范的集合。[①]

《十二表法》作为古代罗马的第一部成文法，由于法律颁布的目的主要不在于制定一部新的法律，而是通过法律的公开来限制贵族解释法律的肆意，所以，《十二表法》的立法目的主要不在于新法的创制，而是对罗马早期习惯法的一个汇编，或者说是习惯法的成文化。

从内容上，《十二表法》可分为五个部分：第一部分包括前三表，分别为传唤、审理和执行，属于诉讼法内容；第二部分包括第四表和第五表，是关于家长权、继承和监护的规定，属于家庭法内容；[②]第三部分包括第六表和第七表，其中第六表是所有权和占有，第七表是土地和房屋，从名称上看，均属于物法的内容；第四部分亦即第八表是私犯，是关于侵权或犯罪的规定；第九表和第十表属第五部分，分别是公法和宗教法的内容。至于第十一表和第十二表是后来增加的，分别是对前五表和后五表的补充。由此可以看出，《十二表法》对公法和私法并未进行明确的划分，其是公法和私法的集合体，因而李维说

① 参见徐国栋：《奎里蒂法研究》，载《罗马法与现代意识形态》，北京大学出版社2008年版，第71页。

② 罗马法上的监护与现代民法意义上的监护有很大不同，家父权下的家子受家父支配，不存在监护问题，监护是指对不受家父权控制下的未成年人的监护。

它是“公法和私法的共同渊源”。[①] 对于私法部分而言，《十二表法》对债法和物法没有进行明确区分，第六表名称为所有权和占有，但实际上主要是关于所有权和占有转移问题，亦即契约法的内容，而现代意义上的所有权所涉及的所有权确定以及支配力问题则在第七表中进行规定。第八表私犯主要涉及的是侵害，但并不对现代意义上的侵权与犯罪进行区分，因此被称为“伤害法”。相对于其他各表内容，这部分内容较多，共 27 条，内容也相对独立，是完全独立的一部分。

《十二表法》颁布的特殊历史背景决定着它并未以法的体系化为目标，从现代部门法划分的角度，《十二表法》对各部分的划分也不是十分清晰。因此，《十二表法》远不像有些学者所认为的那样已具有高度的体系化特征，在很大程度上它只是反映了古代罗马早期“同狭窄的社会、简朴的乡村生活相适应的法律制度”。[②] 诉讼、家庭、所有权、相邻关系和私犯均是他们日常生活的一部分，因而这种体系分类只不过是当时人们生活经验的一种直接和直观性的反映。

《十二表法》颁布后，福劳维对司法年历和诉讼程式进行了汇编整理，称为《福劳维法》。《福劳维法》的目的仍主要在于诉讼程式的公开化，而不在于法的体系化。共和国初期还出现了被称作“三分法”的法律汇编，它出自赛斯特·艾里之手，所谓的“三分法”是指《十二表法》、对《十二表法》的注释和有关法律诉讼三部分内容。因此，严格说来它更多地应属于法律注释性著作。

此后对罗马法进行体系化研究的是斯凯沃拉，他在对罗马法进行

---

① [古罗马] 李维：《自建城以来》，王焕生译，中国政法大学出版社 2009 年版，第 115 页。

② [意] 彼德罗·彭梵得：《罗马法教科书》，黄风译，中国政法大学出版社 2005 年版，第 5—6 页。

体系化分类的基础上，创立了继承法、人法、物法和债法四编制体系，这种体系后来由萨宾继受并在此基础上进行了进一步阐述。[①]除了注重体系化方法的斯凯沃拉和萨宾外，同一时期也有汇编式作品，奥菲里通过裁判官告示整理出当时所适用的所有诉讼程式。

但是，罗马法学家是法律实务家而不是理论家，他们公开宣传法并向当事人提供法律咨询，所热衷的只是向当事人解释法并提供能够达到诉讼目的的解决方案。也就是说，当时的法学家更加注重的是法的实践，而极少将精力倾注在构建系统的理论体系上，也正是法律实践而不是法学理论的构建才给法学家带来荣誉和威望。就此，爱尔兰法学家约翰·莫里斯·凯利评论道："这些法学家所探索的法律科学是反理论的。宏大的第一性规则和普遍性陈述对他们来说相当之陌生。他们是严格意义上的实务家，关注的是他人向他们寻求法律咨询的具体个案，并给出不加修饰的、没有哲学藻饰的简洁意见，这些意见大多也不附完全的推理过程——尽管通常会引用其他的或先前的法学家的相同意见支持自己的观点。"[②]

可以说，从《十二表法》颁布直到共和国时期，还谈不上真正意义上的法的体系化，早期对法和法律进行的整理工作大多只是汇编和解释性的，而且这些工作并不具有明确的对法进行体系化的目的。尽管斯凯沃拉等人已经开始关注法的体系化工作，但在当时他们的努力并没有受到足够重视。

然而，我们也应该认识到，早期的体系化工作尽管并未引起充分

① 参见徐国栋：《盖尤斯及其法学阶梯——兼论盖尤斯与优士丁尼各自的法学阶梯的关系》，载费安玲等著：《从罗马法走来——桑德罗·斯奇巴尼教授七十寿辰贺文》，中国政法大学出版社2010年版，第11页。

② ［爱尔兰］约翰·莫里斯·凯利：《西方法律思想简史》，王笑红译，法律出版社2010年版，第44页。

重视，但对罗马法体系的形成意义深远。《十二表法》尽管主要是为法的公开而颁布，也许并未考虑法本身的体系化问题，但它奠定了罗马法体系的基本格局。法学家的体系化努力同样影响深远，斯凯沃拉创立的四编制尽管在当时并未被接受，但他所采取的方法被认为是“为完善和发展完备的制定法提供了应遵循的规则”。[①]奥菲里通过裁判官告示对法律进行汇编的方法后来成为很多法学家所采用的方法，并最终被应用于《学说汇纂》的编纂。

随着君主制的加强，皇帝谕令逐渐成为法的唯一渊源，裁判官不能再创制新的告示，法学家的解释中也只有“经君主批准的”解答才得到认可。在此情况下，大多数法学家逐渐失去了其用武之地，开始从充满活力、富于创造性的实务工作中淡出，由此出现了一种专门性的侧重总结整理的体系化编纂倾向。较有代表性的如尤里安的《学说汇纂》，保罗和乌尔比安的《论告示》等。尤里安在其《学说汇纂》中按照告示的次序编辑文献，并以此为基础，将相关市民法和法学家的论述也收入其中。这些汇编式作品尽管均需考虑编排的体系性问题，但从内容上看，大多数作品仍以个案分析为基础，因而其所展示的仍不过是一种“法学技艺”，还很难说是系统的法学理论。[②]

基于教学需要而开展的学术活动是这一时期法学理论发展的另一条线索。在法学家活跃于诉讼活动的时期，法学技艺的传授是通过一种“学徒式”的方式进行的，随着法学家对个案诉讼影响的减弱，在实务中对学徒进行训练的教学方式无法进行，课堂式的教学活动开始

---

① [意]桑德罗·斯奇巴尼:《桑德罗·斯奇巴尼教授文集》，中国政法大学出版社 2010 年版，第 41 页。

② 参见[意]朱塞佩·格罗索:《罗马法史》，黄风译，中国政法大学出版社 2009 年版，第 273 页。

兴起。法学家在这种情况下不再是通过实务对学徒进行训练，而是通过讲授来使学生获得法学的知识。课堂教学当然可以按照个案分析的方式进行，但对所讲授的内容也提出了系统化的要求。因此，为适应教学的需要而编写的著作相对而言更加注重法的体系化，盖尤斯的《法学阶梯》即其中的代表。

在这部作品中，盖尤斯创立了一种人、物、诉讼三分法体系结构，他说："我们所使用的一切法，或者涉及人，或者涉及物，或者涉及诉讼。"① 相比于同时期的汇编式作品，盖尤斯的《法学阶梯》并不是以个案为基础的汇编，而是有明显的高度抽象化特点。贯穿作品内容的不是一个又一个与具体案件相关的问题，而是高度抽象出来的法学概念。这些相互联系的概念形成了一个网络，有助于将不同的法分门别类整理到不同的概念之下，从而使法的知识不再是经由个案所形成的规则的堆叠，而是一个具有一定内在逻辑联系的体系。

法学家的这类汇编式著述反映了法学理论研究在帝国时期的转向，这种转向有利于罗马法快速发展之后的理论沉淀。无论是对各种解释的汇编，还是对专题性工作的深入研究，抑或系统化的评注和整理，他们都将法学的目光引向了一种体系化的工作上来。通过这种体系化的汇编工作，为罗马法体系的最终形成准备了条件。

公元527年，优士丁尼皇帝登上皇位，他认为从罗马建城直至他所在的帝国时代，罗马法因出现内在的冲突而摇摆，需要把它们重新整理为一个和谐的整体。② 为此，他任命了一个十人委员会对罗马皇帝颁布的法律进行编纂。其任务是在原来官方编纂的法典基础上，删除已过时的内容，并对重复和矛盾之处进行整理、删减和修改，并结

① ［古罗马］盖尤斯:《法学阶梯》，黄风译，中国政法大学出版社2008年版，第3页。
② 优士丁尼Tanta敕令。

合后来颁布的谕令编纂一部新的法典。这项工作完成后，优士丁尼又委托特里波尼安成立一个专门委员会，负责编辑一部《学说汇纂》，以保存古典法学著作的精华并为当时所实行的法提供说明。该项工作历时3年，于公元533年最终完成。此后，优士丁尼又命令特里波尼安以皇帝的口吻编写了一部教材，它以盖尤斯的《法学阶梯》为蓝本，同时广泛参考了盖尤斯及其他法学家的其他著作，也取名为《法学阶梯》。它虽以教学为目的，但同时具有法的效力。

优士丁尼的上述所有法律编纂成果加上其后在新颁行法令基础上补编的《新律》被后人统称为《民法大全》。《民法大全》完成后，据说为保证其权威性，优士丁尼焚毁了大量的法学家手稿并禁止对《民法大全》作任何评注。但无论如何，它保留了最能代表罗马法体系的精华内容，使法学家们的体系化方法得以通过法典化的形式被最终确认。

三、罗马法的生成演进轨迹

罗马早在二千多年前就形成了“以私有制为基础的最完备形式”的私法体系，而有着更为悠久历史和文明传统的中国直到近代，私法仍是隐而不彰。学人们多从经济和文化的角度来解释这种差异形成的原因，认为罗马法的发达源于其奴隶制商品经济的高度发展以及对古希腊法律文化的传承。[①] 然而，这种解释似乎显得过于轻率，如果罗马法的发展是对古希腊法律文化继受的结果，这种文化却并没有促成希腊本土法学理论的枝繁叶茂；如果罗马法的发展取决于其商品经济

① 参见叶秋华、王云霞主编：《大陆法系研究》，中国人民大学出版社2008年版，第30—32页。

的发展，古希腊和古代中国都曾经历过商品经济的繁荣时期，然而私法同样未能在希腊和中国这种繁荣的商品经济土壤中开花结果。相对于经济和文化的因素，法律发展过程中的政治性因素常常被不同程度地忽略了。事实上，罗马法的发展尽管不能脱离特定的经济基础和文化传统，但其生成演变的轨迹更多的是与国家权力介入私人生活的方式相联系。

罗马城建立初期，其主要功能体现在防御和进攻的对外战争关系上，对内的国家职能非常有限。尽管努马和图留斯均开始着手内部治理的改革，但其着眼点均在于削弱氏族组织的势力，所解决的仍是国家权力的配置问题。库里亚不再依血缘而是依地域和财产来划分的改革措施显然是以分化氏族力量为目标的，国家对个人的控制并未因此而得到强化。从某种意义上甚至可以说，分化氏族力量的改革措施的推行是通过赋予更分散的家庭和个人更多的政治地位和自由空间来换取支持的。在这种情况下，国家权力的触角并未直接延伸到私人生活关系的空间，即使它已经开始通过各种方式向私人生活关系渗透，这种渗透能力也是极为有限的。

罗马城邦早期国家功能的这种局限性形成了国家和社会两个不同层面上的法的规范，一是与国家政治生活相联系的“法律”，它在不同政治力量相互斗争和妥协的过程中以条约或国家立法的形式来表现，这种形式所反映的是城邦政治联盟的特征，从内容上大多涉及的是城邦的组织结构及不同部族的人在城邦的政治地位，很少直接涉及由私法调整的那些关系。私人关系是由在原始习惯基础上形成和发展起来的“法”的规范体系来调整的，尽管现在我们已经很难区分哪些规范还停留于习惯或风俗的层面，哪些规范已上升到“法”的层面，同时我们也难以清晰地考证习俗在何种情况下以怎样的方式上升为“法”，但无疑这种“法”的早期形成是独立于国家权力之外的。因此，罗马法很早便形成的关于“法”与“法律”及“公法”与“私法”的划分并非罗马法学家的理论发现，而是当时国家与社会生活的活生生的现实，是特定政治和社会环境下的产物。

“法”的早期发展尽管几乎未受到国家权力的干预，但这种调整私人关系的“市民的法”必然要成为“城邦的法”，国家权力和“法律”必然会向“法”进行渗透并进而影响“法”的进程。这种渗透表现在很多方面：权力斗争和政治上的改革打破了氏族的封闭性，迎来的是一个新的更为广泛的城邦社会关系和生活秩序，它不断促使新的“法”的产生以适应变化的社会生活需要。“法”的适用也不再是完全出于自发和意愿，祭司贵族开始统一对法的适用进行解释，祭司贵族对法解释权的垄断尽管在很大程度上与早期法的宗教性特征密切相关，但也表明了一种来自国家治理层面上的安排。同时，为避免私人纠纷解决过程中的暴力争斗，国家权力也开始渗透到私人纠纷处理机制上来，国家权力由此通过诉讼与“法”的实现交织在一起。

但是，在古代罗马，国家权力对私人纠纷的介入同样是十分有限的。《十二表法》中，诉讼中包括拘传、扣押等强制措施并不是依国家强制力而是由当事人以自力方式来实施的，甚至对于生效的判决也没有公力执行手段，而是靠当事人自行采取措施促使其实现。在诉讼过程中，长官并无审判权，其权力仅限于某种可称之为“建立诉讼关系”的职能，当被告针对原告的起诉进行抗辩时，行政长官并不自己审理，而是委任一名承审员进行审理。也就是说，长官的职责仅在于当争议发生时启动诉讼程序。负责审判的承审员也非专门的官员，而是从承审员名册中由当事人临时选定的，他根据听取的双方的陈述和证据完全依“自由心证”作出判决。这表明，古代罗马早期诉讼具有一种私人仲裁的性质，国家权力的介入极为有限，行政长官或承审员甚至还谈不上是在行使司法权。在这种情况下，“法”仍以一种自然生成的方式缓慢地跟随着社会发展的步伐。

罗马法早期生成演进与国家介入私人生活的方式有关，而其多元化的繁荣与发展则与裁判官这一特殊职位的权力运作方式相联系。公元前367年，《李其尼和赛斯蒂法》通过，该法设立了平民执政官，这招致了贵族元老的强烈反对。为避免再次发生严重冲突，贵族与平民互相妥协，决定设立一名由贵族独占的官职——裁判官，以补偿贵族在执政官职位上所失去的地位。这一事件被视为罗马专职裁判官的起源。

裁判官在当时绝不是作为特别行使司法权的官员而设立的，因为司法官员在当时所起的作用根本不足以弥补贵族在执政官地位上的损失。从级别上，裁判官是比执政官低一级的下级同僚，但除级别和特别行使司法权外，在其他方面其职权与执政官似乎并没有什么不同。裁判官同样参与并行使军事指挥权，当执政官缺席时，则由裁判官行使城邦行政管理的其他广泛的职权，他可以召集民众会议甚至是元老院会议，可以提出立法提案等。在行省，裁判官则完全吸收了行政长官的职位，行省的管理需要是通过裁判官予以满足的，而且裁判官有时不只是一人，多名裁判官常常被授予不同的权限。[①] 以上种种迹象表明，裁判官是罗马共和国高层领导集团的一名成员，他所广泛享有的权力是一种治权的表现，司法权作为一种特别的授予，更是几乎不会受到干预。

由此我们才能真正理解裁判官在古代罗马司法活动中所处的地位及其作用。裁判官享有广泛的"治权"，他虽然未被赋予立法权，但与单纯的司法裁判官不同，他并不严格受限于制定法所确立的规则，而且他还能够通过程式诉讼来认可甚至创制某种实体法律关系。司法

① 参见马尔蒂诺：《罗马政制史》，薛军译，北京大学出版社2009年版，第321—323页。

权由此成为一个桥梁，它不仅连接着国家与个人，还将法律与生活连接起来，使得活生生的现实通过诉讼手段直接转化为法的规范。在这种模式下，传统习俗、生活习惯以及伦理观念等一切可称为“民间法”的东西均可以非常顺利地完成向法律规范的转化，从而体现出“法”对民间规范强大的吸收能力，罗马法因而也表现出强大的生命力。

除治权的性质外，裁判官的司法权还有其特殊的权力组织形式，这种权力组织形式同样对罗马私法的发展有着非常重要的影响。裁判官是在百人团民众会议上选举产生的，任期较短，一般是一年。一般情况下，如果由专业人士长期任职，他们会慢慢将职业所及的范围视为自己的特殊领地，从而形成一种与“外部人士”严格区分的较为封闭的职业化群体。然而，当司法权由这些临时性的“外行”来掌握的时候，职业化所形成的排外主义精神就很难兴起。由于裁判官自己也不具有专门的知识，这就为一群来自“外部”的职业人士的出现提供了肥沃的土壤，促使大批拥有专业性知识的法学家群体的产生。

早期的国家制定法对私人关系的调整总避免不了权力强制的特征，因而常常使私法被淹没于国家权力的阴影中而难以形成自身特有的规范体系。罗马法在其早期的发展过程中，国家权力虽然开始以各种方式渗透到“法”的层面上来，但这种有限的介入并未改变“法”的“自我”发展的轨迹，不仅如此，这种渗透还使自然形成的私法规范走出作为“习惯”的原初形式，得以以“法”的姿态被纳入国家与社会管理的层面上来。可以说，正是罗马城邦早期特定的政治环境所形成的这种国家权力与“法”的双向交互作用使罗马私法走向了一条独特的发展之路。

罗马法的这种“自我独立”发展道路借助裁判官的治权及其特殊的权力组织形式，进一步使法从早期法律诉讼形式主义的羁绊中解放出来，在法的适用问题上“开辟了一个范围更广的可能性领域”。从而开创了一个“法”的多元化快速发展的时代。直到罗马专制君主制时期，“法”与“法律”的这种关系才完全被统一到皇帝谕令之中，从而使得罗马法的活力被扼杀在君主权力之下，并最终终结了罗马私法独特的发展脚步。

第二节 罗马法的视角

罗马法的生成与发展并不是自上而下的设计与建构，而是其自身长期自我演进的结果。在这一演进过程中，国家权力介入私人纠纷解决机制的方式起到了非常重要的作用。但无论这种作用有多么重要，公权力的影响因素从根本上说也只是一种环境因素，它只不过是为法的自我演进提供了难得的机遇，或者说它打开了社会生活通往法规范的大门。罗马法何以演进成为它本身的样子，起决定作用的还在于当时人们对法的观察视角，以及在该视角下所形成的对法的理解方式。

视角的形成，亦即人们为何会立足于这样一种立场——而不是其他的立场——来认识法，并不单纯是思想的产物，而总是与特定的社会环境相联系。具体而言，人们对视角的选择取决于其所处社会的组织结构形式及在社会中占主导地位的思想观念。其中：社会组织结构形式反映的是人与人之间的关系类型和关系结构，它影响着人们对各种社会关系的认识方式，从而决定着调整各种社会关系的法律的具体内容及其建构方式；而社会观念的功能同样不容忽视，它不仅可以为人的认识方式和法律提供理论支撑，还可以为其实施效果提供相应的评价手段。

一、古代罗马的社会建构

在从氏族向国家过渡的过程中，人类社会的组织结构形式发生了重大的变化。氏族社会时期，尽管在氏族内部，所有氏族成员之间是一种平等关系，但与此同时，个体的一切也完全被囊括于氏族之中，在氏族之外，个体的生活世界几乎不存在任何选择可能性。[①] 国家的建立打破了氏族组织的局限性，但同时打破的还有人与人之间的平等性，世界各国的早期历史所形成的几乎毫无例外地都是一个以不同身份划分为基础的等级制的社会结构。

身份，人们一般将之解释为“人的出身和社会地位”，[②] 但除此之外，身份还指人的不同角色划分，如一个成年男人，相对于不同的对象，他会有不同的角色定位，既可以是儿子，也可以是父亲。一个人常常并不只有一个身份，而是多重身份的集合体。从宽泛的意义上，在任何社会条件下，每个人都有着多重身份，但现代社会中的身份更多地反映的是个体在社会或特定社会关系中所承担的角色，几乎不再有出身和社会地位方面的意义。与此相反，古代社会中的身份则更多地表达的是社会意义的区分，并基于这种区分赋予不同身份以不同的权利义务，并由此形成对人的社会地位的等级划分。

在这种以人的身份而建构的等级社会中，尽管并未完全排除个体通过自身的努力改变命运的可能性，但等级的划分从来都不以个体的差异为标准，而总是与各种不同的类型差异相对应，如性别差异、种族差异、地域差异等。在此意义上，身份并不是用来表达一个区别于

① 参见［英］齐格蒙·鲍曼：《寻找政治》，洪涛等译，上海世纪出版集团2006年版，第152页。

② 参见《辞海》：“身份”词条。

他者的独特的自我，而是贴在个体身上的一个类型化的标签，每一种身份都是在一类人与另一类人之间划定的一条界线，并由此确定了个体在社会中的不同归属。在这一意义上，身份从来都不是关乎个体的，而是社会类型化区分的符号化表达，是社会建构的产物。

与大多数国家的早期形成进程一样，古罗马城邦最初形成于不同氏族（部族）之间的联合。尽管早期的部落联合体并没有消除个体作为氏族成员的身份，[①] 但是，城邦共同行动需要强调全体成员的共同利益才能获得凝聚力，由此需要引导氏族联盟向统一的形式方向发展。为此，王需要淡化氏族的身份，而强调个人作为城邦成员的共同利益，“人民”的概念随之出现。“人民”一词散发着强烈的“政治统一体”的信号，它的出现意味着个体不再是单纯的氏族成员，而是整个城邦共同体的一员，反映的是目标明确的政治建构。

随着王权的加强，氏族力量逐渐被削弱，与氏族制度相联系的各种政治设计逐渐失去其氏族特征而转化为国家统治下的各种政治身份。比如，元老，早期的元老院的元老资格具有原初性质，是作为氏族的代表参与城邦管理的一种形式。随着王权的加强以及氏族的瓦解，元老不再是氏族的代表，而是国家领导层的一名成员。由此，元老也不再与氏族体制相联系，而成为国家生活中一种重要的政治身份。在此过程中，人民也开始出现分化。努马和图留斯的改革进一步切断了人与人之间的氏族纽带，转而根据居住地域和财产多寡来将市民分成不同阶层和等级，由此，贵族、平民、官员、祭司等各种政治的和等

① 法比氏族征战威伊人的传说说明直到罗马建城很多年后，氏族仍有很大的独立性和强有力的组织力量。威伊城位于罗马城北约18公里的地方，为争夺台伯河河口的盐场和沿岸据点，罗马与威伊两城一直战争不断。传说在公元前477年，法比氏族共306人（只留下一个孩子在家）与威伊人作战，结果受到伏击全部阵亡。参见［俄］科瓦略夫：《古代罗马史》，王以铸译，上海书店出版社2007年版，第134页。

级的身份开始形成。

随着氏族体制的不断削弱，氏族不仅从城邦政治生活中逐渐退出，还在社会生活中同样失去了影响力，家庭成为社会生活的基本单位。但是，罗马城邦早期的政治斗争主要是王权与氏族权力之间的斗争，国家权力尚无力渗透到个体生活的方方面面，个体生活的大多数问题是在家庭——而不是在国家——层面上予以解决的。

家庭是伴随着氏族的解体和国家权力加强的进程而产生的，同样与国家政治生活相联系。在王权与氏族权力斗争过程中，王分化氏族力量的改革措施的推行在很大程度上是通过赋予更分散的家庭和个人更多的政治地位和自由空间来换取支持的。在这种情况下，家庭构成了国家治理结构层次中的一个重要组成部分。就此问题，意大利法学家彭梵得也说：“最初的罗马国家为了瓦解那些最可怕的较大团体，不仅想保留而且想巩固那些不大令人担心的较小团体的独立性和势力。”[①]与此同时，由于国家没有能力将个体的一切——像氏族组织那样——全部囊括到国家之中，家庭成为规范个体生活的重要空间。“在整个真正的罗马时代，罗马私法就是家父或家长的法。”[②]国家对个体生活的规范是通过家庭（家父）来实现的。因此，家庭身份也不是自然的形成，同样反映着社会的建构。

罗马家庭的身份建构性质在其具体的制度设计中也可以得到充分的说明。罗马人的家庭观念中并不重视自然的血缘关系，家庭也不是完全基于血缘纽带而建立的，女性的血缘不被列入宗亲属的范畴，如

① ［意］彼德罗·彭梵得：《罗马法教科书》，黄风译，中国政法大学出版社 2005 年版，第 87 页。

② ［意］彼德罗·彭梵得：《罗马法教科书》，黄风译，中国政法大学出版社 2005 年版，第 87 页。

一个人和他的姐姐是宗亲属关系，但与他姐姐的子女却不存在宗亲属关系。与此相对应的是，收养行为在罗马社会大量存在，一个毫无血缘关系的人很容易通过收养而成为家庭的一员，而且收养子女无论是在法律上还是在观念上都与亲生子女没有太大的差别。[①] 因此可以说，在古代罗马，家庭作为一个独立的组织单位并不取决于血缘，而是取决于权力——即他们受同一个家长权的支配，家庭组织体现的是一种具有政治性意义的权力建构。

除了市民等级身份和家庭身份之外，古代罗马还有其他类型的身份区分，一类是与自由相关的各种身份，最典型的是自由人和奴隶，其中自由人又分为生来自由人、解放自由人、拉丁解放自由人和外籍解放自由人等。另外还有一种与市民权相关的身份，即依照是否享有市民权，罗马将人分为市民、拉丁人和异邦人等不同身份。

总之，古代罗马社会是一个基于各种身份区分而形成的等级社会。在社会组织结构中，身份设定了个体的社会地位或者说权利义务，体现的是社会强有力的秩序安排。不仅如此，身份还是各种社会关系的连接点，并由此进一步组成更为复杂的社会网络，各连接点相互连接同时又相互牵制，从而形成一个相对稳定的网络结构。中国社会学家费孝通在谈到中国传统社会结构时说：“社会并不是个人的集合体，而是身份的结构。”[②] 这句话同样也可以作为对古代罗马社会结构的精确描述。

① 比如，作为凯撒第一继承人的屋大维是凯撒的甥孙，依照古代罗马家庭观念，他并不属于凯撒的宗族，与凯撒也无直接的血缘关系，但其作为凯撒的养子并不影响其作为继承人的家庭身份。

② 费孝通：《乡土中国，生育制度》，北京大学出版社 1998 年版，第 143 页。

二、古代罗马的正义观念

身份意味着区分，区分意味着不同对待，或者说不平等对待。人们接受这种不平等的安排，尽管不能排除国家暴力机器的强制性保障，但借助于身份而形成的网络结构之所以能保持长期的稳定性，显然不是单纯通过暴力手段维系的结果。如果将社会的身份建构比喻成搭建积木，它搭建成什么样子当然是国家强制力作用的结果，但要使这种结构牢固而持久，则需要另外一种能够将各部分黏合在一起的力量。

古代等级社会之所以毫无例外地借助身份来建构社会秩序，正是因为身份能够形成一种无可替代的黏合力量。这种黏合力量是由一套系统的关于身份的社会叙事组成的，它讲述着身份之所以应当如此建构的故事，从而为身份安排的正当性提供辩护。当这种辩护理由逐渐被社会所认可，并最终成为一种被普遍接受的社会观念或国家意识形态的时候，身份就无须再依赖暴力手段，而转化为一种具有自我约束和自我调整功能的力量。

身份叙事与身份话语不仅使身份建构合理化，而且使之日常生活化。一旦这种建构浸透到个体的日常生活，就会变得理所应当和不容置疑，其自我约束能力便会不断地自我再生，甚至是自我进化。在这种情况下，国家权力无须通过自上而下的方式直接介入，而是通过一种日常生活中的相互约束与牵制即可完成社会身份秩序的维持。依照法国哲学家福柯的说法，权力与身体，权力与知识构成了其谱系学方法的两个基本命题，其中权力与身份的关系所表达的是权力对身体的控制，而权力与知识的关系则产生对身体控制的各种话语建构。借助于身份话语，权力变得无处不在，并由此形成一套整体性的权力运行机制。[①]

---

① 参见［法］福柯：《规训与惩罚》，刘北成、杨远婴译，三联书店2005年版，第29页。

不同国家在不同时期会有不同的身份安排与身份叙事话语。一般而言，每个社会都有一套占主流地位的身份叙事，这种叙事具有两种基本功能：一是为个体的行为提供一个规范化或者说模范化的标准；二是为当下的社会秩序的正当性提供辩护。

在古代中国，身份叙事是围绕着“礼”展开的。荀子说，“制礼义以分之，使贵贱之等，长幼之差，智愚、能不能之分，皆使人载其事而各得其宜”。[①]《礼记》云：“夫礼者，所以定亲疏，决嫌疑，别同异，明是非也。”[②]董仲舒也说，礼者“序尊卑、贵贱、大小之位，而差外内远近新故之级者也”。[③]可见，礼在形式上虽然是典章制度的组成部分，是个体行为的标准和要求，但其本质是与人的社会身份划分相联系的，体现的是统治者所要求的身份秩序，其目的在于为这种等级制度安排提供正当性辩护。

古代罗马也有一套完整的关于身份的叙事，但与中国的礼不同，古代罗马是借助“正义”来建构身份话语的。尽管正义的理论并不像中国古代的“礼”那样系统，但正义观念已渗透到古代罗马社会生活的方方面面，并在很大程度上担负了身份叙事的功能。

与中国的“礼”一样，正义首先也要为个体行为提供一种规范化的标准。为此，正义被描述成一种德性。在罗马人的观念中，德性并不是单纯的个人品德，更主要的是个体针对他人的行为方式。从单纯的个体角度，德性指的是勇敢、智慧、节制等品性，而在与他人的相互关系中，德性指的是“中正”（aequitas）和诚信（fides）的行为准则。阿库维塔斯（Aequitas）在罗马神话中是象征公平与诚信的女神，

① 《荀子·荣辱篇》。

② 《礼记·曲礼上》。

③ 董仲舒：《春秋繁露·奉本第三十四》。

她衣着华美，手持天平，故有公正和公平之意。在古代罗马法的语境里，该词体现着法的宣告性原则，它为在城邦共同体中生活的个体的行为确定了活动的条件和限度。[①]从自身的角度说是“为人中正”，从对待他人的角度说是“善待他人”，不仅包括善良的意图，也包括善意的方式。诚信（fides）则主要指信守诺言。哲学家西塞罗说诚信是言而必行，是指说过的话应该兑现。[②]这种诚信观念在古代罗马是如此强烈，以至于他们甚至认为在特定情况下为敌人许下的诺言亦应兑现。第一次布匿战争期间，罗马执政官瑞古卢斯被布匿人俘获后，他被派回罗马谈判交换俘虏问题，并承诺一定返回。他回到罗马后，元老院不同意遣返俘虏，尽管他的亲属朋友劝他不要再回去，但他仍遵守诺言回到了敌人那里。[③]对罗马人而言，诚信是正义的基础，不守信义不可能达致正义。

正义不仅为个体行为提供规范化的标准，与中国的“礼”一样，也为现行社会秩序安排的正当性提供辩护。相对于中国的“礼”，古代罗马的正义观主要不是立足于社会地位的尊卑贵贱，而是更强调社会分配秩序。对此，古希腊人和古罗马人是通过“应得”的概念来表达的。罗马法学家将正义解释为“给予每个人他应得的”，[④]古希腊哲学家亚里士多德则通过分配正义和矫正正义的概念来分析不同情况下“应得”的不同含义，他认为分配正义是指“得到其应得的”，而矫正

---

① 参见［意］彼德罗·彭梵得：《罗马法教科书》，黄风译，中国政法大学出版社2005年版，第4页。

② 参见［古罗马］西塞罗：《西塞罗文集（政治学卷）》，王焕生译，中央编译出版社2010年版，第119、333页。

③ 参见［古罗马］西塞罗：《西塞罗文集（政治学卷）》，王焕生译，中央编译出版社2010年版，第341页。

④ Iustiniani Institutiones，1.1pr.

正义是“弥补其不该失去的”。但是，无论是罗马法学家还是亚里士多德，其所谓的“应得”均与“平等分配”无关，而总是与特定的身份相联系。亚里士多德说：“如果两个人不平等，他们就不会分享平等的份额，只有当平等的人占有或分得不平等的份额，或不平等的人占有或分得平等的份额时，才会发生争吵或抱怨。”[①]亦即才可能违背分配正义的要求。在罗马法上，奴隶毫无权利并受人奴役就是他“应得”的，而家子的收入就是家父“应得”的。也就是说，“应得”的含义总是与个体的身份相联系。

基于身份来确定“应得”的思想在柏拉图那里表现得更为明显。他主张给每个人以公平对待，但他所说的公平对待并不是指给所有人同等的权利，而是根据每个人能力的不同而赋予不同的角色，使其履行不同的义务。也就是说，公平对待是与个体的身份相适应的。柏拉图说：“每个人都有适合于他的事情……我们不让鞋匠去当农夫。同样，我们选拔其他的人，按其天赋安排职业，弃其所短，用其所长。”[②]

总之，正义不仅是一种关于身份的社会叙事或者说身份话语，而且反映着古代罗马占主流地位的社会观念。与中国的“礼”法观念一样，其所表达的不仅仅是个体的行为规范，同时还与个体的身份地位相联系，其目标在于达致一个“各司其职，各取所得”的理想社会。

三、罗马法的“关系—正义”视角

法律作为调整人与人之间各种关系的规范，它必须以现实的社会

① See Aristotle，Nicomachean Ethics，Translated by Roger Crisp，Cambridge University Press，2004，pp.134—135.

② ［古希腊］柏拉图：《理想国》，郭斌和、张竹明译，商务印书馆2003年版，第102页。

关系为基础，法律关系因而也不可能脱离现实的社会关系而独立存在，不过是现实社会中各种社会关系的模型化反映。在此意义上完全可以说，有什么样的社会组织结构关系，就有什么样的法律关系构建形式。但是，法律关系的内容及其类型化模式不是社会关系的直接照搬，而是在对现实社会关系进行类型化基础上的抽象。随着社会的发展，法律规范的内容也变得越来越复杂。为了法律适用的方便并避免适用过程中的冲突与竞合，这些复杂的法律规范不可能是毫无规律的杂乱堆积，而是需要按照一定的逻辑顺序进行体系化编排。不同的编排方式反映着人们对法律不同的理解方式，而不同的理解方式取决于法律视角的不同选择。

前文中已经讨论，视角的形成需要一个观察点，对于同一事物，从不同的观察点看到的是不同的模样。但理解并不始于观察点，而是始于事物自身的某种最基本的特性，即逻辑起点。一般情况下，社会结构组织形式本身形塑了人们看待社会现象的立场，从而决定着人的观察点。而逻辑起点的选择尽管从根本上说同样与社会结构组织形式相联系，但在同样的社会结构下，法律常常有不同的表现形式，这是因为影响逻辑起点选择的直接因素不是社会结构，而是当时占主导地位的社会观念。社会观念决定着逻辑起点的选择，从而也就决定着人们看待事物——包括法律——的方式。

古代罗马是一个基于身份而建构的身份等级社会，不同身份意味着不同对待。但身份的意义并不在于身份本身，而在于建立与区分不同的关系类型。在原始社会，所有的人都完全被囊括于氏族之中，不存在任何个体的选择可能性，也就无所谓区分，故而也无所谓身份。只有在相互关系的意义上，身份的确定或者说区分才有必要。比如，古代罗马之所以要确定贵族与平民的不同身份，目的在于区分贵族与平民享有的不同政治地位，由此形成的是国家与个体之间不同的关系类型，同时形成了调整平民与贵族之间关系的特定规则。因此，身份的意义不在身份本身，而在于基于身份形成的关系。不同身份不是各自的孤立存在，而是相互依存的关系存在。在此意义上，我们说，身份是各种社会关系的连接点，其所表达的是被符号化的各种社会关系。

身份意味着不同对待，不同对待还意味着不同的权利享有和不同的义务承担。在身份社会，权利义务主要是基于身份——而不是基于人自身——而设定的。权利义务的设定反过来会进一步固化身份的区分，并由此进一步固化特定的身份关系类型。由此，身份不仅是社会关系的符号化表达，而且是一种被固化的、规范化的社会关系的符号化表达。

无论从何种角度说，身份都是与关系相联系的，离开关系而纯粹地立足于个体，任何身份都没有意义。身份淹没了个体的特质，使个体不再具有任何法律上的意义，而必须借助于身份才具有法律地位或取得权利并承担义务。在这种情况下，古代罗马人观察法律的视点必然是立足于一种关系立场。立足于这种立场，人们即使没有对个体视而不见，个体也必然会被遮蔽在身份关系的阴影下隐而不彰。

因此我们看到，在契约法上，基于不同的关系类型，法律上有不同的处理方式，基于同样的法律关系，古代罗马对法律的理解也会与今天有很大的不同。这样的一种关系立场不仅在财产法领域，而且在“人法”上同样有非常明确的体现，如家子与家父的关系：如果家子脱离父权，则可能自己成为家父而享有独立的民事主体资格。单纯从脱离父权的本人而言，脱离父权并不导致主体地位的降低，甚至比处于父权之下有更为完满的权利能力和更为独立的人格，但在罗马法上，脱离父权被视为人格减等。这也反映出古代罗马人并不是立足于个体的角度来看待法律关系，而是立足于既定的关系类型来理解一个法律事实或行为。

关系反映的是观察点，是立场，视角的形成不仅需要立场，还需要立足事物自身寻找一个起始点。如果说法律是行为规范，那么首先需要界定的是什么样的行为是正当的，法律必须为此提供一个可执行的标准。罗马人立足于关系立场，因而不可能从个体身上寻找正当性，只能立足于某种外在于人的秩序。在罗马人眼里，城邦生活有其自身的秩序，个体行为只有符合这种外在的城邦生活的秩序要求才具有正当性。在这种认识下，行为的正当性取决于某种外在的正当秩序要求，正当秩序由此成为人们建构行为规范的逻辑起点。在不同的历史时期和不同的社会条件下，尽管人们对达致正当秩序的途径存在不同认识，但只要是立足于关系的立场，都毫无例外地隐含着某种先在的对正当秩序的建构或想象。或者说，无论人们是否有意为之，先行预设的正当性原则在此情况下实际上都构成了法律的逻辑起点。正义在任何情况下反映的都是对正当性的表达，因此我将这种逻辑起点称为正义，这种逻辑起点所反映的视角可称为一种正义的视角。

由于正义视角的选择不可避免地会受观察立场——即立足点——的影响，因此，正义与关系也是相互联系、相辅相成的。任何正义都是关系意义上的正义，一个行为是否符合正义的要求，只有放到特定的关系中才能做出判断。在这一观念下，正义并不取决于它是否能够表达和体现个体的意愿，而在于在具体的关系中，当事人能否履行角色所赋予的义务并担负起他们应当承担的责任。对于古代罗马人来说，成为一个人就是填充一个角色，每个人都有自己的特点和目的，这与现代人被认为是居先的个体并独立于所有角色的观念表现出明显的不同。[①] 有人甚至认为，对于古希腊人和古罗马人来说，他们一直未能

① See Alasdair MaeIntyre, After Virtue: A Study in Moral Theory, 2nd edition , University of Notre Dame Press, 1984, p.59.

形成任何始终一贯、清楚阐释的自我观点。①

亚里士多德的德性论清晰地表达了这种关系立场，他认为正义是一种德性，但这种德性并非一个人"内在的"德性，而是一种"向他的"德性。内在于个体的德性无法体现正义，正义是通过一个人与他人的关系来表现的。亚里士多德说："正义与德性有相同的品质，但它们的角度不同，作为相对于他人的品质，它是正义，作为一种品质本身，它是德性。"② 正义的这种关系性特点在关于分配正义与矫正正义的分类中同样有清晰的体现。在分配正义中，分配标准不能通过单一个体的贡献来确定，只能在一种可以相互进行比较的关系意义上才能确定，它反映的是个体与整体之间的关系。在矫正正义中，行为的正当性同样不能从单纯的一方当事人的行为本身来判断，这种关系中的不正义表现为一方当事人得到了他不应得到的，而另一方失去了他不应失去的。③ 因此，正义反映的是事物自身存在的某种秩序，它存在于特定的关系结构中，并通过个体与整体，或者行为人与受害人的相互关系进行定义。

尽管亚里士多德并未就私法问题进行专门讨论，但他对正义尤其是对矫正正义的论述无疑反映着当时的人们对于私法的一般性观念，体现着对私法基本问题的普遍认识。也正是在此意义上，多伦多大学法学教授温里布说："在法哲学史中，私法是亚里士多德的发现。"④

---

① 参见［美］麦金太尔：《谁之正义？何种合理性？》，万俊人等译，当代中国出版社1996年版，第32页。

② See Aristotle，Nicomachean Ethics，Translated by Roger Crisp，Cambridge University Press，2004，p.83.

③ See Aristotle，Nicomachean Ethics，Translated by Roger Crisp，Cambridge University Press，2004，pp.86—87.

④ ［加拿大］欧内斯特·温里布：《私法的理念》，徐爱国译，北京大学出版社2007年版，第58页。

总之，与社会身份建构和正义观念相一致，罗马人在如何理解法律的问题上，采取的是一种"关系—正义"的视角。其中，"关系"表达的是观察和理解的立足点，"正义"体现的是解释与建构的起始点，所关注的是个体在具体社会关系中的角色，以及立足于这种角色的社会分配方式与人际交往方式。

第三节 正义视角下的罗马法理论与体系

一、正义视角下的罗马法理论

在"关系—正义"的视角下，法学理论的建构既不会偏离关系的立场，也不会抛却正义的原则。但正义原则的具体构成以及达致正义的途径，或者说法学理论上如何理解正义并立足何处来实现正义，则可能存在不同的认识，并由此形成不同的学术观点甚至学术流派。正义作为法学理论的逻辑起点，而正义观念反映的是人们对正当性的表达，对于何为正当，人们同样可以有不同的认识，并由此决定着法学理论的具体建构形式。也正是在这种不同认识的基础上，法学理论开始有了其自身的内在逻辑，从而产生了更为学术化的思想。但是，法学理论并不仅仅与这种逻辑起点的选择相关，法学方法也是不可忽略的因素。因此，正义视角只是一个统称，具体到某一学派或某一法律体系的正义问题上，我们还必须进一步寻找其理解与解释的具体根据及方法。

罗马法的视角是一种正义视角，但罗马法学家并没有始终如一地使用正义的概念，他们更多地使用"自然"的概念作为表达"正当性"

的根据，在此基础上，正义原则来源于某种客观外在的“自然”所要求的秩序。也正是在此意义上，人们一般认为，自然法观念对罗马法产生了极为重要的影响。罗马法学者徐国栋认为，罗马法深受斯多噶派哲学的自然概念和普世主义的影响，自然法在罗马法学家那里被赋予了高级法地位，并被铸造成批判实在法的武器。[①] 而意大利自然法学家登特列夫则直接断言：“如果没有自然法，意大利半岛上一个农民小共同体的法律，绝不可能演变成为后来国际文明的普遍法律。”[②] 美国法律史学家梅因也有同样的论述，他说：“如果不是自然法理论提供给它一种与众不同的优秀典范，那么我再也找不出任何理由可以说明为什么罗马法会优于印度法。”[③]

不过，应予注意的是，尽管罗马法学家使用“自然”一词来表达一项法律是否符合正义的要求，但是罗马法学家眼里的“自然法”与我们现在所说的“自然法”的含义似乎并不相同。现代意义上的“自然法”是指神的律法或自然的理性，它不是立法所制定的现实的法律，而是某种先在的或者是人的理性能够建构起来的普适性原则，当制定法与其相冲突的时候，自然法具有高于实定法的效力。尽管罗马法学家有时候也在这种高级法意义上使用“自然法”的表述，如乌尔比安说：“根据自然法，奴隶与所有人都应是平等的。”[④] 西塞罗也说：“自然法是最高的理性。”[⑤] 但是，在大多数情况下，罗马法学家所经常使用

---

① 徐国栋：《自然法与退化论》，载《罗马法与现代意识形态》，北京大学出版社 2008 年版，第 18—19 页。

② ［意］登特列夫：《自然法——法哲学导论》，李日章等译，新星出版社 2008 年版，第 9 页。

③ ［英］梅因：《古代法》，高敏、瞿慧虹译，九州出版社 2007 年版，第 77 页以下。

④ Digest，50.17.32.

⑤ ［古罗马］西塞罗：《论法律》，1.6.18.

的“自然法”既不是神的律法，也不是自然的理性，而是事物固有的特性、常识、习惯、风俗等。

如优士丁尼在《法学阶梯》中有下列表述：

2.1.18：在海岸上发现的宝石、美玉和其他物，按自然法成为发现者的。

2.1.37：像奶、毛和羊毛一样，幼仔也在家畜的孳息之内，因此羊羔、小山羊、牛犊和马驹，立即根据自然法成为用益权人的所有物。

2.1.40：通过交付，我们也根据自然法取得物。事实上，没有什么比肯定想转让自己的物的所有人的意志更符合自然的公平了。

可见，在作为罗马法建构起点的正义观念中，罗马人常常并不是在高级法意义上使用“自然”的概念，在罗马法学家那里，他们所谓的哲学只是所有有知识的人都知道的某些一般的社会和伦理概念，并且只有在他们认为这些概念对实际的法学有用的情况下才会去吸收。[①] 所谓的“自然法”在他们眼里更多地是指某种不证自明的规则——如先占与孳息归属，或者某种习惯——如交易习惯，或者某种制度上的安排——如家子对家父的顺从以及监护制度等。所有这些“自然”的，都是不容置疑的、正义的。对罗马人来说，自然“不仅仅是人与万物共同遵守的物理规则，而且是那一体系框架之内的、关乎人类利益的正常和合理的秩序”。[②] 可以说，罗马法上尽管有大量关于自然法的表述，但其所谓的自然法并不是指一种高级法，它与自然生成的东西、习俗乃至伦理观念并没有明确的区分。无论是习惯形成的，还是通过

① 参见［美］萨拜因：《政治学说史》，盛葵阳、崔妙因译，商务印书馆1986年版，第208页。

② ［爱尔兰］约翰·莫利斯·凯利：《西方法律思想简史》，王笑红译，法律出版社2010年版，第53页。

合意达成的，抑或人们根据习俗或伦理观念认为是正确的，罗马人都视之为是自然的，因而这种自然法只不过是一种自然形成的法，一种普遍认为正确的法，从根本上说，它是习俗的、传统的甚至是经验的。

法律一方面根植于习俗与传统，另一方面也要顺应现实的需要。尽管罗马法上的“自然观念”以习俗和传统为基础，但在罗马法的发展演进过程中，这种习俗与传统并没有演变成僵化的教条，而是随着社会的发展不断进行着补充与完善。罗马法之所以能够实现这一点，司法实务中所体现的实用主义精神起到了十分关键的作用。在此意义上可以说，罗马法以“自然观念”为逻辑起点，但在法学方法上采用的是一种实用主义方法。正是通过这种实用主义方法，罗马法为“自然观念”搭建起了一座通往现实需求的桥梁。

这种实用主义精神在很多具体的制度上得以体现。比如，对于奴隶制问题，尽管法学家们——甚至优士丁尼皇帝本人——都认为它违背自然法，但这种认识并不影响他们认可并维护这种制度的存在。这种做法——按照优士丁尼的说法——不过是出于“实践的要求和实际的需要”的考虑。[①]又如，罗马法上大量存在的“不完全的法”，这种“不完全的法”几乎都是出于实际需要而对市民法进行变通的结果。如要式物以简易方式转让后所有权归属的问题，依照市民法，要式物的所有权不能通过简单的转移占有方式转移，必须采取要式买卖或拟诉弃权的方式转让。也就是说，要式物在以转移占有方式转让后，并不能导致所有权的转移，转让一方仍可按照市民法的规定要求受让人返还。然而这种结果对受让人是不公平的，对转让一方而言，其出尔反尔的做法也有违诚信。在这种情况下，尽管裁判官不能直接违背市

① Instiniani institutions，1.2.2.

民法来赋予所有权转移的效力，但他可以赋予受让人某种抗辩权来对抗转让方要求返还物的请求，从而以一种变通的方式赋予了转让的效力。对于这种规则，尽管罗马人认为是“不完全的”，但却是实用的。

正是因为罗马法上的这种实用主义精神，我们很少看到罗马法学家对体系化的概念问题进行深入讨论，他们总是关注具体的问题，“在他们的精神资质中，没有发现对于概念的体系化思想”。[①] 也正是因为此，罗马法学家更愿意采用一种学徒式的方式来实现法律知识的传承。对于斯凯沃拉等人试图以定义和逻辑学方法来建立抽象规则体系的做法，并未引起人们的关注，当时的法学家们对此似乎更倾向于保持一种礼貌的沉默。

在很大程度上，实用主义精神是我们理解罗马法的一把钥匙，由此我们才可以理解传统习俗、生活经验和伦理观念直接向法律转化的动因，理解为什么罗马人能够如此容忍规则之间的冲突、不完全和复杂的变通方式。在这种实用主义精神的影响下，案件适用规则并不是裁判官有意地赋予这些规则对于未来的效力，它只不过是出于实用目的而表现出的解决实际问题的经验。当这种经验不断地用于处理相同的问题时，这些个别的经验就可能被后任的裁判官所沿用，由此演化成了共同适用的规则。从这一意义上，大多数的罗马法规则既不是以国家立法形式制定的，也并非从某一基础性法律概念上演化而来的，而是出于这种实用的目的通过“个别化”的方式自然生成的。因而从整体而言，罗马法理论并没有形成明确而统一的逻辑原点，传统习俗、生活经验、习惯做法以及伦理观念也正是通过“个别化”的方式、基于一种实用主义精神、与现实适用的法规则糅合在了一起。

---

① Dietrich Behrens，Begriff und Definition in den Quellen，ZSS，1957，p.352.

二、正义视角下罗马法的体系构造

人们普遍认为，罗马法学家运用逻辑学的方法，通过对概念的属种关系进行分类建构起一个高度严谨的法律体系。[①] 盖尤斯将法分为人法、物法和诉讼法三部分，并借助于有体物和无体物的概念将物权和债权统归于物的范畴之下。徐国栋甚至认为盖尤斯的《法学阶梯》所采用的逻辑方法开创了概念法学之始。[②]

如果孤立地看待盖尤斯的《法学阶梯》这部著作，这样的赞美也许并不过分，我们不难看到，贯穿作品内容的不是一个又一个与具体案件相关的问题，而是高度抽象出来的法学概念。这些相互联系的概念形成了一个网络，有助于将不同的法分门别类整理到不同的概念之下，从而使法的知识不再是经由个案所形成的规则的堆叠，而是一个具有一定内在逻辑联系的体系。

但是，如果从罗马法体系发展演进的历史中分析，我们会发现，三编制并不是盖尤斯的创造，而是早在《十二表法》颁布时就已经形成了。《十二表法》前八表是关于私法的内容，其中前三表是关于“诉讼”的；第四表和第五表分别规定家长权和监护等内容，明显是关于“人法”的规定；从第六表到第八表分别规定所有权和占有、土地和房屋以及私犯，显然是关于“物法”的规定。在这里，人法、物法和诉讼法的划分已经十分清晰。因此，我们似乎并不能说，三编制是法学家运用逻辑化方法而建构的体系。当然，《十二表法》颁布时，法的

① [意]桑德罗·斯奇巴尼：《桑德罗·斯奇巴尼教授文集》，中国政法大学出版社 2010 年版，第 41 页。

② 徐国栋：《盖尤斯及其法学阶梯——兼论盖尤斯与优士丁尼各自的法学阶梯的关系》，载费安玲等著：《从罗马法走来——桑德罗·斯奇巴尼教授七十寿辰贺文》，中国政法大学出版社 2010 年版，第 15 页。

体系并未得到系统的解释，而在盖尤斯的《法学阶梯》中，盖尤斯借用一系列的法学概念——尤其是“无体物”的概念——对“三编制”的构造进行了体系化的处理，从而使体系的脉络更加清晰。并且，是盖尤斯第一次清晰地表述说：“我们所使用的一切法，或者涉及人，或者涉及物，或者涉及诉讼。”[①] 或者我们也可以说，三编制的明确表述是从盖尤斯开始的。但无论如何，“三编制”都不过是对法律传统的传承，并非法学家在自觉运用逻辑学方法基础上的体系创新。

在体系化方法上受到更高赞誉的是斯凯沃拉，他将法分为四部分，分别为继承法、人法、物法和债法。相对于盖尤斯的“三编制”，这种体系被称为“四编制”体系。[②] 对这一体系化方法，罗马法学专家斯奇巴尼认为其是自觉运用逻辑学方法的产物。他说，斯凯沃拉“从逻辑学的分类方法中获得了启示，根据法在表现形式上应具有的连贯性，赋予这种新形式的法学著作以一种更为严格的、从分析研究入手的著述方法。也就是说，通过对个性的研究找出该类事物多数个体所具有的共性，进而概括出一般概念。至于从类中区分出不同的种，则从找出个性中存在的不同于类的特殊差别入手。这一方法被用于创立市民法。按照论述的先后顺序建立起它的外部结构，使人们可以看清按照自己体系建立起来的法之间的基本关系。这一方法为完善和发展完备的制定法提供了应遵循的规则”。[③]

斯凯沃拉本人在建构其法律体系时是否自觉地运用了希腊的逻辑学方法，我们很难得出明确的结论。但从整体情况而言，将罗马法体

---

① ［古罗马］盖尤斯：《法学阶梯》，黄风译，中国政法大学出版社 2008 年版，第 3 页。

② 参见［美］哈罗德 · J. 伯尔曼：《法律与革命——西方法律传统的形成》，贺卫方等译，法律出版社 2008 年版，第 131 页。

③ ［意］桑德罗 · 斯奇巴尼：《桑德罗 · 斯奇巴尼教授文集》，中国政法大学出版社 2010 年版，第 41 页。

系的建构归因于逻辑学方法的自觉运用并无充分的根据。逻辑学在古希腊虽然已发展成为一门独立的科学，但它从没有被用于法律制度及其体系的构造，在希腊，它只是被当作一种演说和论辩技巧。这种逻辑学方法即使传到古代罗马，也没有在罗马法学家那里升华为一种体系化方法。就此，我们可以在西塞罗的著作中找到明确的答案。在其《论题》一文中，西塞罗多次强调逻辑学论题与法律关系不大，[①] 在他眼里，逻辑学主要是一种演说和论辩技术，而不是关于法的创制和法的构造技术。约翰·莫里斯·凯利认为："罗马的法律科学不是来自对外来模式的任何借鉴，而是在罗马的民族精神中自然成长的。"[②] 将罗马法体系化方法归因于希腊逻辑学的影响似乎并无明确而具体的依据。法学家伯尔曼在谈及这一问题时也说："罗马法学家在他们对法律的探索过程中是极其讲求实际的。他们在公元前 2 世纪到 1 世纪引进了希腊辩证推理，虽然这是罗马法受到的第一次学术冲击，但是却并没有带来罗马法与希腊哲学的结合，这种结合要到一千多年以后在西欧的大学中才发生。"[③]

立足于逻辑学的方法，斯凯沃拉的四编制体系似乎比"三编制"体系更加科学，也更接近现代私法的体系构造，相比之下，最终被优士丁尼所采用的"三编制"体系反而显得过于粗略而不清晰。如果罗马法学家自觉地运用了逻辑学方法来建构法律体系，他们对四编制的抛弃似乎令人费解。徐国栋由此解释说，盖尤斯体系成为钦定的蓝本

---

① ［古罗马］西塞罗：《西塞罗全集·修辞学卷》，王晓朝译，人民出版社 2007 年版，第 300 页。

② ［爱尔兰］约翰·莫里斯·凯利：《西方法律思想简史》，王笑红译，法律出版社 2010 年版，第 44 页。

③ ［美］哈罗德·J. 伯尔曼：《法律与革命——西方法律传统的形成》，贺卫方等译，法律出版社 2008 年版，第 131 页。

不过是“盖尤斯的运气或他与优士丁尼气味相投”，认为盖尤斯体系是开了斯凯沃拉体系的倒车，因而“最后要靠许多人耗费精力重新厘清它们”。①

然而，这种“运气说”并不能令人信服。前文中已经提到，“三编制”体系并不是盖尤斯的创造，而是在《十二表法》中就有了明显的体现。尽管法律制度的形成会受到各种因素的影响，但法律体系的构造直接取决于人们理解法律的方式。人法、物法和诉讼法之所以在古代罗马能够被普遍接受，是因为它恰好对应了古代罗马所崇尚的“各司其职、各取所得”的理想图景。人法是关于各司其职的规定，所确定的是不同身份的“人”的主体地位及其权利义务；物法是关于各取所得的规定，涉及的是物的取得及其保护方式；对于如何维护这种“各司其职”和“各取所得”的理想秩序并在其受到破坏时给予相应的法律救济，需要通过诉讼法来保障。近代私法对物法、债法、家庭法和继承法的划分在很大程度上依据的是权利的客体，或者说是个体意志作用的不同对象。而古代罗马的正义观念几乎不可能形成完全立足于个体立场的权利观念，现代私法上的类型化方法在罗马人看来反而缺乏合理、正当的思想基础。因此，“三编制”体系之所以能被接受，是因其与古代罗马的社会观念及其对私法的理解方式相一致，并不能简单地将之归于盖尤斯的运气。

法律体系的构造取决于人们理解法律的方式，同时还受到法律技术的影响。尽管《法学阶梯》的三编制结构与古代罗马的一般社会观念相契合并被普遍接受，但罗马法规则是在长期的司法实践中逐渐积累的，在同一法律关系中，不仅涉及“各司其职”的身份界定，常常还与“各取所得”的财产关系相联系。在这种情况下，人法和物法的

① 徐国栋主编:《从罗马法走来》，中国政法大学出版社2010年版，第14、16页。

划分很难在具体的法律规则中得到清晰的体现。或者也可以说，罗马法并未发展出一套完善的法律技术来将其对法的理解方式贯穿到具体的体系建构中去，因而三编制构造无法承载起对数量庞大的法律规范进行体系化分类的功能。因此，《法学阶梯》的三编制体系未能用于《学说汇纂》的编纂，甚至在法学家的汇编性、注释性以及决疑性的作品中也很少采用这一结构。从逻辑关系上看，三编制中的人法、物法和诉讼法在《学说汇纂》中并不是一种并列关系，而是一种交叉关系。在很大程度上，《学说汇纂》以告示的编排顺序为基础，反映的是一种以“诉讼”为主线而贯穿起来的脉络。同时由于它主要是对各种法律学说的整理汇编，因而并不推崇所谓的理论创新，而是更强调对先前传统的保留与援引，从而保持法的连续性。[①] 这也决定着其所采用的编纂方法并不是演绎推理，而主要是对罗马多种渊源的法律规则的归纳整理。所有这一切似乎都无助于使《学说汇纂》成为一个内在统一的完备体系。也正是在此意义上，伯尔曼说，罗马法“并不表现为一种知识的体系，而宁可说是由解决具体法律问题的实际方案组成的一份精致的拼嵌物”。[②]

如果说《法学阶梯》的三编制体系是古代罗马一般社会观念的体现，那么《学说汇纂》以诉讼为主线的脉络体系则更多地与罗马法上的实用主义精神相联系。从整体上说，罗马法学家被认为是严格意义上的实务家，宏大的第一性规则和普遍性陈述对他们来说是陌生的。[③]

---

① 参见［意］朱塞佩·格罗索：《罗马法史》，黄风译，中国政法大学出版社 2009 年版，第 273 页

② ［美］哈罗德·J. 伯尔曼：《法律与革命——西方法律传统的形成》，贺卫方等译，法律出版社 2008 年版，第 145 页。

③ 参见［爱尔兰］约翰·莫里斯·凯利：《西方法律思想简史》，王笑红译，法律出版社 2010 年版，第 44 页。

他们更关注具体的个案，而不在于对法学理论进行分析综合，[①] 在这种情况下，尽管罗马法学家对法已经形成了逻辑清晰、层次分明的整体认识，但无法以此为基础建构起一个将所有法律规范完全包罗在内的完备体系。

三、罗马法的幸运，还是遗憾？

私法的视角反映的是一种立场或者说观察角度，不同的视角会形成不同的理解或解释方式，并进一步影响着法理论和法体系的建构形式。但这并不是说，同样的视角一定会形成同样的法理论与法体系。在同一视角下，私法仍然会有不同的理论建构方式与不同的发展轨迹。

古代希腊与古代罗马有着几乎相同的城邦体制和城邦观念，社会身份的建构和正义观念的内涵也没有明显的差别，而且，希腊城邦公权力同样没有广泛而深入地介入私人关系。所有这些似乎都意味着希腊与罗马应当有着同样的演进轨迹和建构形式。然而事实并非如此，尽管希腊人有着同样的重视立法的传统，但他们似乎从来没有形成过任何令人称道的法律技术，也没有产生组织、阐释和发展法律科学的法学家职业。

之所以出现这样的差异，我将之归因于国家介入私人纠纷的不同方式，更具体地说，是古希腊和古罗马不同的司法运作程序。在前面的内容中我已经讨论过，古罗马裁判官的治权性质与程式诉讼的运作方式开辟了法的多元化发展之路，但在古希腊并未能形成这样的司法运行机制。与古罗马不同，古希腊的诉讼是由公众——而不是由专门的裁判官（承审员）——以民主的方式来进行裁断的。面对由数百人

① See John P. Dawson, The Oracles of the Law, Ann Arbor, Mich. 1968, pp.114—115.

甚至上千人组成的陪审团，当事人陈述与辩护的关键不在于如何准确引用法律，而在于如何通过巧妙的论辩艺术来打动审判人员。因而在古希腊，尽管也存在民事立法，但民主式的庭审方式消解了法律的实际作用，在庭审中容易打动陪审员的常常是公平正义或德性诚信等抽象原则和论辩技巧，具体的法律规范很难受到充分的关注，从而也不可能得到充分的发展。

古代中国同样通过身份建构来固化各种不同类型的社会关系，礼法观念从本质上是正义观念的另一种形式的表达。然而，古代中国很早就形成了中央集权的制度建构，国家权力是如此强大，足以有能力介入私人纠纷解决机制。出于对统治秩序的强调，统治者更加关注秩序的稳定。在此情况下，私法不可能得到充分发展，不可避免地会被淹没于刑事与行政规则中，更没有可能形成独立的法律部门。在中央集权体制下，法官并不是法律的代言人，而是国家权力的执行者。这种模式下“法”规范更多地以制定法——“法律”的形式出现。执法者并无创设、变更制定法的权力，而是需要在现行制定法的框架下处理私人纠纷。在这种情况下，法律的重心往往不在于维护权利和实现正义，而在于维护秩序，因而私人纠纷常常是由制裁性的刑法规范来调整的。那些未被纳入刑法规范的日常交往规范很少进入立法者的视野，在很大程度上是由一种以村规乡约以及伦理规范为表现形式的民间法来进行调停处理的。

可以说，国家公权力介入私人关系纠纷的方式对私法的生成发展有着非常重要的影响，罗马法的生成与发展、繁荣与衰退均与国家权力的运行方式有着极为密切的联系，并由此使罗马法既没有像中国那样走向民刑一体化，也没有像希腊那样流于一种夸夸其谈的论辩术，而是形成了自己独特的法律规则，留下了丰富的法律文化遗产。应当说，这是罗马法的幸运。

但是，古罗马国家介入私人纠纷的方式所带来的影响并不仅仅是多元化发展的机遇，同时也有罗马法自身演进发展的历史轨迹。罗马法不是任何君主通过自上而下的立法活动的产物，也不是任何法学家或者思想家的理性建构的结果，它是自我演进的，是逐渐生成的。这样一种生成演进轨迹使法学家们养成了一种遵循传统、规范务实的性格。他们不追求创新，不关心宏大的理论建构，而是孜孜于具体的个案与实实在在的规则本身。这样的特点使得罗马法始终未形成系统的法学理论，也未形成成熟的体系建构方法。甚至对于古希腊哲学家们现成的宏大哲学体系建构，大多数法学家们也无意拿来做任何尝试，以至于伯尔曼感叹罗马法规则与古希腊哲学思想的结合只到一千多年后中世纪欧洲的大学里才得以完成。立足于这种的角度，罗马法似乎又有令人唏嘘不尽的遗憾。

然而历史是无法假设的，这种看起来不易否认的遗憾又何尝不是另一种意义上的幸运呢？对理论体系的追求会不会像希腊哲学家那样不屑于具体的法律规则而热衷于宏大体系从而影响了法规则自身的发展呢？又或者，自上而下的立法建构会不会像古代中国那样强行禁止民间解释从而扼杀了法的生命力呢？也许正是这种遗憾，才使我们得以有幸领略罗马法的丰富与多样，才使罗马法成为后人几乎取之不竭的源泉。

第二章　理性法时代的视角转向

第一节　罗马法的中世纪发展

一、罗马法的衰落及其中世纪的复兴

古代罗马君主制后期，社会生活出现了高度组织化的倾向。农村出现了佃农，他们被束缚在固定的土地上，各种职业也被纳入国家的统一管理中，人们所从事的职业变得具有约束性和世袭性而不能随意改变。为限制物价上涨趋势，国家甚至为商品制定固定价格，商品经济出现大幅度衰退。在此情况下，“法”在很大程度上开始失去其赖以生存和发展的基础。与此同时，罗马帝国的政治生活也开始陷入混乱，王位争夺战频频发生。4世纪后期，罗马帝国正式分裂为东西两部分，从此再也没能走到一起。476年，哥特人攻占罗马城，西罗马帝国最终灭亡。

6世纪初，东罗马帝国雄心勃勃的优士丁尼皇帝试图挽回帝国衰落的命运，他在西方发动了大规模的战争，并曾一度夺回了被旺达尔人和哥特人占领的北非、意大利和西班牙的部分土地。然而，优士丁尼的复兴梦耗尽了帝国的全部精力，来自东方的波斯人和北方的斯拉夫人的威胁使之无力兼顾，帝国很快丢失掉了一度收复的土地。到8

世纪的时候，帝国的疆土只剩下巴尔干半岛、小亚细亚的一部分和爱琴海诸岛了。

在西罗马帝国的废墟上以及东罗马帝国失去的土地上，建立起了众多由蛮族人统治的王国。在这些王国的统治区域内，法律并不像中国古代那样由统治者自上而下颁布并在统治区域内统一实施的规则体系，即使对于像伦巴第王国和法兰克王国这样已经建立起强有力政府的王国，也是“在一种混合法律安排的基础上处理事务”的。[①]他们既适用部族的习惯法，也根据属人主义的原则适用罗马法。相对于罗马法而言，蛮族人的习惯法是原始而粗糙的，不可能不受更加成熟而丰富的罗马法的影响。蛮族人——如西班牙和法国的哥特人——逐渐开始以罗马法为范本构建其法律制度，有些地区——如意大利南部——还直接适用罗马法，由此在蛮族人的统治地区出现了各种关于罗马法的汇编。

但是，对这些蛮族人而言，罗马法过于学术化和复杂了，因此这些汇编大多是对罗马法的各种不同形式的“简编”，罗马法被大幅度精简，很多令人钦佩的学术著作都被抛弃了。[②]但无论如何，罗马法在中世纪早期并未因蛮族人的统治而消失。靠各种零碎甚至被曲解的规范，罗马法得以在中世纪延续并传播。

罗马法在中世纪早期还有另外一条得以延续的线索，那是一缕来自基督教会的照亮黑夜的寥落灯光。在6—10世纪，读写能力几乎为教士所垄断，就连最开明的国王——如查理曼大帝——也普遍不会写

① ［英］保罗·维诺格拉多夫：《中世纪欧洲的罗马法》，钟云龙译，中国政法大学出版社2010年版，第13页。

② ［英］保罗·维诺格拉多夫：《中世纪欧洲的罗马法》，钟云龙译，中国政法大学出版社2010年版，第10页。

自己的名字，[①] 罗马法的理论和著作因此在很大程度上只有通过教会才得以研究和保存。教会自身是一个组织，不能脱离规则而存在，同一的信仰使教会法几乎不受部族习惯的影响，他们更愿意遵循罗马法的法学理论和规则，教士常常利用空闲时间对卷帙浩繁的罗马法作品进行摘录和注释。在此意义上，对罗马法的注释与整理工作并不是11世纪在大学中才开始的，而是不间断地穿越了中世纪早期的黑暗时空。

稍嫌寂寞而又时常被曲解的罗马法在11世纪开始出现令人瞩目的变化。在接近11世纪末时，罗马法文本在意大利开始得到专门的研究，专门从事法律研究的大学也开始出现。其中最突出的是意大利的波伦亚大学，著名的伊尔内留斯（Irnerius）在此授课并深受赞誉，欧洲各地的学生成群结队地来学习法律，在12世纪中叶，学生的人数一度逾万人。[②] 对罗马法的研究也逐渐从波伦亚扩展到意大利和意大利以外的其他地方，罗马法在欧洲迎来了一次伟大的复兴。

罗马法的复兴与欧洲的社会发展紧密相连。当时，欧洲的人口和经济均出现较大的增长，城市从意大利重新兴起。社会发展和城市生活需要一个稳定而文明的秩序，客观上也出现对健全的法律的需求。中世纪早期，各民族普遍通过属人法原则来确定法律的适用，统一的封建制度的确立和自治城市的产生使得法律的适用不再因不同的种族而异，属地原则逐渐代替属人原则而成为普遍的选择。由

① ［爱尔兰］约翰·莫里斯·凯利：《西方法律思想简史》，王笑红译，法律出版社2010年版，第76页。

② 参见［英］巴里·尼古拉斯：《罗马法概论》，黄风译，法律出版社2004年版，第47页。

于属地法需要尽可能地减少甚至消除民族习惯的影响，相对于蛮族法律，更具有普适性的罗马法逐渐从与蛮族法律杂糅并存的状态中重新取得了支配权。

罗马法的复兴还有另外一个重要的因素，那就是教会与世俗权利的斗争。中世纪早期，欧洲的基督教会仍受皇帝和大封建主的控制，世俗统治者不仅掌握着教会的土地和收入，还常常指派他们的近亲属就任各种教会职位。由于教会中的主教和其他高级僧侣也常常被吸收到国家机构中任职，从而成为封建统治集团中的重要成员，因此教会并没有试图改变这种教会与国家政权紧密联系的权力构造的意图。然而，自 10 世纪开始，随着加洛林王朝的分裂，欧洲大陆上的世俗权力已经没有能力继续维持基督教世界的内部秩序了，到处泛滥的无政府主义与暴力冲突需要教士们自己采取具体的措施来恢复最低限度的秩序。在此情况下，教会的组织力量大大加强，一些修道院开始发展成为一个跨地区、分等级、有组织的社会团体。随着力量的不断壮大，他们开始致力于清除教会内部的各种世俗力量的影响，并开始攻击世俗统治者对教会的权力。

11 世纪 70 年代，教皇格列高利七世进一步将矛头指向皇帝的权威，并发起了一场震撼西方世界的政教冲突。格列高利七世声称教皇在法律上享有高于任何基督徒和世俗权威的地位，乃至可以废黜皇帝，所有的主教也不应由任何世俗权威而应由教皇来指派。为使教皇权威被接受，在暴力冲突的同时，他的门徒也散发了大量论战性文件和各种具有宣传鼓动作用的小册子。为满足对人才的需求，格列高利七世甚至强制要求每个主教必须在他的管区里建设一座学校，以便神职人员能够接受包括法律在内的文化教育。前文中提及的著名的波伦亚大学也是这一背景下的产物，为对抗支持世俗政权的拉文纳学派的影响，格列高利七世的坚定支持者玛蒂尔达侯爵夫人鼓动伊尔内留斯去罗马学习，随后创建了波伦亚法学院专门讲授法律。①

在冲突和论争中，无论是教皇还是世俗皇帝，他们都需要专业的法律学者为其观点提供支持，并为一些重要政策的贯彻提供法律上的根据。从历史上看，教会是在罗马法普遍适用的情况下产生的，教会法本身也主要来自罗马法。而罗马法所具有的普遍适用性及其形成于世俗权力统治的背景对封建王国的统治者而言同样也是有利的。因此，罗马法受到了来自教会和世俗权力双方的青睐，在这种情况下，罗马法不仅成为双方论战中用之不竭的源泉，也反映了当时来自教会和世俗权力对普遍性规则秩序的共同追求。

罗马法的复兴不仅使罗马法所构建的“法律理念和秩序”在欧洲重新得到了广泛传播，而且专业化的研究方法和系统的教育使得罗马法形成了共同的法律语言，其原则与体系在欧洲有了共同的表达。但是在这一时期，罗马法与各国法庭中实际应用的法律并不直接相关，无论是教会法还是世俗法，罗马法都是一种“理想法”，是书写出来的理性，它并不是实定法。只有实定法存在漏洞或模糊不清时，才援引罗马法来对现行的实定法进行解释和补充。

中世纪后期，繁杂的地方习惯开始令人厌烦，法律工作者大多接受过罗马法教育，对他们而言，罗马法的魅力似乎更加难以抗拒。到15世纪，在欧洲出现了较为广泛的对罗马法的继受。与罗马法复兴时期的“理论继受”不同，这一时期的继受主要是制定法上的继受，因而常被称为“实践的继受”。尽管大量的地方习俗仍然存在，但法的结构、法律术语以及法律思维方式和解释方法均来源于罗马法，罗马法由此成为欧洲大陆各国民法的共同基础，成为真正意义上的

① 参见［英］保罗·维诺格拉多夫：《中世纪欧洲的罗马法》，钟云龙译，中国政法大学出版社2010年版，第38—39页。

“共同法”。

二、法学理论的重述

罗马法学家擅于立足于个案讨论问题，并不擅长宏大的理论建构，他们甚至常常表现出对抽象理论的一种排斥心理。公元前2世纪的罗马法学家雅沃伦在谈及定义方法时就反映出这种态度，他说：“任何法律定义都是危险的，因为定义几乎没有不失真的。”[①]因此我们看到，罗马法学家也谈论自然法，但他们所说的自然法并不是一种理性法或高级法，而是几乎可以与传统习俗习惯相等同的自然生成的法。罗马法学家也讨论正义，但是在他们眼里，正义不过是一种当时占主导地位的城邦观念，因而他们从未能立足于正义来给予法律系统化的解释。总之，罗马法学家的思维或者说方法主要是归纳的，而不是演绎的；是经验的，而不是分析的；是个案的，而不是系统的。他们更为看重的，是他们通过长期的学习和经验积累而形成的关于法律的技艺。

随着罗马法的复兴，罗马法不再被看作一种个案式的技艺，而是一种书写的理性，蕴含着一种内在和谐的法律的正当秩序。对于11世纪的人们而言，罗马法与《圣经》一样被奉为神圣的典籍，其权威是不能被质疑的。由于人们对罗马法学家当时所认为的“非常自然”的问题已相当陌生，因而研究者所面临的任务除了对新发现的各种罗马法文本进行所谓的“版本审定”外，[②]更主要的是对罗马法进行详细

① Digest，50.17.202.

② 当时各种罗马法版本被发现，并且不同的文本内容常常存在不一致。而对于研究者来说，需要对不同版本进行分析鉴定，以确保他们所研究的文本的权威性。参见［英］保罗·维诺格拉多夫：《中世纪欧洲的罗马法》，钟云龙译，中国政法大学出版社2010年版，第39页以下。

的说明和注释。

对罗马法的这种研究注释工作被称为注释法学，注释法学自其开创者伊尔内留斯开始，大约经历了一百多年的时间，最终由阿库修斯（Accursius）完成了规模庞大的近 10 万条的罗马法注释文本，这一文本被称为标准注释文本[①]，它为罗马法的研究和解释提供了一个标准的注释文本，并成为之后罗马法研究的出发点。

早期的注释法学所采用的方法主要是对罗马法的文本逐句进行说明和注释，对需要交叉参阅的地方加以注明。在注释时，他们对罗马法条文并不做批判性改造，也无意为罗马法寻找统一的理论基础，而仅仅是出于法律适用的目的进行，因而主要是字面的，他们“对法学理论的兴趣丝毫不比古罗马法的法学家多”。[②]

注释法学以单一的条文为基础所做的文字解释的作用是非常有限的，在很多情况下，单纯依靠文本本身很难做出满意的解释。比如，对同样是基于“同意”的行为，为何合意契约与易物行为会受到不同的对待，注释法学家雅科布斯是这样解释的：“如果我同意你以 10 元的价格买我的房屋，就存在一项关于协议的行为。但是，如果我同意你用你的驴来换我的马，就没有关于同意的行为。如果一个外行要问区别对待的理由，那没有办法给出理由，因为实证法就是这样规定的。并且，如果你要问为什么法律要这样规定，理由可以这样说，买卖合同比互易合同更为常见。”[③]

---

① 参见［德］格尔德·克莱因海尔、扬·施罗德：《九百年来德意志及欧洲法学家》，许兰译，法律出版社 2005 年版，第 15—16 页。

② ［爱尔兰］约翰·莫里斯·凯利：《西方法律思想简史》，王笑红译，法律出版社 2010 年版，第 104 页。

③ Iacobus de Ravanis，Lectura Super Codice. 转引自［美］詹姆斯·戈德雷：《现代合同理论的哲学起源》，张家勇译，法律出版社 2006 年版，第 54 页。

罗马法的复兴承载着一个时代的梦想，注释法学家试图复兴优士丁尼的法律并使其重放光彩。然而，这种单纯对文本的注释很难适应时代的需要，他们所采用的方法也缺乏参与法律实践的手段，从罗马法文本中似乎也无法为新时代所面临的新问题寻找到答案。在这种情况下，注释法学已完成了其“文本校勘”的使命，人们所需要的不再是单纯的一部一千多年前的法律文本，而是需要从中寻找到适应时代需要的活的法律原则。适应这种需要，评注法学开始走上中世纪后期罗马法研究的舞台。

评注法学家并未完全抛弃注释法学的方法，但他们的评注不再拘泥于罗马法文本，而是开始与社会的具体现实相联系。除了罗马法文本，他们还需要对当时的成文法规进行学术解释，为保持解释的一贯性，当罗马法文本与现实法律不能达成一致时，他们常常无所顾忌地改变法律文本的本来意义。在解释方法上，评注法学不强调法律条文字面的含义，他们更多地将目光转移到具体条文的前提预设问题上。相对于单纯的字面解释，这样的方法显然具有更为开放的视野，对具体的解释也有了更高的体系性要求。

评注法学最为重要的贡献是开始将亚里士多德的哲学广泛用于法的解释。立足于亚里士多德的哲学，罗马法开始呈现出不同的姿态。比如，罗马法上关于债的分类，对罗马法学家来说，这样的分类更多地源于他们的法律传统，因为早在《十二表法》上契约与不法行为已经被清晰地划分了。但在中世纪后期运用亚里士多德理论来解释罗马法的经院法学家眼里，契约与私犯之所以不同，是因为它们分别代表了两种不同的矫正正义的关系类型。又如，罗马法上的契约关系分类反映了古代罗马法律传统中严格的形式主义特征，但以亚里士多德的正义理论来界定买卖合同、用益合同和担保合同的概念时，主要考虑的不再是契约订立的形式，而是在这种关系中双方利益的平衡，亦即矫正正义的原则要求。[①]

不仅是正义理论，亚里士多德的形而上学在法律解释中同样得到了广泛运用。亚里士多德认为，不同事物有不同的组织形式和运动方式，是由不同的目的因、形式因、质料因和动力因决定的。目的因决定事物特定的趋向和目的，形式因决定着事物的组织结构，质料因决定构成事物的特定材料，动力因是促成事物生成的外在因素。在上述四因中，目的因是第一原则，是其他原因的原因。亚里士多德的这一理论被广泛用于合同的解释。评注法学派代表巴托鲁斯解释说，人造之物具有它们自己的实质形式，该形式来自导向创造者创造它们的某种目的因，要了解创造者的目的就必须了解所造之物的目的并进而了解其实质形式。因此，理解不同合同的实质应考察缔约者的意图。巴托鲁斯的学生巴尔都斯也借助四因说来解释合同，他说在买卖合同中，与买受人有关的目的因是标的物，与出卖人有关的目的因是价款。[②]

教会法同样借助于亚里士多德的理论来解释教会法，如经院哲学家托马斯·阿奎那就利用亚里士多德的四因说解释规范婚姻的法律规则。从亚里士多德的目的因说出发，他认为婚姻有两个目的，一个是繁衍子孙，另一个是男女的结合，这两种目的因构成了婚姻的本质，如果一个行为与上述目的是相悖的，则应受到限制或禁止。[③]

经过评注法学家的评注工作，罗马法完成了一次亚里士多德式的重述。尽管这时候的罗马法还保留着原来的文本，但实际上与古代罗

① 参见［美］詹姆斯·戈德雷：《现代合同理论的哲学起源》，张家勇译，法律出版社2006年版，第18页。

② 参见［美］詹姆斯·戈德雷：《现代合同理论的哲学起源》，张家勇译，法律出版社2006年版，第66页。

③ 参见［美］詹姆斯·戈德雷：《现代合同理论的哲学起源》，张家勇译，法律出版社2006年版，第20页。

马的法律已经大相径庭了。源于古代法律传统的形式主义的文本仍然存在，出于实用主义而形成的规则也还是原来的表达，但其已被新的理论过滤，在具体适用上也与古代大大不同了。或者也可以说，这时的罗马法已经是与新的社会环境相结合的罗马法，是经亚里士多德哲学重新解释的罗马法。人们理解罗马法的方式已经完全改变了。

中世纪晚期，整个欧洲的经济社会生活开始趋于一致，正是在这一共同基础上，借助于亚里士多德的理论，评注法学家对罗马法建立了适应时代需要的新的理解方式。也是在此意义上，评注法学家为建立统一的私法理论铺平了道路，并成为欧洲普通法的真正创始人。

三、体系重构的尝试

罗马法体系的形成并没有宏大而系统的理论基础，而是基于古代法律传统和个案经验形成的混合体。这一混合体因法律渊源的多元化，并没有建立起内在逻辑关系清晰、结构严谨的体系，尽管为适应教学需要而编纂的《法学阶梯》表现出较高的体系化水平，但内容更加丰富的《学说汇纂》远未能显示出清晰的逻辑关系。然而，在注释法学家眼里，罗马法的权威性是不容置疑的，他们的任务不是去质疑罗马法，而是在罗马法中寻找现实问题的解决方案。在这种情况下，罗马法体系化的欠缺及其内容的冲突与矛盾反而成为法学家们寻求问题解决方案的一个取之不尽、用之不竭的源泉，因而也不存在对罗马法体系进行完善和改造的现实需求。

尽管评注法学家们开始关注法律的抽象原则和概念，并致力于揭示它们适用的特定社会条件。但他们这样做的目的主要在于重新阐释罗马法以适应时代的需要，与古代罗马法学家一样，对法的体系化问题，他们同样缺乏兴趣。中世纪对法的体系化的真正尝试实际上是评注法学之后才开始的。而且，推动法体系化重构进程的主要不是单纯的学术活动，更多的是来自社会的力量。

格列高利七世领导的教皇革命在欧洲建立起一个由教会和世俗政权共同管辖的二元制政治法律结构。然而自 15 世纪，各封建领地上君主的势力逐渐壮大，随着马丁·路德宗教改革运动的深入，在各封建君主建立的公国内，罗马天主教的宗教管辖权逐渐被清除，原教会管辖的世俗性事务也开始从教会事务中剥离出来交给世俗政权来管理，教会越来越成为一个纯粹的精神共同体。

宗教改革之前的法律科学认可教会与世俗管辖权的多重性，不同的管辖权有其各自的法律文本所确定的规则，这使得同一行为依据不同的法规则会产生不同的法律效果。“教会法承认一项非正式协议具有拘束力，而罗马法则不承认；封建法承认农奴身份，而城市法不承认；商法强制执行汇票，而不管他们有关的契约是如何约定的，而王室法不这样。”[①] 这种相互冲突的法规则并存的局面虽已成为二元制法律结构下的常态，但对于期待统一法律管辖权的封建王国的统治者而言，这样的情况开始变得不能容忍。在这种情况下，对各种不同渊源的法律规则进行体系化整合不仅是建立统一的法律秩序所必须，同时也是适应统一的封建王国政治事业的需求。

人们似乎普遍将 16 世纪法的体系化成就归功于人文主义法学家的贡献，这一时期人文主义法学的确开始进入人们的视野，为法的体系化做出重要贡献的法学家阿佩尔和拉格斯等人也常被视为人文主义法学家。但是，当时的人文主义法学还只不过是法学中的一道涓涓细流，直到近代理性法时代，它才汇入自然法的滚滚洪流中去。而且，

① ［美］哈罗德·伯尔曼：《法律与革命》（第二卷），贺卫方等译，法律出版社 2008 年版，第 136 页。

正如伯尔曼所评论的那样，人文主义法学家并没有为法律科学带来实质性的创新，他们并没有试图把全部的法律知识体系化起来，或是对潜在的主题和目的做出系统的阐述。[①]因此，此时的体系化努力尽管从时间上来看似乎充当了人文主义的开路先锋，但从理论方法上仍是评注法学的后裔，亚里士多德哲学同样起到了非常重要的作用。

以亚里士多德的逻辑学为基础，为建立路德宗教神学体系，梅兰登创立了一种“主题式”的分析方法，这种方法很快被他的同事——德国威登堡大学的法学教授约翰·阿佩尔——应用到法学领域。1535年，阿佩尔出版了《法律知识所应用的辩证推理方法》一书，在该书中，阿佩尔将梅兰登提出的“主题式”方法应用到法的解释上。这种主题式的体系化方法，在很大程度上是以亚里士多德逻辑学为基础的类型化方法，其核心问题是对法律如何进行“种”和“属”的类型划分，使之成为一个层次清楚、内在逻辑关系严密的体系。依据这种方法，阿佩尔围绕着“物”建构起法律的体系，以“物”为基础，法律被分为“物上的法律”（jus in re）和“对物的法律”（jus ad rem）。前者主要是所有权法，后者则为债法。在此基础上，所有权又分为收益权、支配权、使用权等，债又可分为自然之债和法定之债。“人”不是独立的，而是从属于“物”的，构成“所有权”和“债”中有关“人”的内容。阿佩尔的分类还谈不上精细，但他的这种方法打破了罗马法本身的权威及其所设定的研究框架，使人们看到了从更大的有机整体中推导出具体的规则和判决结论的可能性。

亚里士多德的“四因说”也被用于法的体系化方法。威登堡大学的另一位教授康拉德·拉格斯不仅运用亚里士多德的逻辑分类法，而

① ［美］哈罗德·伯尔曼：《法律与革命》（第二卷），贺卫方等译，法律出版社2008年版，第136页。

且直接采用"四因说"对法律进行了多角度的更为详尽的分类。他认为，法的动力因反映的是法的渊源，根据动力因，拉格斯将法分为自然法和市民法。法的质料因反映的是法所包含的具体内容，根据质料因，法被分为神法和人法。法的形式因指的是法律的形式，据此法被分为严格法和衡平法，衡平法又分为成文和不成文两类。目的因是法律所要服务的目的，据此，法律被分为涉及公共事务的公法和涉及私人事务的私法。[①] 通过这种方法，拉格斯把包括罗马法和教会法在内的所有法律渊源都结合在一起，所建立的是一个蕴含着全部法律规则的法律体系。

由阿佩尔和拉格斯所开创的法律体系化研究方法产生了广泛的影响，他们打破了罗马法的权威性，开始从理性、事物自在的秩序、法律的客观性等角度重新思考法律本身及其体系建构问题。在此意义上，这一时期对罗马法体系的探索起到了连接古代罗马法与近代理性法体系的桥梁作用。

由于罗马法体系的形成在很大程度上是以传统习俗与个案经验为基础的，围绕裁判官告示通过诉讼形成的法律规则构成了法的主要渊源之一，实体规范与诉讼规则很难区分。同时，罗马法虽然在学理上区分了公法和私法，但从《十二表法》到《民法大全》，对公法和私法在法律体系上都没有进行明确的划分。16 世纪初开始的法体系化工作是建立在抽象法律原则和概念基础上的，法律被视为一个由一系列原则和概念所组成的系统的整体，可以依据一定的逻辑方法推导出相互之间具有内在逻辑联系的各种法律规则。在这种情况下，实体规范是理性的构造，而不再是以个案经验为基础，因此实体法规范得以从

---

① 本部分关于阿佩尔和拉格斯的分类方法参见［美］哈罗德·伯尔曼：《法律与革命》（第二卷），贺卫方等译，法律出版社 2008 年版，第 124 页以下。

诉讼法中脱离出来。

继阿佩尔与拉格斯之后，德国的尼古拉斯·维吉里斯进一步略去了神法和自然法，仅仅针对实在法建立起其法律体系。在私法体系部分，他将私法划分为人法、财产法、继承法和取得财产的方式，其中，取得财产的方式又分为契约、侵权和不当得利。以拉格斯的体系为基础，法国著名法学家雨果·多诺和康南进一步完善了“人法—财产法—取得财产的方式”的三分式民法体系，该体系在此后很长一段时期内成为民法体系的主流模式，[①] 并经由《法国民法典》而成为近代理性法体系的基础。

第二节　法学视角的转向

一、中世纪社会的蝉蜕

格列高利七世所倡导的教皇革命最终建立起了一个统一而独立于世俗权力的基督教“神启天国”，然而，“天国”下的社会秩序并不完美。教会与世俗政权之间难以调和的紧张关系并未消除，尽管格列高利七世认可世俗权力同样代表着理性与良心，并通过政教二元化权力体系使世俗政权的统治者得以在教会的政治生活中扮演重要的角色，但教皇作为“精神王国”的绝对权威，世俗国王要接受其对于精神世

① 关于维吉里斯、多勒鲁斯和康南的分类可参见［美］哈罗德·伯尔曼：《法律与革命》（第二卷），贺卫方等译，法律出版社2008年版，第134页；杨代雄：《古典私权一般理论及其对民法体系构造的影响》，北京大学出版社2009年版，第118页。

界的引领。同时，教会在教会事务及其辖区还获得了包括立法、行政和司法权在内的广泛的权力，教会所拥有的广阔土地和大量财富也总是让世俗统治者心生妒忌甚至怨恨。在这种情况下，教会与世俗政权之间所谓的和平共处或者说权力平衡实际上始终是在一种此消彼长的斗争关系中得以维系的。从 14 世纪起，随着资本主义的兴起，新兴的资产阶级不仅要求建立统一的市场，也需要一个强有力的政府作为其处理对外贸易关系的后盾。在此背景下，统一而强有力的王权政府纷纷建立，教皇的势力范围开始不断受到削弱。

教会与普通民众之间的关系也并不和谐。随着教皇势力的削弱，教会加重了对自己势力范围内的剥削与掠夺，由此激起了各阶层民众的普遍不满。被排除在特权阶层之外的下层教士亦不满特权阶层的穷奢极欲，从而构成了教会内部的反对势力。由此，在教皇势力范围内，不仅世俗国王和封建领主，其他各阶层也普遍发出了改革教会的呼声，并且得到了上层教士中一些开明人士的支持。基督教的神圣天国开始面临危机。

教会天国所面临的危机不仅仅体现在其与世俗政权的冲突以及民众对教会的反抗斗争中，还深刻地体现在思想领域以及一般社会观念的转变中。从思想上看，中世纪的哲学在很大程度上不过是宗教神学的附庸，并不具有思想的独立性，各种哲学思想包括重新被捡拾起来的亚里士多德哲学都与宗教神学结合在一起，其目的均在于为宗教的正当性提供不同形式的论证与说明。然而，在中世纪后期，随着人们对基督教会的普遍不满，知识界与教会的关系也变得紧张起来。一些思想开明人士试图摆脱宗教思想的束缚，转而从一种非宗教的立场来审视人自身以及其所生存的世界，由此在思想上出现了一股较为清新的人文主义倾向。

人文主义很难说是一种哲学思潮，更不是一种学术观点或学术流派，甚至也谈不上是一场文化运动，它更多地表现出一种精神或气象，或者说是一种区别于教会神学的世俗文化。如果一定要说人文主义包含着某种明确的主张，最多也只能说它强调人的尊严以及对世俗生活的追求。

人文主义精神在文艺复兴时期开始得到充分传播和发展。意大利诗人但丁赞美人的高贵胜过天使的高贵，莎士比亚在其剧作《哈姆雷特》中说人是“宇宙的精华，万物的灵长”。在形式上，文艺复兴是古代希腊文化艺术的复兴，但实质是人们借古典文化表达对人性的宣扬和对世俗生活的追求。对人的讴歌在这种情况下并不是一种单纯的曲高和寡的思想倾向，更是一种深入民间的时代风尚。整个社会由此开始为人的精神所浸润，人的自我意识在这种风气中开始觉醒。

人文主义者并没有公开反对宗教神学，但它通过对人自身的讴歌来摆脱中世纪的神性，通过对世俗生活的追求来表达对宗教神学的不屑。他们以玩世不恭的方式表达自己的态度，以眼角的余光观察着来自权威的反应。在这样一种轻描淡写而又玩世不恭的相互纠缠与较量中，板着脸孔的权威不仅不再令人敬畏，反而显得有点滑稽可笑，支撑旧世界的支柱由此开始坍塌。

在教会内部，传统的宗教权威也受到了挑战。随着年轻的神学教授马丁·路德公开挑战教会权威的《九十五条论纲》的发表，16 世纪对欧洲最具影响的宗教改革运动拉开了序幕。由于路德主张建立脱离教皇统治的本民族国家的独立教会，因而得到了诸多世俗封建领主势力的支持。经过三十余年的斗争甚至是战争，封建君主获得了独立的宗教管辖权，路德派的合法地位也最终获得了认可。

马丁·路德宗教改革并不仅仅是一场关乎宗教的改革，而毋宁是一次社会革命。路德提出教会属于恩典与信的王国，是一个纯粹的精神共同体，因此应当结束教会的世俗管辖权，将社会的立法、司法和行政权力均交给世俗王国。这种思想所涉及的并不是单纯的宗教问题，而是社会权力分配的方式，是一套全新的国家政治理论。在信徒与神的关系上，路德否认教士的中间连接作用，强调不需要教士，每个人都可以直接与神对话。他说："没有教士被授权介入神和单独的恳求罪之赦免的个人灵魂之间……在与神的关系上，每个信徒都只是一个私自的个人。"[①] 这种主张使教众开始摆脱教会的控制或者说对教会的依附，而成为一个自主的个体。

马丁·路德宗教改革运动在欧洲引起了连锁反应。此后，在教皇管辖范围内，各国相继开始反对罗马教皇的改革运动。教皇逐渐失去了其对世俗王国事务的管辖权，格列高利七世所建构的"精神天国"由此崩塌。

促使教皇"神启天国"理想破灭的不仅仅是社会因素所引发的宗教改革，还有源自智识领域的科学革命所引起的冲击。在路德向教皇秩序发起挑战的同时，新一代科学家的科学发现也使传统的宗教观念受到了前所未有的挑战。而且，由此所获得的智识上的自信使得当时的人们不仅从情感上，而且从思想认识上也开始拒斥传统的包括宗教权威在内的任何权威。在此情况下，旧世界的一切权威——不仅是天主教皇的宗教权威——还包括罗马法的法律权威乃至亚里士多德的哲学权威都受到了质疑。在这种情况下，旧世界里的一切权威不再仅仅是一个个戴着高帽板着脸孔的滑稽小丑，更是一个信口开河的江湖骗子。宗教领域所固守的地球中心说以及亚里士多德的两个铁球并不同时着地的权威观点，在科学面前变得如此不堪一击，传统世界的一切依赖于某种"信念"而描绘的理想图景开始破灭，其所建构的旧的社

① 路德《九十五条论纲》，转引自［美］哈罗德·伯尔曼：《法律与革命》（第二卷），贺卫方等译，法律出版社 2008 年版，第 43 页。

会秩序也已为人所摒弃。

这时候，尽管社会仍披着中世纪的外衣，但就像正在蜕变的蝉一样，那层外壳虽然尚未蜕去，但未来可以展翅高飞的一切可能性此时都已孕育完成，一个崭新的时代就要来临了。

二、哲学视角的转向

西方古代哲学无论是自然哲学、道德哲学还是宗教神学，其共同点在于他们都是从外在的自然出发反观人类自身。他们相信事物作为一种外在于人自身的存在，每一种事物都有其自身的本质和目的因，它包含着某种人类不可变易的秩序和建构，一切事物之间的关系都存在事物本质所要求的特定秩序。人类社会同样也有其自身自在的秩序和法则，“各司其职、各得其所”被视为符合社会生活内在要求的理想图景。即使是在中世纪基督教哲学那里，这种传统立场也没有发生根本改变，他们将外在于个体的社会和自然视为上帝的安排，只有遵循上帝的安排才能引领人通向善的生活。因此，个体生活方式并不取决于本人的选择，而是取决于事物自身某种先在的本质或社会秩序的内在要求。

但是，事物自身的先在本质或秩序在古代哲学家那里并不是通过科学的方法演绎推理出来的结果，而是来自某种毋庸置疑的信念。他们之所以相信这些信念是正确的，是因为他们感到否定了这些原则，就失去了引领人类向善的理由。中世纪的神学理论家在世界图式的理解方式上延续了古代希腊的哲学传统，基本上都可归于传统的必然性秩序之列。在此意义上，格列高利七世通过教皇革命所建立的“神启的精神天国”与古代希腊思想家所宣扬的理想社会图景一样，本质上都源于一种毋庸置疑的“信念”，所建构的均属于“信念天国”。

“信念天国”理想的破灭将世人的关注点从“天国”拉到了“人间”，人们不再相信权威的观点，也不再相信任何先在的前提预设以及亚里士多德式的非基于经验事实的玄学描述，科学革命所带来的智识自信使人们宁愿相信自己的观察与判断。由此，建构社会秩序的任务不再依赖于任何权威的“信念”，而是开始转向人自身。

从目标上看，人文主义的主要任务在于消解传统权威的影响，他们抛弃了亚里士多德的哲学并立足于柏拉图的理念论来阐发其思想。但是，他们并未能借助柏拉图建立起一套完整的思想体系，转向柏拉图在很大程度上或许只不过是摒弃亚里士多德的立场表达。然而，值得重视的是，伴随着权威的消失，同时消失的还是“一统天下”的僵化思想对新思想、新观念的扼制，它有力冲击了经院哲学的禁区，使思想领域恢复了自由与多样性。在此意义上可以说，通向新的社会思想的大门已经打开。

为新思想提供强大助力的还有科学技术的进步，科学发现树立了人的强大自信，科学精神成为时代的精神，“知识就是力量”成为时代的精神力量，人们以一种乐观而充满期待的心情来迎接一个新时代的到来。当梦想与激情燃起，人们翘首以待的不单单是一种精神，更是一种思想，以找到时代的立足点并指明通向未来的方向。

在笛卡儿的“沉思”中，新的哲学思想拉开了帷幕。为追求像数学推理一样的精确性与确定性，笛卡儿需要找到一个建构其理论的基础性前提，或者说一个实实在在的落脚处。通过普遍性怀疑，他找到了这个不容怀疑的确定性前提——“我思”。

“我思”在笛卡儿那里构成了认识的起点。在他看来，人的一切认识活动都是从“我思”出发的，“我”作为“思”的载体成为自主的、个体的、无可争辩的主体，认识活动就成为立足于“自我”的活动，它是以“我”为主体，以自然为对象的活动。而“思”的本质即为“理性”，或者说是“理性”的运用。

立足于“我思”，笛卡儿斩断了其与传统哲学的一切联系。确定性的知识不再源于任何权威，而是通过自己的理性并借助于人的“天赋观念”来获得，理性由此成为认识的起点。人们不再相信传统思想所建构的无法通过科学手段给予论证的原则，在他们看来，亚里士多德形而上学的基本概念如实质形式、属性、本质以及目的因等既不能通过科学方法也无法通过“我思”推导出来，除了将之视为某种信念外，并不存在任何逻辑上的立足点从而能够使人达致内心的确信。

与以笛卡儿为代表的大陆理性主义者不同，以洛克为代表的英国经验主义反对笛卡儿的“天赋观念”说，他认为何为天赋观念本身就是不确定的，因而这种天赋观念不仅难以达致确定性的知识，反而可能被人利用而成为一种危险的工具。经验主义者将认识的起点定位于经验，在他们眼里，每个人的心灵在开始的时候都是一张白纸，是经验在它的上面写下知识。

理性主义者与经验主义者尽管在知识的来源及认识的途径等问题上存在分歧，但他们都旗帜鲜明地表达了与传统的决裂。笛卡儿通过“我思”来斩断其与传统哲学的联系，而洛克的“白纸说”同样也抹去了传统哲学的一切痕迹。至此，思想家们不仅与传统划清了界限，而且开始形成一套全新的话语体系，这套话语体系的意义不仅关乎哲学本身，而且它已经在普通民众中被广泛普及，其所表达的思想已成为一般性的大众观念，或者说已成为主流的社会观念。人们观察世界的角度以及理解世界的方式是由主流的社会观念所决定的，随着主流社会观念的变化，人们认识世界的角度以及理解世界的方式与过去相比已经完全不同了。

依据传统的亚里士多德的哲学，每一种事物都具有其特定的形式和目的因，事物的本质体现着外在自然对人的某种固有的要求，它在客观上要求人们不能违背它。在这种视角下，处在中心地位的不是认识的主体，而是客观的存在。可以说他们是站在存在的立场上来观察存在本身，并从存在的角度来反观自身的。通过笛卡儿的“我思”来认识世界，就不再立足于外在的存在来反观自身，而是立足于“自我”来认识存在，从而使观察的视角发生了根本的转换。存在因而不再是单纯的外在的存在，而是通过“我思”所能够达致的地方。从此意义上，笛卡儿所完成的不仅是哲学从本体论向认识论的转向，而且还是一种从“外在自然”向“人之自我”的哲学视角的转向。经验主义者尽管在很多问题上与理性主义观点存在明显的对立，但在认识视角问题上，二者并不存在根本的差异，因为无论是经验还是理性，都是以“人”为出发点，体现的都是“人”的视角。

三、理性法及其“人本”立场

中世纪罗马法的复兴并不是单纯对古代罗马法的拿来主义，经过注释法学家的注释和评注法学家的评注，罗马法已经不再是原来的罗马法，而是被重新解释并被赋予了新的内容的罗马法，在这种情况下，人们理解法律的方式与古代已经大相径庭了。中世纪的法学家也讨论正义，但在他们眼里，正义已经完全摆脱了古代罗马的传统习俗与道义观念，而是以亚里士多德哲学和基督神学教义为基础。法学家也使用契约的概念，但此时的契约已经清除了古代罗马法上的形式要求，而是转从基督神学的伦理原则出发，开始强调“承诺”本身所具有的约束力。

尽管如此，我们也应注意到，这种理解方式的不同主要源于对正义观念本身的理解不同，或者说人们对何为“正义”的解释方式不同。然而，无论是传统习俗还是德性理论，也不管是亚里士多德哲学还是基督神学思想，反映的都是对正义的理解，正义作为解释和理解的起始点并未从根本上改变。而且，这种正义观念的内容尽管发生了变化，但他们都立足于外在的存在来认识并规范人的行为。也就是说，正义的理念均源于某种先在秩序的前提预设，这种前提预设事先确定了处在不同关系中的相关当事人的权利与义务。因此在最根本的关系立场上，中世纪的法学家与古代罗马法学家并无本质不同。由此可以说，直到评注法学时期，无论对罗马法的理解方式发生了怎样的变化，法律——包括私法——的视角并未发生改变。

评注法学之后，受人文主义的影响，法学界同样吹起了一股人文主义的风气。他们借助语言学、历史学和柏拉图的理念论对评注法学进行了无情的甚至近乎侮辱谩骂式的抨击。早期的人文主义者瓦拉谈到评注法学家时说道：（他们）“给罗马法带来的灾难，和他们的亚里士多德教友给哲学带来的灾难如出一辙，他们用毫无意义的吹毛求疵的把戏，把罗马法从常识和历史语境中隔离出来，从而把一门‘人’的科学搞得没有一点‘人’味。”[①] 但是，人文主义法学家只是打倒了此前的一些权威，使罗马法研究重新回到了最初的文本上，对于法学理论本身，他们不仅没有引领法学的创新，甚至谈不上实质性的贡献。

然而，随着哲学上理性主义的兴起，或者说随着近代哲学的转向，法学领域开始出现新的变化。当笛卡儿将“我思”作为认识的起点的时候，他不仅抛弃了亚里士多德和基督神学的一切权威，而且抛弃了任何先在的正当性标准或原则。也就是说，在笛卡儿那里，一切正义标准或正义原则都不存在了，正义在这种情况下无法再作为理解法律

① 转引自［美］哈罗德·伯尔曼：《法律与革命》（第二卷），贺卫方等译，法律出版社2008年版，第110页。

的起始点。失去了先在的正义标准，理解和建构法律的起始点回到了人自身，回到了“我思”——人的理性。立足于理性，传统的法学理论去除了经院神学的标签并代以理性的话语，法学由此进入了一个被称为“理性法”的时代。

立足于理性，法律不再是自在的逻各斯所决定的法，也不再是上帝的正确的法，它源于人的理性，是理性的一般规则。理性能够判断什么样的行为是正当的，什么样的行为是邪恶的，法律必须以人的理性为根据。

古代自然法和基督神学的自然法也谈论理性问题，然而在他们那里，理性是通往法的途径或工具，无论是城邦的自在秩序，还是上帝的意志，理性都不过是认识法或者说认识上述外在秩序的工具，构成法的内容的仍是外在的自然上帝的意志。但是，理性法所说的理性并不仅仅是认识的工具，更重要的是，它是法的基础或者说源泉。在此意义上，法不再是外在的法，不再是自在的客观秩序，也不再是由任何权威所决定的“信条”，而是由人的理性所赋予的法，是人通过理性所演绎的具有普遍适用性的规则。或者也可以说，在近代理性法学家的眼里，法与其说是理性的发现，毋宁是理性的建构。

理性作为法的起点，仅仅意味着法的建构起始于理性的思考，但理性不过是“我思”的一个行动或者“思”的能力，它自身并不构成对象的任何内容，或者说不能成为建构对象的任何质料。对于法学家而言，他们无法像笛卡儿那样求助于抽象的“天赋观念”，他们必须寻找到具体的一块基石，或者说法的逻辑原点，只有找到这一原点，法的建构才可以有真正的依托。由于近代思想不再相信任何外在的先在秩序，这一原点同样应当来源于人自身。近代法学家找到了这一原点，这就是人的“本性”。

人的理性选择不能脱离“本性”。理性法学家们相信，人的“本性”可以通过理性来揭示。由于一切法都是用来规范人的行为的，因而人的“本性”中隐含着法的一般规则。这种“本性”并不是一种单纯的有关性善性恶的假定，而是建立在理性选择基础上的行为趋向。同时，这种“本性”并不是源于任何外在的自然，而是来源于人自身，来源于人的心灵深处。借助于虚拟的“原初状态”下被纯化的“本性”，卢梭推导出国家与公民关系的一般性规范。根据人们普遍地对和平而井然有序的社会生活的向往，法学家普芬道夫认为人们能够通过理性达致共同的认知标准，并可由此建构个体之于他人乃至于整个社会的普遍义务。

立足于人的本性，客观外在的永恒法消失了，取而代之的是人的心智活动所确定的尺度。同样，立足于人的本性，人与人之间的身份差别也消失了，取而代之的是平等的、无差别的“人”自身。“平等”由此取代了“身份”，人与人之间的关系不再通过身份来构建，而是通过人的本性来推演。“人”终于从身份的阴影中走出来，而归于“人”本身。法律的视角终于从预先的关系设定中摆脱出来，而将着眼点定位“人”自身。然而，由于这里所说的“人”是与人的本性相联系的“人”，并不是与孤立的个体相联系的“人”，因而这种视角尚不能说是纯粹的个体视角，而只能说是一种“人本”视角。

由此，古代罗马法的“关系”视角失去了其观察的基础，法律不再通过任何先在的秩序所确定的关系来理解，而是通过人自身——或者说人的本性——来理解。在亚里士多德时代，“不许伤害他人”的规范具备正当性的依据是它符合城邦生活的伦理要求，在基督神学家那里，它来源于上帝的训诫，而在理性法时代，之所以不许伤害他人，是因为人的理性认识到，人的本性决定着如果对这种行为不加限制，人和人之间就会陷入战争状态，因此不许伤害他人是立足于人的本性的理性选择。不同的根据反映的是不同的视角，不同的视角反映着对法的不同理解方式，并进一步决定着法理论和法体系的建构方式。

第三节 “人本”视角下的私法理论与体系

一、自然法理论

理性法抛弃了关系的立场和先在的客观秩序，转而从人自身来建构法的秩序，并将寻求正当秩序的出发点定位于人的“本性”。立足于对人的本性认识，人的理性可以建立起一种具有普遍适用性的法律秩序。这样建构起来的秩序是理性的、普适的，从而在理性法学者眼里也是理所当然的。同样，由此所形成的法律不仅是理性法，也可称为自然法。

自然法并不是近代学人的专利，自然法也不是直到近代才开始与理性相联系的。古希腊哲学家和古罗马法学家同样援引自然法，古罗马思想家和法学家西塞罗说：“法律乃是根植于自然的最高理性。”[①] 中世纪神学家阿奎那借助基督神学教义和亚里士多德的哲学将自然法与上帝的理性相结合，他说：“耶和华啊！求你仰起脸来，光照我们。正如自然理性的光芒照着我们，我们据此区分善恶，这就是自然法，就是神的光芒在我们身上的投影。”[②]

但是，近代思想家眼里的自然法与古代的自然法有着明显的不

① ［古罗马］西塞罗：《论法律》，1-6-18。

② 参见［爱尔兰］约翰·莫里斯·凯利：《西方法律思想简史》，王笑红译，法律出版社2010年版，第122页。

同。对于近代思想家而言，自然法既不是古代罗马人所遵从的与传统习俗相联系的习惯法规则，也不是古代哲学家所认为的外在自然本身所不可变易的秩序，更不是中世纪神学家所认为的源自上帝的意志。自然法的基础既非外在的自然，也非上帝，而是来自人自身的理性。在这里，理性已不再是单纯通往自然法的桥梁，而毋宁是自然法的来源。因为在近代思想家那里，并不存在任何先在的自然法，因而自然法不再是需要理性引领才能够到达的外在存在，它本身就是理性的产物。也正是在这样的意义上，洛克说“理性就是自然法”，[①] 霍布斯说自然法是“理性的一般规则”。[②] 由此可以说，近代的自然法是理性法的另一种表达，反过来，理性法也是借助自然法才得以系统阐释的。

近代自然法关注的是人本身，而不再是人的身份以及由身份所构成的社会关系。即使人的各种社会身份并未被完全消除，即使国家政治生活和社会管理意义上的身份永远不可能彻底消除，但至少在私法上，这些问题已经不再被纳入法律的视野，更不可能像古代罗马法那样成为法律制度建构的基础性因素。为了消除身份在法律上的影响，法律不再考虑家父的特殊法律地位，不再有自由人与奴隶的区分，也不再根据不同的身份来确定个体的权利与义务。也就是说，在法律意义上，所有的人都被剥离掉了附着于个体身上的一切外在的社会条件和法权要素，由此获得了一个独立、平等、自由的法律主体意义上的“人”——Person，或者说“法律人格”。《奥地利民法典》第16条规定：“任何人生来就因理性而获有明确的天赋的权利，故得作为Person看待。”法典的起草人之一蔡勒解释说：“理性的存在，只有在决定自己

① John Locke, Two Treatises.2.6.

② Thomas Hobbes, Liviathan.1.14.

的目的，并具有自发地予以实现的能力时，才被称为Person。”[①]这里所说的Person并不是现实生活中具体的生物意义上的个体，而只是一个法律意义上的对人的抽象，是人作为法律主体的理性存在形式。

“法律人格”作为私法主体制度的基本设计，尽管没有消除人与人之间事实上存在的身份和社会地位的差异，但这种差异不再成为私法上确定个体权利义务的根据，从而为“平等主体”预设了一个基本前提，并成为近代以降私法抽象主体设计的理论基础。

近代思想家之于私法的另一个贡献是对“自然权利”的阐述。早在12世纪，教会法学家马西利乌斯就表述了权利（ius）的概念。他解释说，ius有两种不同的意义，它不仅指客观存在的法律，同时站在个体的立场上，它还指个人的自愿行为，“当某人在与第一种意义的ius相一致的前提下，想要或者实际使用某物时，我们通常说这是某人的ius”。[②]从马西利乌斯对权利的定义看，权利意味着正当性，而且是立足于个体来表达的正当性，说一个人有权利，意味着他有这样行动的自由。在中世纪通过先在的秩序或神的意志来判断个体行为正当性的语境下，个体的立场不可能得到充分表达，更不可能成为主流话语。随着人文主义和近代哲学对“人”的关注，权利开始成为一种立足于个人主义立场的基本诉求。在个人与国家的关系上，权利是个人对抗国家公权力的手段；在人与他人的关系上，权利成为一个人免受他人侵犯的自我防卫的基本领域。

与理性主义哲学一样，近代的自然法同样割断了与历史传统的联系。然而，近代思想家的目标并不是单纯提出一种理论，更为重要的

① 转引自［日］星野英一：《私法中的人》，王闯译，中国法制出版社2004年版，第24页。

② Marsilius of Padua，Defensor Pacis，university of TorontoPre，S，1980，p.191.

目标是试图借此重建一个全新的社会秩序。在此情况下，这一时期自然法的主要贡献并不体现在私法理论的重建上，而是成为反对封建等级制度的武器和重构国家政治生活的理论工具。事实上，自然法在重建社会秩序的过程中也取得了巨大的成功，个体与国家的关系，国家权力的基本构造，乃至国家与国家之间的关系，均在自然法的语境下被赋予了新的内容。相对于其在国家政治领域的一路攻城略地，自然法在构建私法具体规则方面似乎显得微不足道。即使如自然权利理论，在当时也主要用于对抗来自公权力对个体财产或人身自由的剥夺与限制，而并不在于私法意义上的权利制度建构。比如，洛克在其著名的《政府论》中所讨论的财产权，他所关注的并不是私法上财产权的具体内容，而是强调这种权利在对抗王室特权方面所隐含的价值。实际上，在理性法时期，自然法学家并未能完成私法领域的权利理论建构，私法上的权利理论是在潘德克顿法学那里才最终完成的。

总之，在理性法时期，尽管私法的视角已经发生转向，但并没有完成私法理论的重构，一旦涉及具体的私法规则，人们仍然需要求助于罗马法上的具体规范。尽管自然法思想在社会改造过程中居功至伟，但法学家们似乎并没有试图立足于自然法来重构具体的私法秩序。格劳秀斯的《战争与和平法》被视为近代自然法的奠基之作，其中也涉及各种类型的私法权利，他也声称这些权利源于自然法的正当理性。但是，在格劳秀斯那里，这些权利似乎并不是在“我思”的基础上进行理性推演的结果，在大多数情况下，他直接援引罗马法，因而自然法似乎是更多地为罗马法提供一种理性的论证。在这一意义上，格劳秀斯的《战争与和平法》虽然被视为开创了近代自然法思想的先河，但其所采取的方法在很大程度上似乎并不具有近代思想的内涵，更谈不上私法理论上的贡献。

关于自然法对近代私法的贡献，艾伦·沃森说：“自然法一进入私法实践活动领域，就变得无精打采。”[①] 从某种意义上可以说，就私法而言，理性法时期还只是一个过渡期，法学家们站在了时代的前沿，但他们还没有为私法理论的建构找到明确的方向。

二、法典化实践

自然科学的发展使人获得了前所未有的自信，其直观的观察测量与精确的数学推论也使理性主义者受到了很大启发。他们相信，如同科学家们所建构的物理学体系一样，人类社会也存在这样一种内在逻辑脉络清晰的规则体系。通过这种自然科学方法，人类不仅可以认识自然，还可以将该方法推广到社会领域，推导出人类社会生活的一般法则。

由于自然法不可替代的话语优势，近代法律的体系化建构同样是以自然法的名义来进行的。自然法逐渐被看作整个法律体系得以形塑的不可缺少的基本材料，建构起一个普适的自然法体系由此也成为一项重要的使命。普芬道夫和沃尔夫分别成为这项工作的真正开启者与集大成者。

普芬道夫在其《自然法与万民法》一书中，将人视为一个伦理存在体，并立足于此来建构自然法体系。立足于人的伦理性存在，普芬道夫论述了人所应当承担的义务，其中个体之间相互负担的义务主要包括两种，一种是可通过人的本性推导出来的义务，另一种是个体通过自己的意志自我设定的义务。前者主要包括不得损害他人的义务和自我防卫义务两个方面，这两个方面的义务构成了侵权法和财产法的

---

① ［美］艾伦·沃森：《民法法系的演变与形成》，李静冰、姚新华译，中国法制出版社2009年版，第135页。

基础。后者主要是通过个体的意思表示而设定的义务，这种义务在普芬道夫那里显然被视为契约法的基础。除上述主要是私法意义上的义务外，普芬道夫进一步论述了国内关系和国际关系中公法意义上的义务，它们构成的是公法以及国际法——包括战争法——等法律规范的基础。

与普芬道夫一脉相承，沃尔夫也是通过义务体系来构建整个自然法体系，其逻辑出发点同样定位于人的伦理品性——沃尔夫称之为趋善的本性。但与普芬道夫不同的是，沃尔夫通过义务来定义权利，权利在其体系中开始成为基础性的概念支撑。在《自然法与万民法原理》一书中，沃尔夫将法律体系分为四部分，其中前两部分主要讨论的是存在于个体之间的权利义务，主要包括基于自然法推导出的一般义务以及围绕所有权而产生的权利义务；后两部分讨论的是基于统治——不仅包括国家意义上的统治，还包括家庭意义上的统治——而产生的权利与义务，除家庭法外，主要是公法意义上的权利与义务。

普芬道夫与沃尔夫均受近代理性主义者的影响，希望能够通过一种几何式的方法运用逻辑推论来建构自然法体系。这种几何推论式的方法在沃尔夫的《自然法与万民法原理》一书中体现得尤为明显，在该书中，沃尔夫几乎对每一个命题都以逻辑推理的方式来加以论证，整个体系由此被建立在由几个基本范畴与公理组成的基础之上，从而形成了一个具有内在秩序的层次分明的体系。

理性主义者对自然法体系的建构进一步激发了法学学者乃至统治者的自信，他们普遍相信人有能力通过法典化的形式体系性地穷尽安排法律制度，从而实现对社会生活的全方位调整，由此在欧洲促成了一股法典化的潮流。其中较有影响的有三部，分别是《普鲁士一般邦法典》《奥地利民法典》和《法国民法典》。

《普鲁士一般邦法典》的草案于1789年公布，参与起草者卡默、苏亚雷斯和克莱因等人都是自然法的饱学之士，据说定稿前还特地向“具有理性的法学家”征集完善建议，因此有人说它“与其说是编纂民法典，还不如说是弘扬自然法”。[①]这部法典的内容并不局限于民法，而是包罗了一切法律，它遵循沃尔夫的自然法体系分为两编：第一编是关于个人的法，除了具有总则意义的对人的权利义务进行界定的内容以及一些具有“一般真理”意义的自然法原则外，主要规定的是财产法，包括所有权、债法、继承等内容；第二编是有关“团体的结合”的法，包括婚姻家庭关系，也包括基于不同阶层划分而形成的规定，以及国家与公民关系方面的宪法和行政法的内容。

《奥地利民法典》1812 年开始生效，但早在 1786 年，该法典的第一编就已经颁布了，1796 年，由自然法学家马尔蒂尼领导的立法委员会完成了一个三编制的草案，该草案经多次征求意见及修订最终于 1812 年生效。该法典除一个规定民法一般内容的导言外，共分三编。第一编为人法，包括与身份有关的权利、婚姻、父母子女间的权利以及监护和保佐。第二编为物法，包括所有权、债法以及家庭财产问题。第三编是人法和物法都适用的条款，主要是权利和义务的产生、变更与消灭等方面的内容，在很大程度上相当于总则。

《法国民法典》颁布于 1804 年，也是一种三编制体系。第一编是人法，除关于主体意义上的人之外，还包括婚姻家庭法上的人与人之间的身份关系；第二编是物法，规定的是所有权与限制物权；第三编为财产的取得方式，债法、继承法以及家庭财产的内容都规定在这一编。将债看作物的取得方式符合人的一般生活经验，被视为“反映了

① ［美］艾伦·沃森：《民法法系的演变与形成》，李静冰、姚新华译，中国法制出版社 2009 年版，第 148 页。

最本质和最接近生活真实的自然秩序”，[①]而且这样的编排也丝毫没有影响债法自身特殊规则的适用。但是这样的编排也被指责为缺乏令人信服的内在逻辑性，这种指责主要针对的是第三编“取得财产的各种方式”一编的编排设计。在《法国民法典》中，该编不仅在篇幅上比另外两编之和的两倍还要多，而且更关键的问题是它将继承、婚姻、合同和侵权等性质和精神各异的问题都纳入其中，由此被讥为是“不同性质的法律关系的大杂烩”。[②]但无论如何，随着拿破仑对欧洲的征服，《法国民法典》得到了广泛传播，其所代表的“法学阶梯体系”与《德国民法典》沿袭的“潘德克顿体系”成为民法法典化影响最大的两种编排体例，即使在今天，两种体例仍是不分伯仲、并行于世的。

尽管如此，我们也应当看到，虽然近代自然法思想成为建构法律体系的主导思想，自然科学的方法也被普遍用于体系的建构，但这一时期，各国——尤其是法国——仍然沿袭了中世纪后期法学家们所建构的体系，最多不过是附之以自然法的重新解释。这种情况同样说明，自然法思想并未使法学家们寻找到合适的体系建构的切入点。

三、“人本”视角的内在冲突与交错

自然法的目标是全方位重建国家与社会秩序，对近代早期的思想家们而言，他们的主要任务在于借助于自然法找回长期被压抑的人性及其尊严。为此，自然法一举清除了传统社会的影响和偏见，废除了各种严酷刑罚，重新定义了国家与政府的性质，并在此基础上重建了国家政治秩序。所有这一切，都凸显了理性的光辉，昭示了人性的尊

① 石佳友:《民法法典化的方法论研究》，法律出版社2007年版，第160页。

② [德]茨威格特、克茨:《比较法总论》，潘汉典等译，法律出版社2004年版，第93页。

严。但是，相对于上述领域的卓越成就，自然法学家对私法的探索却总是显得力不从心甚至是含糊其词。在私法领域，人们在大多数情况下似乎只不过是例行公事地向自然法致以敬意，并未立足于此形成令人瞩目的新的私法理论。即使是可以归功于自然法学家的平等人格与自然权利理论，其在私法领域真正走向成熟也是由后来的潘德克顿法学来完成的。

这一时期，在用以建构自然法体系的逻辑前提的问题上，自然法学家们似乎并未在理性的光辉下寻找到新的起点。不仅是格劳秀斯，普芬道夫和沃尔夫等人同样沿袭着传统的亚里士多德式的假定。比如，普芬道夫论证了人之于他人乃至国家所负有的义务，但他的论证建立在人作为伦理性存在的这种亚里士多德式的前提假设上，将人的义务理解为内在于人自身的某种伦理意义上的道义感，基于这种道义感，人在做出行为之前能够进行自我约束和自我节制。沃尔夫在此问题上表达了同样的倾向，他通过善和恶这样的伦理性概念引出义务，为拒斥恶的动机，需要为人设定义务，为履行自然法上的义务，需赋予人以行动的自由。[①] 由此可见，尽管他们所采用的几何式的逻辑方法看起来非常严谨，但这种前提性预设在很大程度上仍与亚里士多德哲学传统保持着某种内在的联系。

就此，戈德雷教授评论说："普芬道夫和巴贝拉克在拒绝了亚里士多德的情况下仍然坚持后期经院哲学家的学说。他们舍弃了亚里士多德之后并没有真正接受霍布斯或洛克的哲学，甚至没有与这些哲学家所提出的问题扯上关系。因此，尽管他们声称他们的法律学说立基于

---

① 这里所涉及的普芬道夫和沃尔夫关于自然权利义务的论述主要参考了杨代雄在其《古典私权一般理论及其对民法体系构造的影响》（北京大学出版社2009年版）一书第一章中对普芬道夫和沃尔夫自然权利义务理论的介绍。

更高层次的哲学原理,(但)这些学说失去了它们在亚里士多德哲学中的停泊地,却没有找到一个新的哲学抛锚处。"[1] 在戈德雷教授看来,格劳秀斯、普芬道夫和沃尔夫等人在法律理论上并没有真正割裂其与亚里士多德的联系,他们在论述自然法的一般原理时,并没有借助于近代哲学思想,他们的很多论述都反映出一种传统的亚里士多德式的版本。比如,他们论述自然法"是由人类自身的本质和天性证明而来的",德性指"引导一个人的行为与自然法一致的习惯",人们通过自然法实现快乐、至善与完善等。[2] 在这些问题上,近代法学家似乎并没有从根本上完全抛弃亚里士多德形而上学的假定。

这种状况并不仅仅体现在私法理论上,在早期法典的编纂、适用和解释方面同样反映了这种倾向。尽管理性法影响下的《普鲁士一般邦法典》和《奥地利民法典》被普遍认为闪耀着自然法的思想光辉,但其具体的规则和体例仍遵循了罗马法典的传统,从某种程度上不过是被镶嵌了近代自然法思想的罗马法,因而它们"在法律学术和法律教育方面的作用并不大。在数十年里,除非与共同法有关联,否则,没有人讲授、解释和运用它,人们把它与当代罗马法相比较,并从当代罗马法的视角来评价它"。[3] 甚至对于近代法典化历史进程具有里程碑意义的《法国民法典》来说,罗马法在解释新法典、解决学术争议以及补充法律漏洞方面同样具有不可或缺的工具意义。戈德雷教授甚至认为,《法国民法典》只不过是终结了地方法的普遍多样性,它旨

---

① [美]詹姆斯·戈德雷:《现代合同理论的哲学起源》,张家勇译,法律出版社 2006 年版,第 152 页。

② [美]詹姆斯·戈德雷:《现代合同理论的哲学起源》,张家勇译,法律出版社 2006 年版,第 166 页。

③ [德]赖因哈德·齐默尔曼:《罗马法、当代法与欧洲法——现今的民法传统》,常鹏翱译,北京大学出版社 2009 年版,第 9 页。

在统一法律，而非创设新法律。①

戈德雷教授的评价或许显得过于严苛，但无可争议的是，近代自然法学家无论是在法学理论还是在法律体系的建构方面，都未能寻找到一个共同的出发点。除了“伦理存在”“德性”和“善”这些明显带有传统色彩的前提假设外，最为理论家们所关注的当属“本性”。无论是善恶假定，还是“自然状态”的还原，还是“社会契约论”的论证，在很大程度上都需以人的某种“本性”预设为支撑。但理论家们只是通过人的“本性”得出了需对人进行约束的结论，而并未能立足于“本性”建构起人的行为的一般规范，“本性”因此无法成为——事实上也没有真正被视为——构建自然法体系的逻辑出发点。

被视为近代自然法学家贡献于私法的“人格”理论与“权利”理论同样未能支撑起自然法的体系。尽管理论家们发现了人格并将人格作为平等起点，但人格只不过是一种建构平等主体的技术手段，其自身难以支持起体系建构的任务。自然权利理论虽然已经产生，但在法典化过程中，私权理论尚未成熟，同样未能担负起支撑整个理论体系或私法体系的任务。

由此我们看到，除了自然法与自然权利的话语之外，近代自然法对私法理论并无明显的贡献。在私法体系方面，自然法学家立志于建构整个人类社会的庞大体系，以至于并未真正关注私法本身的范围与结构。从《法国民法典》可以看出，该法典在很多问题上与公法和诉讼法一样没有进行清晰的区分。从整体结构上，尽管名义上是自然法的建构，但仍不过是对“法学阶梯”的沿袭，其各部分内在的逻辑关

① See James Gordley, Myths of the French Civil Code, In The American Journal of Comparative Law, Vol. 42, No. 3 (Summer, 1994), pp. 459—505.

系并没有借助自然法理论而变得严谨而清晰。

可以说，尽管近代思想家不再立足于外在的自然来规范人的行为，而是开始立足于人本身来调整人与人之间的关系，但是，在这种“人本”的视角转向的同时，人们并没有立足于“人”找到一个建构私法理论的起始点。也正因为此，这种“人”时而是整体的“人像”，时而是孤立的“个体”，时而又是某种关系意义上的“一方”，在这种情况下，所谓的立场本身也是摇摆不定的，甚至是不断游移的。

整体而言，近代私法理论已经脱离了中世纪宗教神学和亚里士多德的话语体系，而代之以一种新的围绕“人”，或者人的理性和人的本性而建立的新的话语体系。后来的私法理论也基本上完全沿袭了这一套话语体系。但是，尽管如此，理性法时代并没有完成法视角的转向，在抛弃了一切先在的“正义”标准之后，法学家们并未寻找到一个合适的起始点。

近代自然法学家激情满满，他们一路高举着理性的大旗，喊着诱人的口号。但是，当他们途经那个被称为私法的城堡时，他们只是稍作停留，在门口张贴了几张自然法的标签，却并没有真正进入私法的殿堂。

第三章 潘德克顿法学的“意志”视角

第一节 私法视角的根本转变

一、自然法的式微

与古代希腊斯多噶派和中世纪神学家眼里的自然法不同，近代自然法既不是先在的规则，也不是上帝的安排，而是人的理性建构。但是，在是否存在永恒的法规则以及自然法的效力问题上，近代自然法与古代自然法并不存在根本的分歧。近代自然法学家相信，通过适当的方法，人的理性有能力建构起普遍适用的永恒的法律。而且，与实定法相比，自然法是一种高级法，实定法不得与自然法原则相抵触。

理性主义者的这种认识受到了来自经验主义者的质疑。经验主义者认为，人并没有达致事物本质性认识的能力，知识是通过不断重复的经验来获得的。相应地，人的理性也不可能建构起永恒不变的道德律或法律规范。无论是道德律还是法律规范都不过是特定社会条件下基于特定的人类经验而约定俗成的东西。在不同的时期或不同的地域，人们完全可能会因不同的生存经验而形成不同的规则，因而并不存在所谓永恒不变并具有最高效力的“自然法”。

与此同时，人们也开始注意到不同国家和地区的法律的多样性。

法国启蒙思想家伏尔泰在写给后来登基的弗雷德克大帝的信中比喻说，法律就像人的口味一样富于变化。[①] 意大利历史学家维柯更是明确表示：“制度的性质不过是在特定时代，以特定形态呈现的存在，时代和形态是什么样的，存在于其中的制度就是什么样的。”[②] 正是在这样的社会环境下，法国启蒙思想家孟德斯鸠出版了著名的《论法的精神》，表面上看他在书中整理了不同国家和民族的很多稀奇古怪的法律，但这样做的目的显然并不单纯是好奇心，他所关注的不同民族的不同法律制度或习惯，在某种意义上完全可以被看作射向自然法致命部位的一颗子弹。

通过纯粹理性批判，哲学家康德调和了理性主义与经验主义之间的冲突，同时也从根本上颠覆了自然法思想的根基。康德并不否认人具有某种先天的认知能力，他称之为“知性”。但是，与理性主义所说的“天赋观念”不同，康德认为“知性”只是获得了获取知识的能力，并不意味着知识本身。“知性”必须通过“感性直观”——即经验——所获得的材料组织起来，才能形成有条理的知识。抛开经验，仅仅依凭所谓的“天赋观念”，不可能推导出永恒不变的法则。而经验必然受时间与空间的限制，因而通过“知性”对经验的整理所推导出的法则也不可能是普适性的，只能是对特定的社会状态、特定的时代抑或特定的民族才会有效。至此，永恒的普适性的自然法思想已失去了最初的根基。

受这种学术风气的影响，德国学者开始研究产生法律文化经验的

---

① ［爱尔兰］约翰·莫里斯·凯利：《西方法律思想简史》，王笑红译，法律出版社2010年版，第233页。

② ［爱尔兰］约翰·莫里斯·凯利：《西方法律思想简史》，王笑红译，法律出版社2010年版，第233页。

一般性历史条件，法学研究由此也开始逐渐与理性主义的主流观点相对立。与此同时，当时法国对四分五裂的德国领土的肆意践踏所激起的民族主义情绪也使德国学者开始从历史中呼唤民族精神从而树立民族自豪感。在这种背景下，德国出现了一种崇尚民族精神的浪漫主义思潮，他们反对理性主义的普适原则，转而强调民族精神的特殊性。

在这种情形下，法学家蒂堡仍秉持理性主义精神呼吁制定一部统一的《德国民法典》多多少少已经有些不合时宜。无论当时的德国面临着怎样的邦法林立的混乱格局，希望借助于理性自然法来统一法律并改进社会体系的构想都必然会引起争议。1814 年，法学家萨维尼发表了《立法与法律科学的当代使命》一文，对蒂堡所抱持的自然法幻想进行了全面反驳。他认为法律并不是借助于人的深思熟虑的理性思考而演绎出来的，而是人们在共同的历史经历中自发生成的。他声称："在人类信史展开的最为远古的时代，法律已然秉有自身确定的特性，其为一定民族所特有，如同其语言、行为方式和基本的社会组织体制。不仅如此，凡此现象并非各自孤立存在，它们实际乃为一个独特的民族所特有的根本不可分割的禀赋和取向，而向我们展现出一幅特立独行的景貌。将其联结一体的，乃是排除了一切偶然与任意其所由来的意图的这个民族的共同信念，对其内在必然性的共同意识。"[①] 因此，人不能单纯依赖理性建构起普适性的永恒的法律，在未对本国和本民族的历史与当下情况进行充分的理解和研究之前，不可能制定出一部适应德国情况的完善的法典。

蒂堡的呼吁之所以未能实现不仅源于思想领域的争议，还有更为复杂的政治因素。拿破仑战败后，在维也纳会议上，欧洲各封建邦国重新恢复了旧的封建王朝的统治。奥地利与普鲁士等复辟后的邦国均

① ［德］萨维尼：《论立法与法学的当代使命》，许章润译，中国法制出版社 2001 年版，第 7 页。

表现出强烈的保守倾向，他们普遍拒斥理性主义思想中所蕴含的革命精神。因此，即使没有历史法学派的抨击，借助于自然法精神寻求自由与统一的路径在当时的情况下仍然很难得到官方的支持。

萨维尼对蒂堡所代表的理性主义的反驳，同样也反映了这种保守的政治倾向。出于对法国大革命所制造的恐怖的反思，以萨维尼为代表的一部分知识分子并不希望通过革命来重建社会秩序，他们所希望的是通过唤起民族精神来提高民族凝聚力并在此基础上实现国家的统一。这样的主张不仅迎合了统治者的意图，也符合普通民众的愿望。在此意义上也许应当说，萨维尼在与蒂堡的论战中所具有的优势主要源于社会思潮的转向与德国当时的政治环境，而不在于法学理论本身。《立法与法律科学的当代使命》一文尽管在论战中取得了优秀的战绩，但萨维尼及其后来的追随者在建构其罗马法体系的法学研究过程中，很快就丢弃了其所系统阐释的民族传统与法学精神，这也许可以作为上述判断的一个明证。

与近代自然法思想相比，立足于自身民族历史的历史法学派所秉持的是一种更为传统的保守态度，在视野上也很难像近代自然法那样形成对整个人类社会的宏观整体观照。在近代自然法鼎盛时期，它曾一度“以伟大的公正性、不带任何成见地清除了不良的传统、揭露了所谓的巫蛊迷信、废除了拷问刑讯、各种严酷的处决形式，去除了旧式烙印刑罚，并透过刑法及判决执行的改革，为人性尊严建立起胜利的标志”。[①] 在这一方面，历史法学更是无法与其相比肩。但是，近代自然法的宏观视野使其忽略了对微观生活的观照，由此导致其在私法领域缺乏根本性的理论创新。历史法学派更多地将目光投向了具体的

① ［德］弗朗茨·维亚克尔：《近代私法史》（下），陈爱娥、黄建辉译，三联书店 2006 年版，第 347 页。

社会生活关系本身，由此成功地扭转了法学的方向，使法学的关注点重新回到了私法领域，并立足于罗马法传统为私法理论的发展开辟了一条新的道路。

二、潘德克顿法学

尽管历史法学声称，法律是民族精神的历史形成，法律原则来源于“国民精神无从言说的深处”，[①]然而，对于历史法学家而言，这样的历史并“不是已了结的过往，毋宁是被历史形塑出来之当下法秩序，是法学进行其形塑任务时被给定的素材”。[②]可以说，尽管萨维尼在理论上主张法是民族精神的体现，但他的私法理论以及对私法体系的构建并未建立在德国自身的习惯法以及日耳曼传统的基础上，而是直接继承了罗马法的传统。在此意义上，对历史法学家而言，所谓的历史也许只能被看作一种用以唤起民族精神的托词。与更为尊崇日耳曼传统的法学家相比，历史法学家的法学并未真正建立在本民族历史传统的基础上，因而更准确地说，他们并不是历史法学派，而应属于罗马法学派。相反，对于19世纪末20世纪初以基尔克为代表对历史法学派提出激烈批判的人来说，尽管他们从未被称为历史法学者，但他们更加强调法律与从历史演进而来的真实生活之间的关系。

当然，说历史法学家们脱离“历史”并不是为了否定其贡献。尽管历史法学派在促进社会革新方面无法与近代自然法学家同日而语，

① ［德］海因里希·罗门：《自然法的观念史和哲学》，姚中秋译，三联书店2007年版，第106页。

② ［德］弗朗茨·维亚克尔：《近代私法史》（下），陈爱娥、黄建辉译，三联书店2006年版，第378页。

但是近代自然法的一路攻城略地主要集中于公法领域，历史法学派成功地将法学的关注点转回到私法领域，并重新恢复了近代以降一度被自然法所冷落的罗马法传统。

如果说萨维尼至少在精神上还有着对民族历史的关照，从普赫塔开始，历史法学派的后继人几乎已经彻底抛却了与民族传统和历史的联系。普赫塔在对法的“历史阶段”进行论述时虽然延续了萨维尼的基本观念，然而，他所说的法的“历史阶段”更加类似于黑格尔法哲学意义上的抽象阶段形式。无论是普赫塔的“民族精神”还是温德沙伊德的“民族理性”，尽管他们没有完全抛弃历史法学派的基本概念，但在这些概念与现实的法律之间的关系上，他们并未建立起真正的内在联系。他们的成就主要体现在对罗马法文本——尤其是《学说汇纂》——的研究上，在此基础上，他们发展出了一套更加注重法律自身逻辑——而不是与历史传统相联系——的法学建构方法。由于这种方法建立在对《学说汇纂》的研究基础上，因此这一学派常被称为“学说汇纂派”或“潘德克顿学派”。

潘德克顿法学采用的是一种立足于法律概念并通过逻辑推理演绎法律规则及其体系的方法。普赫塔说：“（法律）科学现在的任务在于在体系性的关联上去认识法条，认识这些彼此互为条件且相互衍生的法条，以便能够从个别的系谱学向上追溯至其原则，并且同样地可以从这个原则向下衍生至最外部的分支。在这样的工作上，法条被带进意识里并且从隐藏在民族精神中被发掘出来，所以法条不是从民族成员的直接确信及其行动中产生，法条也不是出现在立法者的格言里，法条一直是在作为科学演绎的产物上，才能看得到。”[①] 由于这种法学

① 转引自吴从周：《概念法学、利益法学与价值法学——探索一部民法方法论的演变史》，中国法制出版社 2011 年版，第 36 页。

方法是通过金字塔式的“概念谱系”而建立的，因而这种法学又被称为“概念法学”。从普赫塔开始，概念法学成为潘德克顿法学的基本方法论原则，并逐渐演变成一种与社会现实相脱离的封闭式的纯学术的理论体系。

历史法学及其后继者高举着反理性主义的大旗，但他们既不反对理性，更不反对理性的建构，他们所反对的，不过是理性主义者所声称的普适性原则。从建构论的角度说，历史法学发展到概念法学这里，甚至将理性主义的建构论发展到了极致。在方法论上，历史法学抛弃了自然法理论，开创了一种实证主义的风气，但自然法与实证主义同样不应被看作两种水火不容的对立观点，二者之间并不存在不可逾越的鸿沟，反而在很多方面有着不可割断的内在联系。自然法既是一种客观的形而上学理念，同时也可以为实在法的正当性提供论证。无论是自然法，还是实证论，在理性和建构论问题上，它们是同根同源的。在此意义上甚至可以说，立足于理性建构的自然法自始就孕育着实证主义的种子，它们始终并行走在理性建构的大路上。

随着对法体系的建构，潘德克顿法学越来越脱离了其民族自身的传统与历史，法学并没有因立足于不同的民族传统而呈现多样性发展，所谓的民族精神与民族理性也只是成为一个并无实质性内容的旗帜。然而，这反而使潘德克顿体系及其建构方法在某种程度上成为一种更具普适性的方法和体系。立足于潘德克顿法学而最终通过的《德国民法典》虽然与历史法学派最初所倡导的根植于民族精神并伴随一个民族有机成长的浪漫主义想象相当遥远，然而该法典却因其严谨的逻辑性和更普遍的适用性而被越来越多的国家所继受。直到今天，至少在私法领域，没有哪个法学学派能够摆脱它的影响，在民法法典化体系问题上，它仍然毫无争议地占据着半壁——甚至更多——的江山。

三、潘德克顿法学的意志视角

人类社会的生存秩序无论是理性主义者所认为的理性的推导，还是如经验主义者所认为的经验的建构；无论是康德所说的实践理性的演绎，还是潘德克顿法学通过概念的创生，决定着个体行为正当性的都不再是任何外来的因素，而只能是来源于人自身。然而，近代理性法学家仅仅完成了对人的本性追求的辩护，却并未能从人的自身寻找到一个建构行为正当性的逻辑起点。笛卡儿的“我思”本身虽然具有确定性，但它实际上不过是指认识活动本身，无法成为建构普遍性规则的立足点。在此情况下，通过理性所推导出的“自然秩序”与亚里士多德基于“信念”而建构的秩序对个体的行为选择而言，本质上都是外在的。而且，理性的推演与信念的建构之间除了前提预设与论证方式不同之外，其所最终建构的秩序之间也不存在明显的鸿沟。因此我们常常会看到，理性法学家们在建构自然法秩序时，无论是强调“人文”，还是立足“本性”，它们都不过是披着新的哲学思想的外衣，而其内在的思维却从未能切断与亚里士多德式的历史传统的联系。这说明，近代自然法学家虽然打着理性主义的旗帜，但他们并未能真正立足于理性主义就法的建构寻找到一个适当的逻辑起点。

经验主义者对自然法的批判使得自然法作为永恒法的观点和高级法的地位被颠覆，他们不仅抛弃了一切先在的正义的标准，甚至一并抛弃了理性标准本身。在这种情况下，法不过是基于经验而形成的用以服务于人的需求的一种规则，并且可以基于不同的经验而有不同的表现形式。由此，自然法彻底失去了其自身的正当性根基，法学家不再关注法的正当性，转而开始关注法自身的有效性。永恒法的梦想由此被彻底打碎了。

历史法学派将法的渊源定位于一个国家或民族历史形成的共同信

念或传统习惯，这种认识与经验主义者的观点并没有本质的不同，因为这种信念同样也可以被解释为国家或民族历史生成的经验。在此情况下，源于民族传统习惯的制定法之所以为法，同样不在于它代表了自然的理性，而在于它的历史传承以及在当下的有效性。但是，与理性主义和经验主义不同的是，萨维尼与普赫塔等人虽然偏离了民族历史的轨迹，却立足于德国古典哲学——尤其是康德哲学——并借助于抽象逻辑方法寻找到了建构私法理论及其体系的新的逻辑起点，从而为私法的理解方式和建构方式提供了一个完全不同的视角。

康德认为法规则属于实践理性的领域，它在自然界中没有对应物，因此只能是人的观念的创造。如果是这样，观念的创造应从何开始呢？康德当然不会将之定位于某种信念，他也没有将之定位于普遍的“人的本性”，而是将之定位于意志。康德认为，一个人如何行动取决于他自己的意志，但是，不同的人有不同的性格和偏好，单纯的个体意志并不天然地具备正当性。但是，正当性又天然地蕴含在个体意志之中，只要个体意志不与他人的意志相冲突，它便符合法律的正当性要求。由此，个体意志得以成为人们寻求法律正当性的起点。对此，康德论述道，如果一个人的实践准则只存在于其本人受本能刺激的意志之中，这种实践准则只能是他本人的法则，而不能成为普遍性的实践法则。普遍性的实践法则之所以对所有人的意志有效，是因为依照这种实践法则，所有人的意志能够并存。[①] 也就是说，个体意志不管内容如何，只要能够与他人的意志并存，便符合普遍性实践法则的要求。反过来，任何一种普遍性实践法则——或者说法律规范，只要依照这种规范，所有人的意志能够并存，那么它就符合正当性的要求。黑格尔同样将意志看作法规则生成的起点，他的说法就是“自

① ［德］康德：《法的形而上学原理》，沈叔平译，商务印书馆1991年版，第40页。

由意志的定在”。[①] 但这种自由意志也不是单纯的个体意志，而是被扬弃了诸个体本身的特异性，从而具有了“自我规定的普遍性”的意志。[②]

意志作为个体意向活动或自愿活动与纯粹的行为之间区分的基础，只有通过它，我们才能判断我们的行动是否是主动的、意愿的或由意志所引起的。由此，可以说意志是个体行为的直接动力或者肇始原因，即行为的决定性力量。正是由于人具有意志，人的行为才得以成为有目的、有意识的活动，人才可以成为自己命运的主人从而被认为是自主决定的主体。

个体意志还被认为是责任的前提，因为只有当个体基于其自己的意志行动时，行为才可以被视为“取决于他”并可“归因于他”。如果个体的行为不是基于自己的意志，而是纯粹由外在的原因所引致，或者是由于外在力量的强制而在违背其个人意志的情况下做出的，让本人承担责任便不存在正当的理由。由此，意志得以成为规范个体行为并确定其责任的起始点。

自然法学家们同样将意志视为个体自由选择并做出行动的原动力以及个体责任的根据。如普芬道夫认为人通过自己的意志做出选择、实施行为，由此人才能真正成为自己行为的创造者，才能够成为自主决定的主体。也正是为此，人被赋予了责任——他必须为自己选择的行为所导致的后果负责。被强制实施的行为不是个体自主决定下的选择，不具有自发性，因而也不存在责任。[③] 沃尔夫将人的行为分为内

① ［德］黑格尔:《法哲学原理》，范扬、张企泰译，商务印书馆 1961 年版，第 36 页

② ［德］黑格尔:《法哲学原理》，范扬、张企泰译，商务印书馆 1961 年版，第 30 页。

③ 参见［德］萨缪尔·普芬道夫:《论人与公民在自然法上的责任》，支振锋译，北京大学出版社 2010 年版，第 22—23 页。

部行为与外部行为，其中内部行为是由个体的意志决定的，而外部行为表现为身体的某种行动。一项自由的外部行为是由内部行为决定的，没有意志的自由，也就没有自由的外部行为。① 自然法学家们还立足于意志来讨论权利、财产等私法问题，由此推导出自然法的一般性原则。格劳秀斯说："自然法与产生于人类意志的运用的许多事物有关，因而，现在经常被称作财产的东西最先就是人类意志的产物……一人若违背他人意志而强占其财产，即为自然法所禁止。"②

但是自然法学家并没有在个体意志与法律规范之间建立起某种联系。法规范的建构依据的是"人性"，自然法学家们只发现了统一的"人"，而没有发现"个体的人"。或者说他们只注意到意志基于人性而表现出的一般倾向，而忽略了意志本身。在他们看来，意志作为无限多样的单纯的个体意愿，不可能成为普遍性规范形成的基础，意志的概念因此也只能成为一种个体意愿与自由的表达，而不能成为理解和构建法律理论和体系的逻辑起点。

意志反映的是个体的意愿或者个体行为选择的心理趋向。无论个体的行为选择受到外在环境怎样的影响，最终的选择都是本人的选择，反映的都是本人的意志。在此意义上，意志体现的是一个纯粹的个体立场。

立足正义的立场，个体的权利义务是通过具体的关系来设定的，而具体关系类型的设定取决于被当时社会所普遍认可的正义原则。而立足意志的立场，权利义务的设定并不是被放在具体的关系中来考察，而是取决于意志的并存所依赖的一般条件。可以说，正义与意志代表着两种

① 参见杨代雄：《古典私权一般理论及其对民法体系构造的影响》，北京大学出版社2009年版，第27页。

② ［荷］格劳秀斯：《战争与和平法》，何勤华等译，上海人民出版社2005年版，第33页。

不同的立场，反映的是理解以及建构法规则的两个完全不同的视角。

总之，潘德克顿法学结束了近代自然法学者在法视角问题上的彷徨，完成了从古代罗马法“关系—正义”视角向“个体—意志”视角的转换。自此，人们理解私法的角度以及理解方式彻底斩断了与传统的联系，古代罗马法理论逐渐荒芜，意志理论开始成为私法理论的一个全新的起点。

第二节 意志视角下的私法理论与体系

一、“人”及其行为的抽象

意志体现的是一种完全的个体的立场，反映的是单纯的个体意愿与倾向。但是，任何人在进行选择时，都不可避免地要受到各种外在因素的影响。同时，由于各种复杂的自身因素和社会因素，不同的人会有不同的观念和偏好，而这些观念和偏好乃至本人的性格与心理均影响着个体意志的生成与表达。尽管如此，这些影响因素却无法都被纳入法律的考量范围，用康德的话说就是：我“不能引用我的禀好作为适合于普遍实践法则的意志的决定根据；因为这种禀好不但远远不足以用作普遍法则，它在普遍法则的形式下反而必定会自行瓦解。”① 在这种情况下，法律的主体就不再是保留着个体偏好与个性的具体的人，而是抽象的被剥离个体特殊性的只具有被纯化的意志的人，即抽象的“人格”。

① ［德］康德：《实践理性批判》，韩水法译，商务印书馆 1999 年版，第 27 页。

在近代自然法看来，抽象设计的必要性主要在于它能使不同的个体得到法律的平等保护。日本学者大须贺明说："平等地保障所有个人的自由，这比什么都显得重要。进一步说，为了能使自由本身充分地发挥其自由的效能……每个人所具有的具体特质在任何意义上都不能与自由保障关联在一起，要确保做到这一点，自由的主体在形式这个意义上必须是完全平等的。作为这样完全平等的实体而加以构想的，是市民法秩序中的法的主体，即像原子一样存在着的个人，而且是抛弃了一切具体特质的以抽象人格所存在的个人。所以平等的观念实际上就意味着主体的平等，其决定于主体的抽象性，且必须是形式上的平等，这对自由的保障是十分必要的。"①

在近代自然法意义上"人格"概念的基础上，潘德克顿法学对"人"的概念进行了进一步抽象。"人格"的含义不再局限于主体的平等性，而是剥离了个体的一切身份和背景，涤净了个体的情感和偏好的抽象形式，其与生物意义上的人并不完全叠合。个体之间的差异实际上由此被"悬置"，"人格"只剩下了意志本身和意志的形式。按照德国法学学者克尼佩尔的说法："（人格）通过涤净情感在规范上纯化自由，通过涤净意愿在规范上纯化意志。"②"人格"由此成为"一个自治的、孤立的、褪掉了个人历史特性和历史条件的、绝对的法定的图像"。③由此，私法自治有了统一的主体基础，自治并不是个体意志的单纯自我表达，而是"人格"基础上的纯粹的意志形式。

在意志的基础上，法学家不仅需要为之寻找到共同的主体形式，

① ［日］大须贺明：《生存权论》，转引自赵红梅：《私法与社会法——第三法域之社会法基本理论范式》，中国政法大学出版社 2009 年版，第 100 页。
② ［德］克尼佩尔：《法律与历史》，朱岩译，法律出版社 2005 年版，第 76 页。
③ ［德］克尼佩尔：《法律与历史》，朱岩译，法律出版社 2005 年版，第 75 页。

而且还需要将主观性的意志转化成客观性的法律，由此进一步要求对主观意志的外在形式进行抽象。德国法学家完成了这一任务，他们从人的一般行为中抽离出法律行为的概念，法律行为由此成为私法规范个体行为的基础。①

所谓法律行为是指个体通过自己的意思表示得以引起法律关系发生、变更和消灭的行为，就此，负责《德国民法典》总则部分起草工作的格布哈特（Albert Gebhard）在其预案理由中说：“草案将其理解为私人意思表示，通过私法赋予人的意志以创造性效力，它指向法律世界之改变，尤其是权利之产生、消灭或变更。法律行为的特性在于，该法律要件是一项意志行为，其中包括旨在引发法律效果之意志活动，以及使得法律要件中所表示的意欲法律安排在法律世界中实现之法律判断。”第一草案立法理由基本采纳了上述见解：“草案中的法律行为是旨在引发法律效果的私人意思表示，法律效果之所以根据法律制度而产生，是因为行为人有此欲求。法律行为的本质在于，旨在引发法律效果之意志活动，以及通过承认此等意思而令欲求的法律安排在法律世界中实现之法律判断。”②

可见，法律行为之所以能够产生法律上的效果，尽管在形式上需要借助于法律的认可，但其最终的根源并不在于法律本身的规定，而在于它体现了个体意志的追求，是在其自主决定的领域内的自主选择。

① 人们一般认为，法律行为作为一般性概念，系18世纪潘德克顿学派通过对“人的行为”这一上位概念进行演绎的产物。在萨维尼之前，达贝罗、内特尔布拉特、胡果、海泽等德国法学学者均使用过法律行为（Rechtsgeschaft）的表述，但多用以笼统指称能够发生权利义务关系的合法行为（就此可参见朱庆育：《法律行为概念疏证》，载《中外法学》2008年第3期）。经过萨维尼的梳理，法律行为才得以成为私法的基础性概念，并由此进一步决定了《德国民法典》的体例结构形式。

② 参见朱庆育：《法律行为概念疏证》，载《中外法学》2008年第3期。

拉伦茨就此说："法律行为与其效果之间存在终局关联。这意味着，法律效果之所以发生，不仅是因为法律制度有此规定，毋宁说，首先在于法律行为之实施者想要引发此项效果。制定法虽然设定了法律效果，但其所设定者，无非是法律行为中表意人意愿之内容。"① 由此可以说，法律行为是个体意志与客观法律之间的连接点。

在上述意义上，个体意志构成了法的最终渊源。但个体意志不能是任意或不受限制的，个体意志必须"由某种形式加以表现，以便保证权利塑造之意志能够按照规定表达并实现"。② 法律行为作为一个抽象概念，它涵盖了所有那些在法律秩序中形成的、依据法律秩序所确定的、旨在实现个体意志而设立、变更或消灭法律关系的行为类型。在此意义上，法律行为理论不仅是个体意志得以实现的工具，也体现了法律对个体意志的约束。美国学者梅利曼说，法律行为作为由法学家创造和发展的法律秩序系统化中的一个基本概念，与主观权利概念共同构成主张和维护私法自治的媒介物。③

法律行为理论不仅是实现个体意志并对之进行约束的工具，同时也是私法上的分析工具。法律行为是一个抽象概念，为诸多的个体行为是否能取得法律上的效果提供了一种判断标准，其核心问题在于个体能否基于自己的意志来形成、变更或者消灭法律关系。尽管并不是所有的个体意志自主决定的行为都可以产生法律上的效果，但法律并不需要详细规定不能产生法律效果的诸种情形。在大多数情况下，法

---

① Karl Larenz、Manfred Wolf，Allgemeiner Teil des Bürgerlichen Rechts，Aufl.8，1997，S.394.

② Karl Larenz、Manfred Wolf，Allgemeiner Teil des Bürgerlichen Rechts，Aufl.8，1997，S.393.

③ 参见［美］约翰·亨利·梅利曼：《大陆法系》，顾培东等译，法律出版社 2004 年版，第 79 页。

律无须对此作出具体规定，而只需考察当事人所实施的行为是否符合法律行为的构成。这样，法律行为不仅可用以从意志的角度来分析个体行为的法律效力，而且它打破了法律规范本身对行为类型的限制，为各种法律未作出具体规定的不同类型的具体法律行为的发展提供了可能。在此意义上，法律行为理论为诸多个体行为能否取得法律上的效果提供了一种标准化的分析手段，并由此从根本上解决了法律行为普遍规则与具体规则之间的关系。

从立法技术上，法律行为是从债法、物法、继承法以及亲属法中的个体行为提取的“公因式”，将以意志为核心的个体行为的共同因素提取出来。用这种方法可以提高法律的逻辑完整性和内涵经济性，从而避免冗赘的重复。[①] 由于法律行为包含了那些可以普遍适用于债权行为、物权行为、身份行为以及遗嘱等行为的一般性概念与原理，潘德克顿法学家才觉得有必要在物权、债权、继承权等具体制度之前加上一个可以容纳这些概念与原理的总论。在此意义上，法律行为理论奠定了民法总论的逻辑基础。

二、私法意志理论

尽管历史法学派主张在一个国家和民族的历史传统中去发现法，但他们最终将法学的目标定位于罗马法——尤其是《学说汇纂》，他们因此也常被称为学说汇纂派，或根据音译称为潘德克顿学派。同时，由于在此基础上所形成的一套体系化方法以各种概念之间的逻辑关系为基础，他们所发展出的注重概念之间逻辑关系的法学方法又被称为

① ［德］K. 茨威格特、H. 克茨：《比较法总论》，高鸿钧等译，贵州人民出版社 1992 年版，第 270 页。

概念法学。但是，无论是历史法学、潘德克顿法学，还是概念法学，其一切法学理论乃至于制度构建都毫无例外地以意志为基础，其核心内容因此可称为意志理论。

通过法律行为理论，个体意志成为私法的根据，然而意志在私法上的意义绝不仅限于此，立足于意志，潘德克顿法学家对私法各种制度进行了重新阐释。

立足于意志，自治成为私法的基本理念。[①] 自治意味着自己的事

① 人们普遍认为私法自治原则与近代自由主义与个人主义密不可分，同时还与近代社会契约论的政治哲学及自由主义经济思想有关。社会契约论认为国家的产生是人们相互间订立社会契约的结果，国家的唯一目的在于为个人提供保护而不是对个人生活进行约束和管制。在订立契约前，人们处于一种没有被施加任何条件的“自然状态”，个体虽然通过社会契约的形式让渡出去一部分权利，但与此同时，个体也得以保留了一块“私人的空间”。这一空间不仅是个体私人生活的“自留地”，也是用以实现“自我决定的领域”。在这一意义上，个体所保留的空间，也是私法作用的领域，是私法规范得以形成的原始出发点。因此，私法所规范的是人在订立契约时并没让渡出去的那一部分权利，它的行使必须能够充分体现自己的意志。在经济学上，自由主义经济理论认为，由于国家的目的被限制在对个人提供保护上，因此社会事务不能由国家来调控，而是应该由不同的个体通过自己的行为来自发地完成。由个体组成的纷繁复杂的社会并不是众多人的简单组合，而是一个有生命的有机体，与不同个体相关的行为最终能够自发地造就社会的最佳状态。这种经济理论在私法上的表述就是自治原则，应当由个体通过自己的意志自主创设、变更和终止法律关系，对此，国家应当为个体的意志自由提供最大限度的实施余地。自由主义所表达的思想的核心在于免于公权力干涉的个人自由，在经济学理论上，它主要表达的是个体追求与社会整体福利实现的一致性，从而为市场机制下个体的逐利行为辩护。但是，私法自治所表达的并不是一种单纯的自由，也不单单是一种用以对抗公权力的原则宣示，更重要的是，自治构成了法律的基础和根据。自治将个体意志当作权利义务发生的根据，这样的一种理念并不是靠“自治”自身来实现的，必须有理论以及制度上的支撑。近代自然法学家并未能发展出这样的私法理论，所以自治对他们而言不过是一个关系到个体自由的口号，历史法学派从人的行为中抽象出了法律行为的概念，从而使自治的理念真正融入私法的具体制度中并贯穿始终。法律行为被视为从个体自主行为中提取出来的“公因式”，从而（转下页）

务由自己决定，立足于个体的立场，自治被表达为“主体根据他的意志自主形成法律关系的原则”；立足于国家法的立场，自治被表达为“对通过表达意思产生或消灭法律后果这种可能性的法律承认”。[①]在此意义上，自治意味着个体可以依其自己的意志去创设权利和义务，个体的意志由此不仅是权利义务的渊源，而且还成为权利义务发生的根据。[②]

私法自治作为私法的基本理念体现了对人自我决定、自我塑造的肯定。在个体化生活领域，人享有免于预先被设定的自由，有权决定自己的事务。尽管现代私法从没有否认个体行为的社会功能，但是，即使个体在社会中仅是一个“小轮子”或“小配件”，他也不应以一种事先决定的方式被赋予特定的角色，被固定于特定的位置来发挥特定的功能，他有权选择自己所处的位置和行动的方式。总之，对现代人而言，人只有在通过自己的意志自主选择自己行为和生活方式的前提下，才是一个独立的主体，并由此激发出创造力，寻找到自我的意义。这不仅仅是对人的伦理存在的尊重，同时也成为私法规范个体行

（接上页）成为贯穿整个私法体系的重要制度。它同时又被视为私法自治理念的工具，没有法律行为制度，私法自治的原则就无法得到集中体现。因此，尽管私法自治的理念与自由主义具有内在的一致性，但私法自治并不是与近代自由主义思潮相伴而生的，而是在以意志为基础建构私法理论的过程才形成的。在法律行为理论得到系统阐释之前，大部分有关意志的讨论都隐藏于合同、契约等概念中，并未形成整体视野上的私法理念。在萨维尼和其他历史学派法学家那里，自然法学派关于承诺、合同的论题等在法律技术的层面得到了一定提升，在伦理价值层面上升为有关人格自由的讨论；在技术层面，合同过渡为更抽象、更精细的法律行为和意思表示。在这样的发展过程中，私法自治的理念才得以最终形成。在这一意义上，私法自治仍然是潘德克顿法学意志理论的产物。

① 两定义分别为德国法学学者 Flume 和 Bydlinski 所下的定义，转引自［德］梅迪库斯:《德国民法总论》，邵建东译，法律出版社 2001 年版，第 142 页。

② 参见尹田:《法国现代合同法》，法律出版社 1995 年版，第 13 页。

为所应遵循的基本理念。

立足于意志，权利的概念也得到了重新阐释。关于什么是权利，康德说："一个人拥有某种权利，意味着权利的客体被纳入其意志活动的对象。"[①]萨维尼沿袭了康德立足于意志的权利观，并通过意志作用的对象进一步对权利的类型进行了系统的划分。德国私法学家温德沙伊德明确将权利视为法律所授予的意志支配力。[②]可以看出，在这些法学家眼里，权利的正当性意味着意志的正当性，行动的自由反映的是意志的自由，意志由此成为权利的基础。从单纯的个体的角度而言，权利所表达的是个体意志作用的范围，在这一范围内，因为我有权利，所有我的行动不受限制。从关系的角度来说，"一个人拥有某种权利，意味着权利的客体被纳入其意志活动的对象"。[③]从侵权法的角度来说，侵犯一个人的权利，意味着侵权人的行为超越了个体意志作用范围的正当边界并侵入他人意志作用的范围。

立足于意志，物权——尤其是所有权——所表达的是以单一的个体为中心而确定的个体意志自主决定的范围，它为个体意志的自主决定设定了一个不受限制的领域，从而使个体意志获得了一个免受侵犯的最为基本的安全空间，康德将之视为划定一个保护个人免受压迫的私人领域的第一步。[④]由于所有权直接体现了个体意志对外在物的作用方式，因此被视为个体意志自主决定的最为完备的体现。尽管基于

① 参见［德］康德：《法的形而上学原则——权利的科学》，沈叔平译，商务印书馆1997年版，第40页。

② 参见［德］迪特尔·施瓦布：《民法导论》，郑冲译，法律出版社2006年版，第133页。

③ 参见［德］康德：《法的形而上学原则——权利的科学》，沈叔平译，商务印书馆1997年版，第40页。

④ 参见［美］路易斯·亨金等：《宪政与权利》，郑戈等译，三联书店1996年版，第154页。

公示问题的考虑，物权要受到类型法定化的限制，但个体对物的占有、收益与处分等各个环节都体现的是个体的意志。

在契约法上，契约自由所表达的是关系领域中个体意志的自主决定问题。从本质上说，契约自由所表达的是个体意志的自主决定在契约关系中的延伸。英国学者哈里斯非常明确地表达了意志在契约关系中的基础作用，他说：“意志本身具有法律的性质，如果某人受到某项合同的约束，是因为他表达了这种意志……合同义务是直接根据当事人的意志而产生的，它们不依赖于法律而独立存在。”“任何合同仅基于当事人的共同意志而成立，并基于人类自由和伦理产生债的强制力……正是订约当事人自己赋予其效力，正是由于他们意图如此并且已经赋予该意图具有此种效力，而法律仅确认他们有权这样做。”[①] 可以说，契约自由是个体意志自由的体现，契约是当事人双方意志共同作用的结果，它既不是出于外界的强迫，也不是出于一方的一厢情愿，而是双方意志的交会。

意志还构成了法律责任的基础。法律责任在私法上的含义包括两个方面：一是对基于本人的意志实施的行为所产生的后果由本人承担；二是对基于本人的意志实施的行为对他人造成的损害本人有责任予以补救。无论哪一种情况，个体意志都是责任的原点。由此可以说，责任所表达的不仅仅是法律上的后果，也是对个体意志自由的必要限制，向个体提醒并强调在其与他人交往过程中不得逾越的边界。在这一意义上，责任与私权神圣实际上是同一问题的两个方面，私权为个体设定了一个以本人为中心的自我决定的领域，在这一领域，个体决定自己的行为选择并承担行为的后果；而对于他人而言，这一领域则成为一条不可逾越的边界，一旦逾越就意味着对他人自主领域的侵犯，意味着法律责任的承担。

① 参见董安生：《民事法律行为》，中国人民大学出版社2002年版，第20、47页。

总之，意志成为私法的核心概念，意志理论成为私法毫无争议的主导理论。温德沙伊德甚至宣称，通过意志的概念可以一劳永逸地确定私法的任务。他认为，私法的任务应涉及划定共同生活的个人意志统治的界限，当个体行为表达了一个由法律制度所授予的意志力量或意志统治时，行为具有法律效力。① 在物权那里，意志对于涉及物的行为具有决定作用；② 在债权那里，权利是对于单个人的某种行为的意志，③ 法律行为是旨在引起法律效果的私人意志的表达；④ 在合同那里，他人的意志表示被理解并获得遵守，⑤ 即使是法定义务的构成，原则上也要经过一个人的意志而形成。⑥ 而归责的前提是“一个事件或一个后果可以以某种方式归结于一个人的意志”。⑦ 这些观念直到今天仍是人们基本的共识。

三、体系的横向构造

《德国民法典》采用了五编制的编排体例，这种体系被称为“潘德克顿体系”。在一些人看来，潘德克顿体系仍以罗马法法学阶梯的三编制体系为基础，它将“人法”分解成总则和亲属法，将“物法”分解成物权法、债权法和继承法，因而不过是法学阶梯体系的一个

① Bernhard Windscheid，Lehrbuch des Pandekenrechts，Bd.1，Frankfurt，1887.p.99.

② Bernhard Windscheid，Lehrbuch des Pandekenrechts，Bd.1，Frankfurt，1887.p.101.

③ Bernhard Windscheid，Lehrbuch des Pandekenrechts，Bd.1，Frankfurt，1887.p.103.

④ Bernhard Windscheid，Lehrbuch des Pandekenrechts，Bd.1，Frankfurt，1887.p.187.

⑤ Bernhard Windscheid，Lehrbuch des Pandekenrechts，Bd.1，Frankfurt，1887.p.189.

⑥ Bernhard Windscheid，Lehrbuch des Pandekenrechts，Bd.1，Frankfurt，1887.p.322.

⑦ Erwin Deutsch，Unerlaubte Handlungen，Schadensersatz und Schmerzensgeld，3.Aufl.，C. Heymanns Verlag, 1995, p.4.

变种。[①] 即使是被视为重大创新的总则，仍是对法学阶梯体系的沿袭，是对法学阶梯的无意识重复。总则中有关人的内容对应的是人法，物对应的是物法，这样，总则部分实际上只剩下了法律行为。因而总则在某种意义上不过是接纳一切无法安插至其他部门的制度的“避难所”，一个复合的混沌体。法国学者撒莱认为，总则的规范并不完全适用于所有部门的分则内容，其所涉及的只是实定法中一些无法归入分则任何部分的内容。[②]

徐国栋教授认为法学阶梯体系不仅是“世界上所有的民法典的结构的基础”，而且蕴含着丰富而深刻的哲学思想。人法和物法的对立以人与物的对立为基础，反映的是主体与客体的对立或精神与物质的对立，而诉讼不过是主体与客体对立的逻辑结果。[③] 而潘德克顿体系对人法进行了分解，法学阶梯中的“人”被“权利主体”所取代，“法学阶梯的人物体系被破坏了，不可避免的后果是这种二元结构所蕴含的丰富的人文信息的丧失”。[④] 因此徐国栋教授认为潘德克顿体系对法学阶梯体系中“人法”的分解是一种糟糕的分解。

那么，潘德克顿体系与法学阶梯体系到底是什么样的一种关系呢？如果前者只不过是对后者的一种分解，反映的不过是排列组合顺序的不同，那么这种分解与重新组合背后的理由又是什么呢？

法律体系不仅仅体现在其自身的构造形式，关键还在于理解构建

① 徐国栋：《民法典草案的基本结构——以民法的调整对象理论为中心》，载徐国栋主编：《中国民法典起草思路论战》，中国政法大学出版社 2001 年版，第 68 页。

② 参见石佳友在《民法法典化的方法论问题研究》（法律出版社 2007 年版）一书第六章中对《德国民法典》结构的讨论。

③ 徐国栋：《民法典草案的基本结构——以民法的调整对象理论为中心》，载徐国栋主编：《中国民法典起草思路论战》，中国政法大学出版社 2001 年版，第 63 页。

④ 徐国栋：《民法典草案的基本结构——以民法的调整对象理论为中心》，载徐国栋主编：《中国民法典起草思路论战》，中国政法大学出版社 2001 年版，第 72 页。

体系的视角。德国潘德克顿体系并不是法学阶梯体系的简单变种，而是反映了体系构造视角的变化。萨维尼立足于意志论述了法律关系的基础及其类型划分的一般原则，他将法律关系定位于个人意志独立支配的领域。用他自己的话说就是："所有的具体法律关系都是通过法规则而界定的人与人之间的关系。但这种通过法规则而进行的界定在于向个人意志指定了一个领域，在此领域之中，个人意志独立于所有其他人的意志而居于支配地位。"① 在确定了法律关系的本质在于划定个体意志独立支配领域的基础上，萨维尼通过探求个体意志可能作用的对象对法律关系的类型进行了划分。他将个体意志可能作用的对象分为三类，即本人、不自由的自然和他人。② 但个体与本人并不能构成法律上的关系，③ 因此法律关系就剩下本人与不自由的自然的关系，以及本人与他人的关系。

本人与不自由的自然的关系体现的是人与物的关系，而作为主体

---

① ［德］萨维尼：《当代罗马法体系》（第一卷），朱虎译，中国法制出版社 2010 年版，第 258 页。

② ［德］萨维尼：《当代罗马法体系》（第一卷），朱虎译，中国法制出版社 2010 年版，第 260 页。

③ 萨维尼这一观点被认为是《德国民法典》没有规定人格权的肇因。在萨维尼看来，实在法上确认的权利是法律对人自身能力的人为扩展，是法律附加给自然存在的人的东西，而人对自己的权利是人本来就享有的东西，不仅不需要实在法的承认和限制，它还是法律所确认的"真正权利的基础和前提"，同时，这种认识在逻辑上还会导致对自杀权利的承认，这是应当受到指责的。萨维尼将人作为人所天生具有的权利称为"自然权力"，在他眼里，这种自然权力与物权、债权等实在法上的权利并非同一层次上的权利，将自然权力与人为扩展相比较并将二者等量齐观，反而降低了自然权力的地位，用萨维尼本人的话说就是："如果人们想要将它们描述为对于本人的权利，那么它们的真正本质就只会被这个名称所遮蔽。"参见［德］萨维尼：《当代罗马法体系》（第一卷），朱虎译，中国法制出版社 2010 年版，第 261 页。

意志支配的他人同样也是独立的主体，任何人都没有权利支配他人，因而个人“不是对于他人的整体进行支配，而是只涉及此人的特定行为；该特定行为被认为从行为人的自由中分离出来，而从属于我们的意志”。①这种对他人的特定行为的支配关系，就是债。由此，债法与物法的区分不再以无体物和有体物的区分为基础，而是以主体意志的作用对象的区分为基础。立足于有体物和无体物，债没有脱离物的范畴，而立足于人的意志的作用对象，债法得以彻底与物法相分离。

他人作为个体意志作用的对象并不限于基于特定行为而形成的债的关系，还包括家庭关系。在家庭关系中，个体同样没有完全支配他人的权利。康德说个体与他人的家庭关系意义上，个体意志的对象指的是他人所处的状态。对此康德进一步解释说，尽管我们不能把妻子、孩子、家人或其他什么人一般地称为我的，但是从纯粹的法律意义上，或者从权利的意义上，家庭成员仍然可以成为个体意志的作用对象。②萨维尼在这一问题上并没有完全沿袭康德的解释，而是认为任何个体在家庭关系的意义上都不是一个独立的存在，而是一个不完整的、需要在一个大的自然关联中加以完善的存在。个体的不完善体现在两方面：一是因性别的区分而使每个人只是包含了人的部分性质，因而需通过婚姻来完善；二是生命的有限性，需要通过繁衍来实现生命的延续。因此，家庭关系是在家庭中扩展的自身，它可以部分地被纳入个体意志的作用对象。③

---

① ［德］萨维尼：《当代罗马法体系》（第一卷），朱虎译，中国法制出版社 2010 年版，第 263 页。

② ［德］康德：《法的形而上学原则——权利的科学》，沈叔平译，商务印书馆 1997 年版，第 57—58 页。

③ ［德］萨维尼：《当代罗马法体系》（第一卷），朱虎译，中国法制出版社 2010 年版，第 264—266 页。

除物法、债法与家庭法外，还有继承法。在罗马法体系中，由于继承涉及的是对财产的处分，所对应的诉也是对物之诉，因此罗马法将继承法归于物法的范畴。《法国民法典》将之视为取得财产的方式而与债、合同等并列。但是对于继承法问题并不是所有国家的立法都沿袭罗马法传统，如普鲁士法典将遗嘱继承视为取得财产的一种方式，而将法定继承视为家庭法的内容。日耳曼法传统也是将继承法与家庭法相联系，家庭的团体主义观念使得继承问题成为家庭内部关系的一部分。但无论在社会关系领域还是在家庭关系领域，当个体越来越多地被看作平等而独立的主体时，继承所引起的财产所有权的转移就很难在家庭法的范畴给予理论上的恰当解释。萨维尼更倾向于将继承关系视为一种财产关系，但是这种财产关系与物法和债法中反映的财产关系又有很大的不同——萨维尼分别称之为继承性的财产权和同时性的财产权。① 同时性的财产权是本人依照自己的意志为自己设立的权利，而继承权的取得并不取决于本人的意志，而是取决于他人的意志，二者在性质上有很大的不同。继承权性质的特殊性使其逐渐从家庭法和财产法中独立出来。

由此，从个体意志的作用对象出发，私法被分为物法、债法、家庭法和继承法四部分。表面上看，家庭法对应于“人法”，而物法、债法和继承法不过是对“物法”的分解，因而潘德克顿体系似乎有理由被认为是以法学阶梯基础上的一种变体。然而这种认识忽略了体系构建背后的根据。潘德克顿体系的基础既不是某种具有普适性的“自然秩序”，也不是人的“本性”，而是立足于个体的意志。因此两种体系的区别不仅仅是形式上的，关键在于体系构造的视角已有了根本性的不同。

---

① ［德］萨维尼：《当代罗马法体系》（第一卷），朱虎译，中国法制出版社 2010 年版，第 298 页。

立足于意志，需要确定意志的主体，人由此不再是法的规范对象，而是成为法律主体。由此法学阶梯体系中的人法被分解为主体法和家庭法两部分。主体法的目的并不在于对“人”的规范，而在于“人”的主体地位的确立。“人”在这里并不是法律规范的对象，而是规范所有“人”的意志作用对象的前提。立足于人的意志作用对象的视角，私法被分为物法、债法、家庭法和继承法四个部分，个体意志对诸对象的支配需要通过人的行为来实现。由于所有行为都是主体意志针对不同对象的行为，由此而产生的个体行为的共性构成了法律行为的基础。这样，法学家们从人的概念中抽象出无差别的法律人格，从人的行为中抽象出了可统一适用于各种不同情形的法律行为，并将之置于总则部分，从而形成了一种五编制的体系构造。

以个体意志的作用对象为基础，私法体系的各部分之间是一种并列的关系，体现的是一种“横向”的体系构造，因此对潘德克顿体系，我称之为“横向体系”。

第三节　意志视角的现实困境

一、“人”的虚化与客体化

“人”的抽象主体设计剥离了个体的一切外在条件和自身特质，每个人由此成了平等的、无差别的法律主体。然而，在现实生活中，每个人因各种各样的主客观原因存在着实际的差别，由此，抽象主体设计与现实中的实际情况并不相符。法学家苏永钦就此说道：“民法无视于阶级间的剥削，所得分配的差异，也不管企业的精明和消费者的无知，像一个不食人间烟火、蒙住双眼的女神，把现实的种种不公平都放在同一个抽象的天平上……”[①] 日本民法学者星野英一也批评了这种抽象设计所引致的问题，他说：“如果是所有者，无论是大企业或者是消费商品的所有者都被看作完全相同的所有者；如果是卖主，无论是大量生产的大企业还是为了生活而把继承来的巴掌大的土地卖掉的老寡妇都被看作同样的卖主。而且，在契约中，卖主和买主、房东和房客、老板和雇工之间，是被看作对等的，对于两者之间的经济能力、社会势力、情报收集能力等差异完全没有感到问题……这种处理致使在各种情况下从人与人之间实际上的不平等，尤其是贫富差距中产生的诸问题表面化，从而产生了令人难以忍受的后果。”[②]

抽象的法律人格是近代去身份化思想在法律上的体现，法律人格的概念剥离掉了封建社会等级身份对人的束缚，进而完成了“从身份到契约”的转变，使得每一个人成了平等的、无差别的主体。然而，这种抽象主体的设计似乎只能适应自由资本主义发展时期的需求，随着垄断资本主义和大工业时期的到来，自由资本主义时期依赖个体自由自发调节社会关系的方式变得不再像原来那样有效。尤其是在诸如劳动合同、消费合同等当事人经济力量存在悬殊差异的领域，抽象的法律人格对于强势一方对弱势一方的恃强凌弱的现象，正面临着严峻的考验。由于抽象法律人格将所有的人都当作无差别的平等的人来看待，个人的外在条件和特殊能力并未被纳入立法者的视野。然而，外在条件的差异却时时影响着法律人格的理性决断，甚至在某些情况下将弱势一方置于一种除此之外别无选择的窘境，法律人格上的平等和理性的自我决定由此在事实上却演变成了弱者不得不服从于强者，从

① 苏永钦：《走入新世纪的私法自治》，中国政法大学出版社 2002 年版，第 50 页。
② ［日］星野英一：《私法中的人》，王闯译，中国法制出版社 2004 年版，第 65 页。

而在实质上形成了极端不公平的境况。基于此，仅仅将自主决定权的实现系于剥离掉各种差异的法律人格，而忽略受制于经济地位的选择余地对自主决定的影响，从而导致个体选择无法真正体现自己的意志，这种情况似乎已使法律人格设计陷入一个不可克服的困境。

根据意志理论，个体的一切行动都是其本人意志自主决定的结果，人由此成为法律上毫无争议的主体，而不能被当作手段，被视为客体。然而，在具体的制度设计上，人的主体地位却常常被忽略，甚至沦落为纯粹的客体。

在处理人与人之间的关系，如债的关系和家庭关系上，萨维尼将人纳入意志作用的对象。将人视为意志作用的对象意味着人不再是绝对的法律上的主体，而且还沦落为他人意志作用的客体。在这一问题上，强调人的主体地位的康德也陷入了同样的矛盾之中，他同样将债的关系和家庭关系中的人视为意志作用的客体。这种处理方式与康德和萨维尼对人的主体地位的强调是不相符甚至是冲突的。康德说人是目的，不能被当作手段，但作为他人意志作用的客体，人成了手段；萨维尼说人是其他一切权利存在的前提，但在债和家庭关系中，人不再是前提，而成了客体。人作为一个独立而自由的主体，他有权决定自己的行动，有权拒绝从属于他人的意志，但在债和家庭关系上，人具有了从属性，他无权决定自己的行动，因为在这些关系中，他应当如何行动不是由自己，而是由他人的意志所决定的。

将人作为意志作用的对象还衍生出对人权的概念。康德将对人权定义为“占有另一个人积极的自由意志，即通过我的意志，去规定另一个人自由意志去做出某种行为的力量”。[①] 尽管康德进一步解释说这

---

① ［德］康德：《法的形而上学原则——权利的科学》，沈叔平译，商务印书馆1997年版，第88页。

种对人权不能是原始的、专断的，也不能是针对人身的，只能是针对特定的行为的，但无论如何，这样的权利无法通过康德的实践理性推导出来，因为在这种情况下，债权人的意志自由与债务人的意志自由并不能够同时并存，其中一个人的意志被纳入了另一个人的意志对象。那么这种对人权的正当性来自何处呢？康德说对人权“只有通过公共意志的办法才能做到”，[①]由此我们看到，康德在这里已经偏离了他的实践理性论证，而不得不求助于实定法。

理论上论证的不充分必然带来法律适用上的困惑。如果说对人权是一项权利，基于这种权利，他人的特定行为被纳入了“我”的意志作用的对象，那么此人对于这一特定行为便失去了意志选择的自由，或者如萨维尼所说，该特定行为就“从行为人的自由中分离出来，而从属于我们的意志”。[②]然而，这样的认识并不能在实践中得到验证，非金钱债务在大多数情况下并不具有履行的强制性，法律强制的并不是履行行为本身，而是因不履行所造成的后果。比如，在加工承揽合同中，承揽方没有按照合同的约定交付加工物，法律并不能强制当事人继续完成加工行为，法律所强制的不是加工行为，而是承揽方因不履行合同而给委托方造成的后果——损失。由此也可以看出，对人权的理论解释并没有——在很多情况下也不可能——在法律实践中得到贯彻。

这样的困境在家庭法上同样有广泛的体现。康德将家庭法上的权利称为“有物权性质的对人权”。他以父母对子女的权利为例说，“从

① [德]康德：《法的形而上学原则——权利的科学》，沈叔平译，商务印书馆1997年版，第88—89页。

② [德]萨维尼：《当代罗马法体系》（第一卷），朱虎译，中国法制出版社2010年版，第263页。

孩子们具有人格这一事实，便可提出：无论如何不能把子女看作父母的财产，他们仅仅在下述意义上可以看作属于父母的，如同别的东西一样为父母所占有：如果当孩子被他人占有时，父母可以把他们的子女从任何占有者手中要回来，哪怕违反子女本人的意志。可见，父母的权利并非纯粹是物权，它是不能转让的。但是，这也不仅仅是一种对人权，它是一种有物权性质的对人权，就是一种按物权方式构成的并被执行的对人权”。[①] 萨维尼认为：“家庭关系的真正本质是个人在此种关系中所占据的地位……他处于一种生活形式之中，这种生活形式是被严格确定下来的，它独立于个人的意志。”[②] 在此意义上，萨维尼认为家庭关系只部分地具有法的性质。从上述康德和萨维尼对家庭关系的论述看，他们与其说是讨论家庭关系中对人权的性质，毋宁说是试图为当时的婚姻家庭的实定法寻求一种立足意志或权利的解释方式。

这样的解释带来的后果是权利的泛化和更多的困惑。比如，如果我们将配偶权视为一种权利的话，夫妻性生活权是不是权利的表现形式呢？夫或妻是不是彼此负有一种可执行的履行义务？对第三人而言，这种权利是否具有排他性？或者当夫或妻因受侵害而影响性功能时，在构成对本人身体侵害的同时，是不是同时还构成对另一方性生活权利的侵害呢？如果对上述问题的答案都是否定的，那么配偶权又是一种什么样的权利？它还具有权利的性质和功能吗？意志理论没有对此做出合理的解释。

---

① ［德］康德：《法的形而上学原则——权利的科学》，沈叔平译，商务印书馆 1997 年版，第 102 页。

② ［德］萨维尼：《当代罗马法体系》（第一卷），朱虎译，中国法制出版社 2010 年版，第 270 页。

如果说抽象主体设计对现实存在的“事实不平等”的忽略使得作为主体的“人”被抽象化，或者说被“虚化”，那么，将他人视为个体意志作用的对象所导致的后果则是人的“物化”或者说“客体化”。虚化导致的是抽象主体与现实存在的人之间的不协调，而客体化则导致人与其主体性地位相冲突。这种冲突和不协调不仅造成理论上的困惑，也给法律实践带来了诸多难题。

二、意志理论的内在冲突

立足于意志的视角，潘德克顿法学重建了私法理论。相对于此前的任何理论，意志理论都体现出更严密的逻辑性和更严谨的体系性。然而，意志理论所建构起的理论体系是以个体意志的作用对象为基础而建构起来的各横向子体系组成的，其严谨性更多地体现在各子体系内部，各子体系之间的逻辑性和理论的融贯性并没有很好地得到兼顾，以致形成诸多内在冲突与不协调，无法形成前后一致的融贯性解释。

比如，在合同领域与侵权领域，关于当事人承担责任的条件问题就存在明显的不一致。一般而言，意志是责任的前提，当个体行为没有真正体现本人的意志时，让其承担责任便没有正当的理由，但这一原则在潘德克顿法学上并没有得到统一的贯彻。比如，一个因受胁迫而实施的行为是否能够体现行动者本人的意志呢？如果答案是肯定的，那么我们就无法解释，在合同法领域，一个受到胁迫而订立合同的行为缘何还要赋予当事人撤销的权利；如果答案是否定的，我们又无法解释，为何在侵权法领域，一个基于胁迫而对他人实施的侵害行为，被胁迫者为何仍然需要对侵害后果承担责任。针对同样性质的行为，在不同的领域，法律采取了不同的处理方式，意志理论显然未能就此提供前后一致的融贯性解释。

意志理论也没有解释个体意志被赋予强制执行效力的基础，理论上的难题被留给了理论界，现实中的问题被留给了实在的法律，由此必然造成法律理论与实在法之间的不契合。这些不契合在法律具体适用时会造成一系列的难题。比如，按照意志理论的一般性原则，个体基于其本人意志而做出的行为，本人应当承担该行为所引致的后果，承诺无疑是本人基于其个体意志而做出的选择，本人不履行承诺时当然应当就由此而造成的后果承担责任，由此基于本人意志而做出的承诺被赋予了强制执行的效力。但承诺包含着一种赋予法律强制力的表示吗？如果没有，法律为什么并不仅仅要求承诺人承担不履行的后果，而是还可以强制承诺者继续履行呢？如果有，那么为什么在有些情况下即使是出于当事人的承诺，强制履行也是不允许的呢？从意志的角度同样无法给出合理的答案。在没有对此做出一个融贯性的合理解释的情况下，对于何种情况下可以强制执行，人们至今也没有划定出一个明确的标准。

即使在同一子体系内部，这种情况同样存在。比如，在合同领域，"意志理论家们不能解释，为什么意志本身应当具有约束力。他们只不过注意到合同是有约束力的事实，并按照意志对其加以界定。在缺乏一个融贯性的意思概念的情况下，就为何要对错误给予救济，或者是否要对情势变更给予救济的问题，他们从没有给出融贯的解释。他们从没有充分解释，如果唯一重要的是意志，为什么做出赠与的允诺要求具备特定的形式。他们从没有解释，为什么当事人有时要受他们并没有表示同意的所谓'默示条款'的约束，而且越来越多地不受他们的确表示过同意但显然不公平的条款的约束"。[①]

① ［美］詹姆斯·戈德雷：《私法的基础——财产、合同、侵权和不当得利》，张家勇译，法律出版社2007年版，第474页。

可以说，潘德克顿法学虽然将意志作为理解和解释私法的逻辑起点，但意志理论远未形成一个逻辑严密、前后一致的理论体系，因此在对法学问题进行解释的时候，意志理论不免捉襟见肘，难以自圆其说。由此也可以说，意志理论尽管构成了潘德克顿法学的基础，但这一基础本身并未夯实。在这种情况下，面对近代私法所搭建的舞台，意志被迫退到了幕后，权利事实上扮演着舞台上的主要角色。然而，这些舞台上的角色虽然能够根据特定的角色安排诠释着角色本身，但它没有能力左右情节的发展，当先前编排的情节需要进一步发展的时候，它们便开始表现得无所适从了。

由于意志理论存在着其自身难以克服的障碍，由此所建立起的法律体系也不可避免地存在诸多问题。潘德克顿法学试图建立一个没有漏洞的、完备的，甚至完全可以自我创生的法体系。然而这样的体系不仅没有避免漏洞，而且其所建构的理论也没有建立起前后连贯一致的逻辑关系。立足于个体意志作用的不同对象，潘德克顿法学家建立起来的是一个由各种并列的子体系而形成的横向体系。对于这一横向体系，他们过于强调各子体系自身的体系完整性，而忽略了各子体系之间的内在逻辑关系。在这种情况下，各子体系不仅是相对独立的和自足的，在很大程度上还是自我封闭的，因而常常是不可通约的。由此我们看到物法、债法以及家庭法各自有各自不同的原则和理念，各自有各自不同的体系构造，尽管在形式上它们仍然属于同一家族，但似乎总让人觉得它们之间缺乏来往、关系淡漠，以至于它们看起来越来越不像是一家人了。

这种横向构造的特点在各子体系内部也有明显的体现。比如，合同与侵权虽然同属于债，但合同行为是法律行为，而侵权行为属于不法行为；前者所涉及的核心问题是意思，而后者所关注的是过错；基于合同而形成的合同请求权，并不以主观过错为要件，而基于侵权行为而形成的则是侵权请求权，除非法律明文规定，它必须以过错为前提；前者产生的责任是违约责任，而后者产生的责任是侵权责任，两种责任在责任构成和责任大小均存在很大差异。由此可以看出，虽然合同与侵权均归属于债的范畴，但分别形成了其独立的规范和思维方式，在很多方面都是不可通约的。甚至对同样的行为，立足于不同的角度，我们根本无法做出融贯一致的解释。比如，前文中已经提到的，因受胁迫而实施的行为在合同法领域可以因撤销而使受胁迫者不再负担任何义务，但在侵权法领域，同样因受胁迫而对他人实施的侵害行为，被胁迫者仍然需要面对侵害后果的责任承担。

横向体系强调私法各子体系内部的自足性，但割裂了各部分之间的逻辑关系，由此所形成的思维是一种条状化的思维方式。这种方式虽然使私法各子体系的理论愈加完整和精细，但其不可避免的后果是增加了各种规范之间的冲突与竞合。

一般而言，一个法律构成要件产生且只产生一个请求权，一个请求权只针对一个责任。但是，当某一生活事实符合多个法律构成要件时，就构成请求权的竞合，请求权竞合的必然结果是同时出现责任的竞合。横向体系构造对子体系逻辑自足性的强调将一个连贯的行为分成不同阶段分别予以规定，或将一项权利针对不同的基础进行更为细致的划分，无疑增加了冲突和竞合的可能。学者们为解决竞合问题，不仅要区分法条的竞合、请求权的竞合、请求权聚合、请求权规范竞合以及责任竞合等各种各样的竞合形式，而且为解决冲突，还不得不对物上请求权、侵权请求权、合同请求权、原权请求权以及救济请求权等不同请求权形式进行更细致的划分。但这些看起来极为精细的划分不仅没有从根本上解决竞合与冲突问题，反而使问题进一步复杂化，我们几乎已经无法分辨各种理论之间的细微的差别。在这种情况下，法学理论成了部分学者们的文字和智力游戏，距离现实生活也是渐行渐远。

三、横向体系的分解

从根本上说，法律乃是特定社会土壤的生成物，是对特定社会环境的特定需求所做的制度性回应，它应以社会现实为基础，并积极而及时地反映社会现实及其需要。横向体系通过抽象概念所形成的内在逻辑构造，甚至是独立于外部环境的自我创生系统使其必然在某种程度上与现实社会相脱节。“随着特定时空的变迁，新的社会需求渐次涌现，力求逻辑自足的理性法典（体系）与鲜活的社会现实不可能不出现抵牾和矛盾。”[①] 这种情况已在各个方面有了明显的体现。

首先是这种横向体系自身开始不断分解。建构一种封闭的私法体系并在此基础上形成系统的关于民法的一般理论，在19世纪民法法典化过程中得到了全面的贯彻，横向体系一度成为其他法学部门的典范。然而这种体系很快在20世纪初期就受到了冲击。劳动法率先冲破了横向体系的统一构造。第一次世界大战前，劳动契约还被看作民法中的一部分，随着劳动者争取自身权益的斗争不断取得新的进展，劳工专业团体间集体性的团体协约成为法律认可的合法形式，雇主通过契约排除责任在一定程度上受到了团体协约的限制。与此同时，各国在立法上也开始通过限制雇主权利并增加其法定义务的方式来平衡雇主与劳动者之间的关系。个体的意志自由开始受到法律的限制，劳动法由此得以与私法脱离，逐渐与社会保障法攀上了亲缘。消费者合

① 魏磊杰、王明锁:《民法法典化、法典解构化及法典重构化——200年民法典发展历程评述》，载张礼洪、高富平主编:《民法法典化、解法典化和反法典化》，中国政法大学出版社2008年版，第495页。

同也开始逐渐形成自己的原则和理念，越来越多的国家将消费者合同从合同法中独立出来，成为单行的法律。

其次是各种单行民事法律不仅在形式上未能纳入横向体系之中，在理念上也与之发生了严重的偏离。不仅劳动法与消费者权益保护法等开始从横向体系中脱离，即使在现行的民法体系内部，越来越多的事项未能容纳于统一的民法典体系之中，而是更多地以单行民事立法的形式出现，如知识产权法、环境法、土地法、交通法。这些单行民事立法已开始“脱离民法典的涵摄范围而形成一个个独立的法律微系统，不仅在外在形式及内在理念上对民法典进行肢解和分割，而且在司法运行中也和民法典进行竞争……传统民法典发挥作用之领地变得越来越小，以前的那种唯己独尊的地位也随之消减”。[①]

与此同时，横向体系的内部结构也发生了很大的变化，这些变化已使得横向体系的内在逻辑出现了一系列问题。尤其在我国，随着侵权责任法的独立成编和对人格权立法的特别关注，传统民法体系的基本格局必然受到影响，民事主体制度和债的体系面临着重新定位。这种重新定位会进一步影响到民法一系列基本理论问题，如请求权体系中物上请求权、人格权请求权和侵权法上的请求权及责任承担方式的协调问题，权利、义务和责任的关系问题，人格权与主体制度和侵权法的划分及界定问题，以及债法体系及其一般原则的适用问题等，均须进一步讨论。在此情况下，传统的民法体系受到很大冲击，其本身亦需要进行重新组合。

从目前情况看，各种单行民事立法也开始经历与劳动法大致相同

① 魏磊杰、王明锁：《民法法典化、法典解构化及法典重构化——200年民法典发展历程评述》，载张礼洪、高富平主编：《民法法典化、解法典化和反法典化》，中国政法大学出版社2008年版，第496页。

的发展途径，脱离横向体系的趋势已渐为明显。在横向体系内部，传统的结构内容也已趋于破碎，而体系重构的理论准备明显不足，如果缺乏一种系统的理论支撑，传统的体系结构也难以继续维持，因而其本身也面临着进一步被肢解的命运。尽管当前各国法典化浪潮并无衰退之象，然而现实似乎却是固执地秉持着一种不合作的态度，不仅不能使横向体系趋于完善，反而沿着一种相反的道路不断发展。

在这种情况下，当前无可回避的现实问题是：如何认识并处理大量存在的单行民事法律与传统体系构造之间的关系？如果将其纳入一个统一的民法典之中，又必然涉及一个更为基础的问题，即如何重新认识和构建民法的基本理念和结构体系，从而使这些单行法能够被逻辑性地涵摄于民法的基本理念和体系之中。如果无法将这些单行法纳入统一的民法典中，对于由此而形成的内容不完整、其理念在民事领域又不具有普适性的民法典，我们有理由怀疑这种法典化的现实意义。

第四章　私法视角的当前选择

第一节　理论重构的努力

一、正义理论的复兴

意志理论完全立足于个体的意思自治，或者说仍然立足于自由主义的立场，尽管在《德国民法典》颁布前夕，法学家基尔克和门格尔等人已经注意到纯粹的自由主义立场无法为社会上一些特殊的弱势群体提供必要的保护，潘德克顿法学家们对国家干预市场并为弱者提供特殊保护的做法却保持了极大的克制。面对基尔克等人的批评与呼吁，《德国民法典》最终只在雇主的义务、所有权限制和租赁法上对弱者权益给予了适当的考虑。毋庸讳言，该部民法典正处于新旧时代的交接点上，尽管它被滴入了几滴“社会之油”，但它整体上选择了一种保守的立场，基本上仍沉浸在自由主义的落日余晖中，对解决新出现的社会问题缺乏创造性的处理方式。[①]

进入20世纪，随着大工业时代的到来，仅凭个体意志的力量越来越难以推动起庞大的市场机器的有效运行，私法制度中的那几滴

① 参见［德］克尼佩尔：《法律与历史》，朱岩译，法律出版社2003年版，第33页。

“社会之油”也远远不能起到润滑作用，意志理论渐有力不从心之感。在实力雄厚的大企业面前，个体几乎丧失了自我选择的能力，那片自治的土地上似乎再也结不出自由而公平的果实了。立法者将理论与体系的融贯性冲突问题留给了理论界，他们离开了无法达成一致意见的喋喋不休的学术会场，转而为解决现实问题寻找可行的规范手段。从此以后，为解决具体问题而单独制定的各种单行法逐渐开始自立门派，意志理论似乎再也无力一统私法的江湖了。

为维护统一的江湖地位，私法需要新的理论，意志理论已经捉襟见肘，在此情况下，一些学者开始重新将目光投向正义。

他们认为，意志理论所表达的仅仅是一种形式正义的理念，这种正义理念建立在对 19 世纪社会经济生活所做出的两个基本判断的基础上，即平等性和互换性，其理念是形式正义，其价值取向在于法的安定性，而所采取的模式则是抽象主体模式。而在 20 世纪的社会经济生活中，作为近代民法前提条件的平等性和互换性已不存在，大企业对市场的垄断打破了近代民法所立足的完全的自由竞争市场假设。在一个充分自由竞争的市场条件下，当事人能够自由地按照自己的意志订立契约，法院只不过是这种游戏规则当中的裁判者，他自己并不介入其中。至于这种游戏规则之于个案而言是否能使公平正义的价值得到实现，并不需要裁判者给予太多的关心，当事人自己完全有能力通过自己的意志避免各种不利。但是，当越来越多的契约并不是建立在自由协商的基础上，而是以标准化的形式提出的时候，另一方当事人只能面临“要么接受、要么拒绝”两种选择。当合同条款不能真正体现个体意志的时候，当双方当事人因经济地位的不平等，一方迫于生存压力不能不接受对自己明显不公正的条款的时候，真正的意志自由已经荡然无存，这种形式上的正义相应地也不再符合正义的要求。据此，他们认为这是意志自由所引发的悖论，是意志自由自身难以克服的局限，因此，其所体现的形式正义的观念也应当摒弃，而转向一种更加注重现实的实质正义。[①]

实质正义更加关注个体在法律关系中的实际地位，主张对强者给予适当的限制从而保护弱者的利益。在价值取向上，实质正义关注的是社会妥当性，而不再是单纯的社会安定性。当前，为追求实质正义，各国对传统私法的很多领域进行了较大的调整，主要体现在格式合同、劳动关系和消费关系等领域。垄断企业、用人企业和生产企业的权利受到了一定的限制，劳动者和消费者则被赋予了更多用以对抗企业的权利，从而使相互之间的"事实不平等"关系通过这种法律上的"不平等处理"达致平衡。在私法主体问题上，有学者还主张，近代私法上关于抽象人格的设计应当为具体的人格所替代，对人与人之间实际的不平等应给予更多的关注，承认不同社会经济地位和职业的人之间的差异，并为此采取必要的法律手段，从而维护一种事实上的平等、实质意义上的公平。[②]

这种正义观念并未仅仅停留在对意志理论的批判上，立足于正义观念，一些学者开始重新审视私法制度。这种倾向最初反映在英美学者对侵权法的解释上，马丁·斯通利用亚里士多德的矫正正义来解释侵权行为法，认为矫正正义是侵权法的一种伦理表达，不仅反映了侵权法的起源，而且能够为侵权法的实践提供一条统一的解释途径。根据矫正正义观念，侵权反映的是当事人之间的一种直接的关系，旨在通过将损失移转给非法导致损失的人从而消除破坏平等的侵害。因此，对侵害行为的认定不能限于行为人明知其行为可能会造成侵害的情形

① 参见梁慧星:《从近代民法到现代民法》，载《中外法学》1997年第2期。

② 参见［日］星野英一:《私法中的人——以民法财产法为中心》，收录于其《现代民法基本问题》，段匡、杨永庄译，三联书店2012年版，第84—85页。

中，同样，对遭受侵害的认定也不能延伸到所有与其他人行为相联系的其不该受的不幸事件中。[①] 马丁·斯通的这种认识显然是试图将严格责任纳入矫正正义的解释框架内，同时又严格限制了侵权责任的因果关系范围。

还有人摆脱了将私法定位于矫正正义的限制，他们既反对机能主义或经济分析理论所倡导的追求社会利益或福利最大化的观点，也不同意仅仅将侵权责任定位于单纯的两方当事人之间的关系。他们不再过多地关注侵权者的个人道德责任，而是将侵权法定位在分配正义上。美国哥伦比亚大学法学院乔治·弗莱彻教授关注了侵权行为所造成的风险的相互性问题，他认为人的行为会产生风险，但社会对其施加的合理的风险应当忍受，因为在风险的施加中包含着个人对追求善的观念所必不可少的自由。如果每个人所施加的风险和从中获得的收益与他人所施加的风险和所获得的收益之间具有相互性，也就是说大体上是平衡的，适用过失责任就是公平的。而当某种风险的施加不具有相互性，而是这种风险常常由某个特定的团体来施加，而由另一个基本上从不施加这种风险的团体来忍受，也就是说风险施加和收益不具有相互性时，则应适用严格责任，否则对未施加风险的团体成员就是不公平的。这种观点将侵权责任的承担通过风险分配的方式来解决，采取的是一种分配正义的路径。

这种解释思路还可以有效地解释保险责任的承担问题，保险责任体现的不是矫正正义，而是分配正义，它没有将责任完全限定为应受道德责备的人，而是将责任分散到众多的可能施加风险的不特定的多

---

① 参见［美］马丁·斯通：《侵害与受害的意义》，收录于［美］波斯特马主编：《哲学与侵权行为法》，陈敏、云建芳译，北京大学出版社2005年版。

数人。[①] 葛瑞高瑞·C. 克廷就此说道："当严格责任将无过失意外事故成本在那些相关危险的受益者之间分散时，它较之过失责任的优势比以往任何时候都大。将有显著危险性的行为造成的意外事故的成本在那些从该行为中获利的人中进行分配，比使那些不幸遭受了该行为的人尽他们最大可能地承受这些成本明显较公平。"[②]

有的学者还试图将亚里士多德的正义观念进一步应用于对整个私法的解释。美国学者詹姆斯·戈德雷对近代私法上的意志论给予了批评，他认为意志论并不能够合理地对现代私法制度给予合理的解释，并呼吁在私法理论上重回亚里士多德传统。在戈德雷看来，亚里士多德所确立的基础性原则"不仅可以对他们那个时代的罗马法做出最好的解释，而且对于现代私法来说亦复如此"。[③] 立足于亚里士多德的正义论、德性论和目的论等理论，戈德雷试图对财产法、合同法和侵权法等进行全方位的重新解释。[④]

总之，面对意志自由在私法上所面临的困境，越来越多的学者开始重新回到正义，他们并不是简单地通过正义对私法上所面临的问题进行批评和评价，而是试图立足于正义重新解释和构造私法制度及其理论体系。或者说，他们并不是单纯地将正义视为一种对现实进行评判的价值标准，而是试图借此完成一种视角或立场的转换。

① 参见［美］葛瑞高瑞·C. 克廷：《意外事故侵权法的社会契约观念》，收录于［美］波斯特马主编：《哲学与侵权行为法》，陈敏、云建芳译，北京大学出版社2005年版。

② ［美］波斯特马主编：《哲学与侵权行为法》，陈敏、云建芳译，北京大学出版社2005年版，第50页。

③ ［美］詹姆斯·戈德雷：《私法的基础——财产、合同、侵权和不当得利》，张家勇译，法律出版社2007年版，第4页。

④ 参见［美］詹姆斯·戈德雷在其《私法的基础——财产、合同、侵权和不当得利》（张家勇译，法律出版社2007年版）一书中第三章和第十六章的论述。

二、社会法理论

应当说，就其所针对的特定问题而言，正义理论的眼光是敏锐的，解决方法也是有效的。但是，从私法理论的整体而言，正义理论并不具有整体的视野，至少直到目前为止，它还没有显示出足够的能力以实现私法理论内在的协调与统一。在这一意义上，正义理论并没有促进私法理论的完善，它只不过是进一步凸显了私法意志理论的内部冲突，从而成为私法传统理论分化的最原始的肇端。

理论上的困境可以被悬置，但立法者必须面对现实的需求。当私法的困境无法在其内部寻找到适当的解决方式的时候，寻求外部解决方式也许是一种无奈的选择。立法者放弃了在私法体系内部寻求解决的努力，转而通过制定单行法律的方式来直接处理社会所面临的现实问题。在调整手段上，他们也不再局限于私法的调整手段，从而出现了一种被称为“私法社会化”甚至“私法公法化”的趋势。不仅大量的单行法如劳动合同法、消费者权益保护法等开始游离于传统私法而单独存在，一些新兴的法律领域——如环境法领域——也开始出现私法规范与公法规范大量交叉并存的局面，这种情况在很大程度上模糊了法律的性质以及公私法的边界，传统的私法理论似乎已经无法将它们涵摄其中了。立法实践需要理论上的回应，一些学者开始为此寻找理论上的基础和根据，一种被称为社会法的理论在此背景下进入了法律学人的视野。

社会法的产生与自由主义思想在20世纪初所面临的现实困境有关，为解决诸如“事实不平等关系”和“市场失灵”等现实问题，立法上必须首先突破传统私法理论的局限，对传统私法上一些特殊领域给予特别的调整。此后，世界性经济危机的爆发催生了政府干预经济的经济理论的发展与经济政策的成功实践，这在很大程度上也为法社会视角的可行性提供了支持。随着社群主义理论的兴起，社会视角还进一步从社群主义那里寻找到了哲学根据。

目前，关于何为社会法以及其具体的范畴尚未有统一的认识，但社会法学者大多主张对弱势群体的保护从而使“事实不平等”关系在法律上趋于平衡，并试图将社会矫正思想置于私法自治理念之上，强调国家公权力对私人关系的干预。就此，著名法学家拉德布鲁赫说道：“社会法使人们清楚地认识到个人的社会差异性和他们的社会强势与弱势地位，并由此首先通过法律照顾弱势群体，使对社会弱势群体的救济和对社会超强群体的限制等成为可能。通过这些方法，它将社会的矫正思想置于自由主义的平等思想的位置上，使分配正义在交换正义那里也发挥作用，并且通过有组织的社会救济，特别是国家救济，取代自我救济。”[①] 基于这种认识，社会法学者进一步认为，“最私人的法律关系也会被理解为，不仅是参与其中的私人事务，而且是一个社会的，也就是一个公法的关系……因此，在一个社会的法律规则中，并存的私法和公法之间并没有明确的界线，而是互相渗透混杂”。[②]

社会法学的目标并不在于改造私法理论，而是试图建立一个独立于私法领域的第三法域——社会法域。但是，这种理论对私法理论的影响却是不容忽视，它以一种外科手术式的手段不断对传统私法进行分解与剥离。在社会法学者眼里，不仅劳动关系和消费关系，甚至家庭、公司和私人团体等一切与组织团体相关的领域均可归属于社会法的范畴。[③] 还有一些学者立足于传统的公法领域，希望扩大公权力的作用范围，从而更多地依赖政府来“规制”出一个更加公平有序的社

① ［德］拉德布鲁赫：《法哲学》，王朴译，法律出版社 2006 年版，第 129 页。
② ［德］拉德布鲁赫：《法哲学》，王朴译，法律出版社 2006 年版，第 130 页。
③ 参见赵红梅：《私法与社会法》，中国政法大学出版社 2009 年版，第 45 页。

会。[①]可以说，在社会法理论的侵蚀下，私法理论的适用范围已经被压缩到一个十分狭窄的范围，私法的模样已经大大改变了。

第二节 体系重构的尝试

一、大民法体系

在古代罗马，诉讼在很大程度上保留着明显的私力救济的痕迹，对现代意义上的实体法与民事诉讼程序也未进行明确的划分，它们均被纳入私法的领域。随着诉讼被作为由国家公权力专门实施的纠纷解决机制，诉讼法被剥离到公法的范畴。尽管如此，传统私法的领域仍有非常广阔的空间，凡是被纳入法律调整范围但与国家公权力行使无关的事项，原则上均可归于私法的范畴。立足于这种认识，一个宽泛或者说完整意义上的私法体系不仅应包括人格权、家庭关系、物法、债法和继承法，还应包括劳动关系、消费关系、商事关系，甚至竞争关系等一切非基于公权力运行或直接干预的领域。

尽管 20 世纪以前的大多数主张法典化的学者都希望民法典能包罗上述宽泛意义上的私法规范，但这种期望似乎很快变成一个不可能实现的幻想。不仅劳动关系和竞争关系逐渐被剥离出私法的领域，即使对于传统私法内部，越来越多的规范——如各种商事规范——也是以单行法的形式颁布的，而没有被纳入私法的体系。虽然很大一部分

① 参见［美］凯斯·桑斯坦：《权利革命之后：重塑规制国》，钟瑞华译，中国人民大学出版社 2008 年版，第 36 页以下。

学者仍将它们归于大的私法体系范畴，但这种归类不仅早已失去其统一的法典形式，在内容上似乎也没有被和谐地融入整个私法体系中去。

但是，立法者必须对法典化的体系构造做出选择，尽管目前为止还没有任何一个国家尝试将所有传统私法的内容都涵括于民法典，但一些国家从不同方面进行了一些尝试。《俄罗斯民法典》虽然沿用了潘德克顿体系，但该法典将知识产权纳入了法典体系，专设“智力活动成果和个别化手段的权利”一编。又如，《巴西民法典》总体上也是潘德克顿体系，但专设“企业法”一编，将专门的商事主体纳入民法典体系。《葡萄牙民法典》虽然没有将劳动法的有关内容整理到民法典体系中，但仍然保留了劳动合同一章，宣示性地将其纳入民法体系的范畴之内。

将传统私法范畴的内容全方位纳入民法典体系，意大利做了大胆的尝试。由于其1865年颁布的民法典“所代表的社会和法律价值，已经逐渐地被认为不能真正的满足意大利的需要”，面对“大企业的发展，工业无产阶级的形成，劳工问题剧增，以及社会思想的进步……需要用代表社会团结观念的法律代替个人主义观念的法律”。[①] 在这种背景下，经过十余年的努力，意大利于1942年通过了其第二部民法典。

《意大利民法典》将公司法、劳动法、反不正当竞争法和知识产权法等内容纳入了民法，并专设劳动编置于法典第五编。该编包含了合伙、公司、合作社、企业的商号、标识与商标、智力作品权与工业发明权、竞争等内容，并将大量的商事企业的内容放入该编中，立法者的考虑是职业劳动活动的规范要体现行业化经济的特点，而行业化经济是组织经济的主要方面，因而应当规定诸如工业企业、农业企业

① ［美］艾伦·沃森：《民法法系的演变及形成》，李静冰、姚新华译，中国法制出版社2005年版，第193页。

和商事企业的组织规则和组织形态的规范。而对于商号、标识与商标、智力作品权与工业发明权、竞争等内容，它们无疑具有智力劳动的性质，是劳动法律关系中的重要组成部分，自然也应置于劳动编之中。[①]

立法者充分考虑了当事人在这些领域事实不平等地位，因此大量增加了强制性规范内容，体现了国家对私法领域的强制性干预。这样，《德国民法典》在总则中规定的以自治为核心的法律行为概念在很大程度上便无法继续在这一领域内适用，故而《意大利民法典》未设立总则，[②] 而是在各章相对较小的范围内增加各种一般性规定，法律行为、代理等有关内容被放入契约总论一章中。《意大利民法典》还试图打破《德国民法典》中对物法和债法的划分，未采用物法的概念，而是采用了罗马法上为《法国民法典》所继承的所有权概念体系，并将抵押、质押等内容分离出来，放到第六编——权利的保护一编中。

《意大利民法典》反映了立法者力图将各种民事立法均纳入民法典的野心，但这种体系结构并未清晰地体现第五编与其他各编的内在逻辑关系，从该编自身内容看，实际上是将传统民法未能纳入的部分集中汇编在一起，其逻辑关系同样不清晰，因而显得较为杂乱，给人一

① 参见费安玲：《1942 年意大利民法典之探研》，载《比较法研究》1998 年第 1 期。

② 《意大利民法典》未设立总则，学者多认为与学界对《德国民法典》设立总则的批评有关。有学者在对《德国民法典》中设立总则进行检讨时认为："第一编是《民法典》的《总则》。它是德国民法学家关于法典应尽可能抽象化观点的典型产物。非专属某一特定法律制度（如买卖契约或劳务契约）的所有规则，都应提出来放在法典的前面，从而赋予它们普遍的适用性。这一原则在《民法典》中贯彻得如此彻底，以致给人们带来了很多不便，因为有些实质关系很密切的问题在法典中却相隔甚远。对于现在的人们来说，这种极度的抽象似乎已无必要，因为他们更愿意从具体的制度中归纳概括有关的规则。"参见霍恩等：《德国民商法导论》，中国大百科全书出版社 1996 年版，第 70 页。

种堆叠之感。这种编排不仅对主体制度造成了一定冲击，也不能体现出知识产权在其财产权性质上与所有权和债权上的统一性，同时，不正当竞争主要并非劳动竞争，而是经营竞争，也难说体现了劳动性质。

应当说，《意大利民法典》试图解决劳动法与传统私法关系并不成功。其他国家尽管并未像意大利那样有那么大的野心，但试图构建一个范围尽可能大的民法典的意图也非常明显，遗憾的是，这样的尝试同样无法改变各种单行民事立法不断从私法体系中剥离的整体趋势。

二、体系的重新整合

在前一章内容中已经讨论，私法体系所面临的困境不仅表现在无法对庞杂的单行民事法规在传统体系中予以合理的安排，还在于体系内部的部分领域因法理念的变化导致其无法与传统体系相融通。在这种情况下，学者们基本上已不再奢望建构一个更具有包容性的体系，一些学者甚至仅希望维持住现有的体系不再继续崩解。基于这样的立场，当前更多的国家所采取的措施是在现有的体系框架内，对私法体系进行重新整合。

首先值得关注的是《德国民法典》在体系结构上所做的调整，为实现所谓债法的现代化以及配合欧盟法的统一，德国对债法进行了修订并对体系结构做了相应的调整。在修订过程中，由于大量有关消费者保护的特别规定被整合到法典之中，因此也被认为是对民法典解决“事实平等”问题的一次尝试。

法典仍然将消费关系保留在法典体系之内，尽管由于消费者与经营者对产品信息掌握的不对称使得消费者处于较为弱势的地位，单纯地依赖传统私法的自治理念无法公平地实现对消费关系的调整，但大多数人仍坚持认为："如果一部一般性合同法不能囊括消费合同，那么这样的合同法将是非常贫弱的，很难说具有全面性；这样的合同法无法促进法律内容的融贯一致，无法扩大法律的包容性，也无法为法律的进一步发展提供知识和理论支持……另一方面，（单独制定消费者权益保护法）将会增加法律的复杂性，同时也将会使那些期待通过消费合同法简明而全面地规定消费者权利义务的法律改革者感到失望。再或者，意图规定全面，就会重复《德国民法典》中早已包含的那些规定，这同样是有问题的。"①

但是，为实现消费者与经营者在相互关系中的平衡，法律需要对消费者给予特殊的保护，而这种特殊保护与私法上关于"人"的抽象设计是不协调的。为解决这一问题，主体上的"人"不再是单纯的"抽象的人"，消费者与经营者作为"特殊的人"进入了私法的视野。在此基础上，债法中增加或细化了关于消费合同的条款，如专门规定了消费者合同中消费者的撤回权和退还权，专门规定一般交易条款，其中很多条款可以适用于（尽管不限于）对消费者的特殊保护。

《德国民法典》对消费者权益的保护被视为在私法自治理念基础上又增加了几滴"社会之油"，但这种做法同时招致了不少学者的反对。因为这几滴"社会之油"是对自由市场经济之法律基础的破坏，而对此，私法理论并没有做好充分的准备。这种理论准备的欠缺也表现在对体系结构的安排上，消费者与经营者严格说来只与债法相关，却被置于总则中，并没有被体系化地融入法典，"如同把一段流行音乐硬塞进一曲古典交响乐的第二乐章之中，完全属于相互之间没有任何知识关联性的材料汇编……很难称得上是'整合'到《德国民法典》

① ［德］莱茵哈德·齐默曼：《德国新债法》，韩光明译，法律出版社2012年版，第318页。

的结构之中”。[①] 而且，值得讨论的是，如果消费者与经营者可以作为特殊主体植入民法，那么用人单位和劳动者是否也应当做同样的安排呢？民法典该如何协调各不同主体之间的关系呢？显然《德国民法典》的修订并没有解决这些问题。

除德国外，目前似乎还没有其他国家在解决基本的理念冲突问题上进行过立法尝试，大多数国家在法典化过程中基本上保留了传统体系的基本格局，仅仅是在不触及基本体系格局的前提下，出于实用性的角度进行了一些内部调整。

比如，《荷兰民法典》，该法典未设总则，没有就民事主体制度单独设编，而是将人法和家庭法合为一编，整体上体现的是《法学阶梯》的编排结构。但是，《荷兰民法典》突出了财产法的地位，专门设立了财产法总则一编，该编部分内容如物、法律行为和代理等制度从一定意义上代替着《德国民法典》总则的地位。同时该法典继承了罗马法上的无体物概念，并借此将使用权、权利转移、抵押、优先权、留置等内容提升到了财产法总则的层面。在财产法总则的统领之下，财产法进一步被分为三部分：继承法、债法和以有体物为基础的物法，债法又进一步分为债法总则和具体合同两编内容。尽管《荷兰民法典》在财产法上的编排上极具特色，但整体上并未突破《法学阶梯》的基本格局。

我国的民法典编纂工作正在进行，各种不同编纂思路纷纷登场。在起草思路上，有松散式、理想主义和现实主义之分，[②] 在编纂体例上，

---

① ［德］莱茵哈德·齐默曼：《德国新债法》，韩光明译，法律出版社2012年版，第283页。

② “松散式”思路是民法起草工作小组成员费宗炜提出的编纂思路，得到了江平教授和另一位起草小组成员魏耀荣的赞同，人大法工委民法草案就是这种思路下的产物。梁慧星教授将徐国栋教授提出的编纂思路和自己的编纂思路分别称为“理想主义思路”和“现实主义思路”。参见梁慧星：《当前关于民法典编纂的三条思路》，载《中外法学》2001年第1期。

有编纂＋汇编式、[①] 以法学阶梯为基础的人法＋物法两编式，[②] 以及以潘德克顿为基础的不同变体式之别，[③] 在编纂理念上也有所谓的“人文主义”与“物文主义”之争。[④] 除此之外，还有人借鉴欧洲民法典研究小组（Study Group on a European Civil Code）的思路，提出了“民法总纲＋单行法”的编纂体例。[⑤] 除此之外，也有不少学者提出了解法典化甚至反法典化的主张。[⑥]

目前，就具体的立法建议，已经产生了四个完整的文本。人大法工委民法草案为七编，分别为总则、物权法、合同法、人格权法、婚姻家庭法、继承法、侵权责任法。梁慧星教授主持的课题项目完成的建议稿也设为七编，分别为总则、物权、债权总则、合同、侵权行为、亲属、继承。王利明教授主持的课题项目完成的建议稿分为八编，分

① 人大法工委民法草案在很大程度上是对现有立法中合同法、婚姻法、收养法、继承法等单行民事法律的汇编，有学者将该编纂体例称为“编纂＋汇编”式。参见江平：《制定一部开放型的民法典》，载《政法论坛》2002 年第 1 期。

② 徐国栋绿色民法典草案以罗马法法学阶梯三编制为基础，他认为《德国民法典》的五编制淹没了人法的地位，采用“人法”和“物法”两编制更有利于突出“人”在私法中的地位。参见徐国栋：《民法典草案的基本结构——以民法的调整对象理论为中心》，载《法学研究》2000 年第 1 期。

③ 梁慧星教授和王利明教授主持编撰的民法典学者建议稿均以《德国民法典》采用的潘德克顿五编制为基础，梁慧星教授的建议稿中将债法分为“债权总则”“合同”和“侵权行为”三编，王利明教授还将人格权独立为一编，因此可说是潘德克顿式的变体。

④ 就此问题可参见徐国栋：《中国民法典起草思路论战》，中国政法大学出版社 2001 年版。

⑤ 参见张礼洪：《民法典的分解现象和中国民法典的制定》、伍治良：《“总纲＋单行法”模式：中国民法形式体系化之现实选择——兼评民法典体系性之缺陷》等文，均载张礼洪、高富平主编：《民法法典化、解法典化和反法典化》，中国政法大学出版社 2008 年版。

⑥ 解法典化和反法典化之思想可参考《民法法典化、解法典化和反法典化》（张礼洪、高富平主编，中国政法大学出版社 2008 年版）一书就此所设专栏中的诸文。

别为总则、人格权、婚姻家庭、继承、物权、债法总则、合同、侵权行为。徐国栋教授组织编写的绿色民法典建议稿实际是四编，序编相当于总则内容，第一编人身关系法包括自然人法、法人法、婚姻家庭法、继承法四分编，第二编财产关系法包括物权法、知识产权法、债法总则和债法分则四分编，附编为国际私法。

上述四种文本，从内容上看，除徐国栋教授建议稿中规定了知识产权的内容，算是对更具包容性的民法做了一些尝试外，其他文本均未超出近代民法典的内容体系框架，基本上均未涉及民法典与劳动法、消费者权益、不正当竞争等民事单行法的关系，也未显示出在此问题上付诸的任何努力。从编纂体例上看，人大法工委民法草案体现了一种松散式编纂思路，并未注重法典的体系化构造。而三种学者建议稿对总则编、婚姻家庭、物权的内容体系分歧不大，所不同者除编排顺序外，主要在于人格权法与主体制度的关系，以及侵权责任法与债法的关系处理问题。尽管在具体编排处理上存在差别，但实际上所涉及的只是对总则中的人法以及对债法如何进行分解的问题，因而并未超出近代传统民法典体系的基本格局。

三、解法典化思潮

无论是《法国民法典》还是《德国民法典》，无论法典化思想是源于自然法思想还是潘德克顿理论，都反映出典型的“理性建构论”的倾向。这种理性建构论致力于建构一个逻辑严谨、内容完整自足的法源体系。然而，一些学者也逐渐认识到，这种试图建构完整的法体系的目标在很大程度上是不可能的，这种努力本身恰是缺乏理性思考的表现。他们认为，人不是万能的，人的认识总是受到特定时空的经验限制，因而人们不可能有能力事无巨细地将所有问题都纳入法典的调整范围。而且，随着社会的发展，法典的内容也必然会出现与社会现实不符甚至不相协调的情况。因而，把多样的社会生活抽象为理性社会、把活生生的现实中的人抽象成“人格体”，无疑是一种削足适履的做法，这意味着任何法典都存在一种“先天的疾病”，而且这种疾病随着社会的不断发展必然会日趋严重。①

以这样的认识为基础，一些学者提出了一种解法典化思想。

解法典化思想反对继续维系一种大一统的法典体系，主张对民法典进行分解，意大利学者伊尔蒂称其为“一种逐渐把民法典掏空的运动”。②他认为，在民法典之外，各种调整特定经济和技术的单行民事法律不断涌现，并形成了与传统私法理念不相协调的独特的术语和原则。在这种情况下，民法典正逐渐被分解，其社会调整功能也已经被严重削弱甚至被边缘化了，其在私法体系中的核心地位也业已丧失，因此试图继续维系大一统法典体系的努力已经不合时宜。伊尔蒂进一步预言说：“我们正处在黄昏中那漂浮不定的夕阳下。已经没有人幻想重新建立一个统一的、系统化的民法典。在每个民法典的身躯后面都隐藏着权力的面容，隐藏着政治信仰所产生的积极能量。但是欧洲各国，意识形态已经淡化，经济和技术的因素成为首要考虑的因素，追求利润和发展科技两大目的的相互结合。未来民法，只能以制定大量的部门法典来调整。”③

---

① 参见魏磊杰、王明锁：《民法法典化、法典解构化及法典重构化》，收录于张礼洪、高富平主编：《民法法典化、解法典化与反法典化》，法律出版社 2008 年版，第 494 页。

② [意]那蒂达林若·伊尔蒂：《欧洲法典的分解与中国民法典之未来》，张礼洪译，收录于张礼洪、高富平主编：《民法法典化、解法典化与反法典化》，法律出版社 2008 年版，第 517 页。

③ [意]那蒂达林若·伊尔蒂：《欧洲法典的分解与中国民法典之未来》，张礼洪译，收录于张礼洪、高富平主编：《民法法典化、解法典化与反法典化》，法律出版社 2008 年版，第 517 页。

单纯就伊尔蒂所描述的现状来说，这种情况并不是只有欧洲如此，其他各国均有如此之趋势。在这种情况下，以伊尔蒂为代表的持解法典化思想的学者更愿意面对现实，接受业已存在并且还在不断发展的各种单行民事法律并存在的局面。

解法典化对法典所面临的困境的认识以及对民事立法现状的描述是敏锐而精确的，不过我们也应认识到，无论法典在维系体系内部协调性问题上面临着怎样的困难，学者们毕竟在法典化过程中对此做了最大的努力。应该没有人会相信，在法律适用的相互协调问题上，各种单行民事法律的各行其是比一部哪怕并不完美的统一的民法典所面临的问题更少。因此，无论法典化面临着怎样的困境，私法体系化都不仅仅具有理论意义，其在科学立法以及避免法律适用中的冲突方面都有其不可替代的优势。因而，即使我们无法在形式上构建一个严谨而科学的民法典，实质意义上的私法体系建构仍是我们不可回避的任务。

第三节　私法视角的当前选择

一、正义理论的局限

在古代，私人关系上的正义理论在很大程度上都是以一种立足于身份而建立的关系结构性社会秩序为基础的，并将某种先在的正当性原则作为处理人与人之间关系的依据。随着抽象人格的建立，在处理私人关系过程中，个体的身份逐渐被剥离，正义理论失去了其本来的社会基础与理论前提，所剩下的只有具体关系中的平等原则。当前的正义理论基本上也是依赖于平等观念来支撑的，无论是劳动关系，还是消费关系，所强调的都是个体在具体法律关系中的实际地位，主张通过法律的适当干涉来达致一种“事实上的平等关系”。

法律干预的确可以有效地解决诸如劳动关系和消费关系等特殊关系所面临的问题，在立法和司法实践中实际上也取得了不错的效果。但是，我们也应认识到，不同的视角反映的是对法律的不同理解和建构方式，两种视角的并存无法实现理论和体系上的融贯性，从而必然导致理论的冲突与体系的分解，当前私法理论与体系所面临的困境对此也早已给予了验证。也就是说，在未完全抛弃意志视角的前提下，同时引入正义视角虽然能够解决一些具体问题，但不仅无法解决私法理论及体系所面临的整体问题，反而会加速传统体系的崩解。也就是说，在私法理论和体系建构问题上，两种视角不可能并存。

那么，正义理论是否可以重新取得其作为私法逻辑起点的地位呢？

从某种意义上，正义所表达的是特定社会条件下人们的一种愿望或理想，因此，虽然在不同社会条件下，人们对何为正义可能会有不同的理解，但在任何社会条件下，都必然存在某种正义观念和正义标准。我们现在同样不缺少一般性的正义标准或者说正义原则，甚至这些原则——如平等原则——基本上也能够得到大多数人的认同。但是，存在某种正义标准并不意味着在法律建构上一定要以正义为视角。以正义为视角，意味着将正义作为理论建构的逻辑起点，它不仅需要以特定的社会关系结构为基础，还需要某种在社会上占主导地位的主流社会观念作为理论支撑。

一般来说，正义视角所适应的社会应当是一个强调甚至是依赖关系结构来维系基本社会秩序的社会，但是目前的社会状态与正义视角原则上所要求的社会基础并不吻合，当下的社会结构基本上仍是以个体为基础的原子式的社会结构。尽管进入大工业时代以来，社会结构出现了较明显的阶层分化，并由此在某些特定的关系领域影响了个体选择的自由，但在日常生活中，人的个体化生存仍然是一种趋势，而且，各种社会关系的纽带也并未因阶层分化而加强，而是进一步减弱了。比如，在婚姻家庭领域，家庭已不再是生产单位，而正逐步转变成纯粹的消费单位，家庭关系——尤其是夫妻关系——更多的是一种以情感为基础的纯粹关系。在这些领域，个体行为的选择越来越强调本人的自主决定，法律并不过多地考虑这种自主决定在多大程度上影响了结果上的公平正义的实现。完全可以说，阶层分化尽管在特定的领域导致了相互关系上的不平等，但这种情况还没有成为社会的常态。从整个社会角度来看，国家在私人关系上的强制干预并没有普遍适用的空间。因而，完全立足于正义理论重建私法理论缺乏起码的社会基础。

而且，正义理论在当前也没有成为占主流地位的社会观念，在法学理论上也不像其倡导者所期待或宣称的那样获得成功。尽管正义的视角有助于人们反思意志理论所产生的问题，也为人们认识私法问题——尤其是侵权法提供了有益的思路，但主张回归正义的学者们并没有建立起一套可以对私法做出更圆满解释的理论体系。分配正义的确能够更好地解释严格责任以及保险责任制度下的侵权法问题，矫正正义也的确可以解释为什么应当对损害进行补救，但是，分配正义和矫正正义无法解释为什么合同法领域的当事人对承诺应当负有义务，也无法为意思理论和免责问题提供一个统一而融贯的解释标准。戈德雷教授试图借助正义的观念来解释合同法，但他同样没有成功，而是不得不借助亚里士多德更加抽象的目的论和德性论的观念。而且，对于医患关系中为什么应尊重一个毫无医学知识的患者的意见，无论是正义理论还是目的论和德性论，其解释都是牵强的。

正义理论至今也没有对如何构建更加严谨的私法体系做出任何贡

献，相反，由于其无法协调与意志理论的冲突，正义论者表现出更为明显的反体系化或解体系化倾向。在此情况下，传统的私法体系必然逐渐消解。尽管这种体系的解构使得各单行法通过价值多元化的形式能够更加灵活地适应现实，但我们也许需要为此在解决法律之间的冲突以及竞合问题上付出更多的代价，法律的解释和适用也必然会面临更多的困扰。

而且我们还应注意到，在某些关系领域，虽然个体的自治受到了很大的限制，如劳动法领域更多地通过强制性条款来平衡双方的关系，但是，在很多方面，个体的意志仍然起着重要的作用，强制性条款只在特定情况下才予以适用。同时，在法律未予以强制的情况下，法律也并没有强制适用一般性的正义原则，争议的处理在很大程度上仍然需要考虑当事人自己的意志。也就是说，即使在这些特殊领域，当事人意志自治的基础也没有被彻底摒弃。

将正义原则作为法律适用的出发点，还意味着正义原则与个体意志发生冲突时，出于对公正的追求需要牺牲个体的意愿。而在程序法上，个体的意愿是避免法官专断的重要的牵制力量，一旦法律可以对当事人的意志置之不理，就无法避免法官的主观臆断甚至是独断专行。因此一些学者担心，这样一来，法官将成为法律行为的主宰，他受自己的价值观念影响的可能性就会大大增加。在这种情况下，法律更容易沦为法官擅断的工具。也正是在此意义上，德国学者弗卢梅强调立足于当事人的意志而形成的私法自治理念的重要性，反对法官基于自己的价值判断对当事人的意思进行干预。[①]

总之，正义理论虽然在特定领域弥补了意志理论之不足，但并未

---

① 参见迟颖：《20世纪杰出法学家维尔纳·弗卢梅与私法自治》，载《比较法研究》2009年第2期。

从整体上改变私法理论的基本视角。至少在目前情况下，主张回归正义的学者们并没有立足于正义建立起一套完备的私法理论，更为重要的是，完全立足于正义来建构私法理论，尚缺乏坚实的社会基础。

二、社会法理论的问题

尽管我们将法律区分为私法和公法两大法域，但在任何情况下，私法都不可避免地会受到公法的限制和影响。私法中的意志理论虽然强调自治，力避公权力对私人关系的干预，但即使如此，其所强调的自治也是由公法事先圈定了其范围前提下的自治。比如，古代罗马公法上关于个体身份的定位确定了其在法律上不同的主体地位，并进一步影响着具体关系上的权利义务；近代私法剥离掉个体的社会因素，强调人人平等，但社会财富的分配是经由分配正义来解决的，由此而形成的不平等，无论是意志视角还是正义视角均无能为力。私法对此必须视而不见，这种前提下的不平等构成了私法无可回避的局限。但是，无论如何，在传统私法的理论框架下，公权力原则上不会直接介入私人关系领域，即使是正义的视角，法律所采取的平衡手段也是通过对双方当事人权利义务的调整来实现的，权利是否行使仍然取决于个体的选择，没有借助于公权力的直接参与。

同样，私法的视角尽管不可避免地受各种社会观念的影响，并与各种社会身份相联系，但从根本上说，其所采取的立场都是一种“私人”的立场。古代的正义视角虽然受到社会身份结构影响，但这种身份只有放在具体的个体关系中才具有私法上的意义，私人领域内身份关系的调整并不需要公权力的直接介入。近代以来，对平等的强调使得个体的身份地位不再成为确定个体权利与义务的依据，人和人之间的关系是否公平取决于源于自然法的平等与正义观念。在此情况下，尽管法律更加强调相互关系的双方权利义务的平等或对等，但基本的关系立场及其性质并没有因此而改变。当前正义理论的复兴关注实质正义，强调事实上的平等，其观察点同样未脱离具体的关系视角。

但是，社会法理论正使这种情况发生改变。社会法学者没有停留在对具体法律关系的平衡上，而是开始强调社会治理目标的实现，或者说，他们不再局限于相互关系上的调整，而是开始规划整个社会的运行机制。这种认识以人作为社会性动物——而不是单纯的个体——为基础，个体选择因而并不完全取决于自己，而是受可得机会、信息和社会压力等条件的限制。按照这种观点，单纯的自我决定并不一定能够体现私人的自治，自治必须在机会和信息不受限制的情况下才能实现。在现代社会条件下，不仅人和人之间的社会差异是普遍且不可改变的，而且个体已无法充分知悉数量庞大的社会信息，这决定着所谓的平等观念只能停留于形式，通过个体的自主性实现公平正义更是一种不可能成为现实的幻觉。为此，他们主张通过公权力对个体选择的参与，改变机会与信息等限制性条件，从而实现对个体的权益保护，并增加社会的整体福利。①

这种视角不仅与意志的视角不同，而且与传统私法意义上的正义视角也有很大的差异。它不再立足于个体之间的关系，而是立足于社会，或者如拉德布鲁赫所说，这种正义不再是单纯的交换正义，而是通过分配正义来达到矫正个体关系的目的。在此意义上，这种视角可称为一种社会视角，它以实现某种特定的社会规范目标作为调整不同社会关系的逻辑出发点。由于社会规范目标的实现依赖于各种社会关

---

① 参见［德］拉德布鲁赫：《法哲学》，王朴译，法律出版社2006年版，第129页；［美］凯斯·桑斯坦：《权利革命之后：重塑规制国》，钟瑞华译，中国人民大学出版社2008年版，第44页。

系所承载——或者说被赋予——的社会功能，因此这种视角也可以说是一种“社会—功能”视角，其中的“社会”体现的是一种立场，而“功能”反映的则是理解和建构的逻辑起点。

立足于社会视角，私人关系的法律属性开始发生改变，它“不单为调整个人相互间的法律关系之秩序，且直接使该项法律的关系成为个人与国家间的关系；换言之，即不单使违反限制之个人相互间的法律关系为无效，且进一步以国家的权力科违反者以公法上的制裁”。[①]在这种情况下，个体之间的关系已不再是一种单纯的“私人关系”，还表现为一种个体与国家的关系。在此意义上可以说，社会视角改变了个体关系的私法属性，因而已经失去了私法上的理论价值与现实意义。

三、认真对待意志

无论采取何种视角，无可争辩的是，意志在任何情况下都是个体责任的前提基础。只有当行为是个体意志自主选择的结果，才存在本人的责任问题，如果一个行为与个体意志的自主选择无关，则根本不存在本人的责任。在此意义上，否定了意志，就否定了任何形式的归责，实际上就否定了法律的规范功能，剩下的只能是赤裸裸的强制。也就是说，无论我们采取何种视角，意志都是我们必须面对的问题。

遗憾的是，尽管意志早在潘德克顿法学那里成了解释和构建私法理论的逻辑起点，然而关于意志的基本问题却并未得到充分的讨论。萨维尼被视为法学意志理论的主要缔造者，然而无论是萨维尼本人还是其追随者，都没有将他们的理论建立在对意志概念进行严格论证的

① ［日］美浓部达吉：《公法与私法》，黄冯明译，中国政法大学出版社2003年版，第234—235页。

基础之上。在他们看来，这些主题明显处于法理学的领域之外。[①]萨维尼就此明确说："在法律领域，我们不必沉溺于（意志）自由概念的玄思迷想的难题之中。对我们来说，（意志）自由纯粹建立在其表象基础上，也就是说，建立在从多个选项中做出某个选择能力基础之上。"[②]戈德雷就此评论说："19 世纪的法学家们并没有兴趣把自己的理论和哲学家们有关法律或意志的概念加以结合。那不是一个他们被训练要去实施的任务，也可能不是一个他们感兴趣的任务。他们远离哲学家们之间的争执，坚守意志概念，那主要是因为，不论意志概念的含义为何，它似乎都是 19 世纪的法学家们视为正确的唯一概念。但是，这并不意味着他们采纳了哲学家的意志概念，哲学家以不同方式对意志概念进行了详尽的讨论，法学家虽然依据意志概念去界定合同、侵权行为和财产权，但没有解释意志是什么，或者它为什么很重要。"[③]

潘德克顿法学家似乎都倾向认为，意志的概念应归属于哲学和伦理学的领域，他们不应介入那些可能是哲学、伦理学或政治学的主题，他们有意地避开哲学家在意志自由问题上的争论，以一种并不打算去深究的态度坚守着意志的概念。近代私法学说由此出现了一种看起来非常奇特的现象，法学家们虽然依据意志概念去界定和解释各种私法问题，但没有人打算去解释意志到底是什么，他们到底在何种意义上使用着意志的概念。他们也没有深入地讨论在什么情况下个体的行为才是个体意志自主决定的结果因而在法律上应当"归因于他自己"，以及在何种情况下对个体意志自由的限制是正当的。这些问题，似乎

① See Frederick Pollock, Essays in Jurisprudence and Ethics, London, 1896, p.26.

② 萨维尼（Savigny）语，转引自［美］詹姆斯·戈德雷：《私法的基础——财产、合同、侵权和不当得利》，张家勇译，法律出版社 2007 年版，第 22 页。

③ ［美］詹姆斯·戈德雷：《私法的基础——财产、合同、侵权和不当得利》，张家勇译，法律出版社 2007 年版，第 20 页。

至今为止从来没有被法律学人认真地对待过。正如萨维尼所说，他们并不打算去解开关于意志自由的难题，而只是停留在意志的表象上，不管它本身是什么，在法学上它只是被当作个体行为的动因，被当作一个无须深究的前提。

然而，对意志概念含义的忽略使得私法理论面临着一系列的困难，如所有的法学学者都承认意志的自由不是绝对的，它不仅要受到法律的限制，还会受到诸多外在因素的影响。那么法律对个体意志的限制在何种情况下才是正当的呢？如果外在因素的影响不可避免，那么在何种意义上个体的行为才可以在法律上被视为自由的？这些问题并不仅仅属于哲学或伦理学上的主题，而且总是与具体的私法实践相联系。在没有对这些基本问题给出合理界定的情况下，我们无法解释私法上的强制性规范在何种情况下才是合理的，也无法解释个体行为在何种情况下才是应当归责的。

因此，尽管意志理论面临着诸多困境，但这种困境是否是意志视角本身所产生的，以及是否是意志视角本身所无法解决的，在未对此进行深入讨论之前，结论还不能下得太早，过早地向正义理论妥协还缺乏充分的根据。诚然，单纯依赖个体意志的行使在现代社会条件下的确可能会引致不公正的结果，但在以意志为基础的私法框架下，却不可能借助于正义来解决意志行使过程中所面临的问题。立足于意志的角度，如果个体的行为选择并没有真正体现他自己的意志，而是他迫不得已做出选择的结果，在这种情况下，也许并不是意志本身出了问题，而是特定的外在条件阻碍了个体意志的自由行使和表达。因此，法律的任务也许不是据此丢弃意志，而是应当认真分析影响个体真正自由地表达其意志的外在因素是什么？这些因素如何影响着个体意志的自由行使？在法律上如何消弭这些外在因素的影响和限制以使个体意志能够恢复到它所依赖的充分自由的基础上？从而使个体的意志在具体的法律关系上能够真正地得到体现。

强调意志，并不是完全排斥正义。正义视角总是能更敏锐地发现意志理论所存在的问题，在这一意义上，立足于正义理论的分析有着非常重要的理论意义。它像一面镜子，有助于意志理论发现问题并不断完善。但是，由于两种视角的不可通约性，在意志视角的前提下，正义不能同时成为私法理论的逻辑起点。

总之，在私法理论上，我们必须认真对待意志问题，在当前的社会条件下，意志还不能被否弃。美国现实主义法学家格雷指出："为了法律权利得以实现，主体必须具有意志。"[①] 既然我们仍然需立足于意志的视角，我们所应做的，就是对曾被我们忽略的有关意志的基础问题展开认真的研究，并在此基础上使意志理论不断得到完善。

---

① [美]约翰·奇普曼·格雷：《法律主体》，载《清华法学》2002年第1期。

中篇　意志自主论

——意志视角下私法理论的重构

第五章　意志的自由与自主：逻辑起点的选择

第一节　意志理论的逻辑起点及其问题

一、视角、理论与逻辑起点

理解虽然是对客观对象的理解，但理解从来都不是理解对象在大脑中的客观映射，而是一个将熟悉的经验知识对应于陌生事物的过程，或者将已知的抽象原则作用于具体对象的过程，它本身包含着对知识的创造以及对信息的主观选择与取舍。因此出于不同的目标或立足于不同的视角，理解的内容和方式也会存在差异。比如，对于苹果这样一个事物，立足于日常经验并出于生活需要，我们说它是一种甜的、圆的、红红的、很可口的水果，而立足于植物学的分类，它被定义为一种蔷薇科苹果属的果实。

私法的不同视角表达的是不同的立场，反映的是正当性的不同来源，由于两种视角之间的不可通约性，视角的选择同样也体现着不同的选择与取舍。然而，法律并不像苹果一样是完全独立于人的意志的单纯外在事物，法律的产生固然体现着人类社会现实的客观需求，但同时也是人类建构的结果。与单纯依赖生活经验的理解与认识不同，法律的建构应当包含系统的规划和明确的预期，并且需要一套成熟的理论来支撑，唯有如此才能够为法律的建构方式提供方法论根据，从而为法律的适用给出合理而系统的解释。

一般地，为了实现对法律前后一致的融贯性解释，法律的建构应当有一个明确而坚实的逻辑起点，当法律出现内在的矛盾和冲突时，才能够找到解释的根本立足点或者说最原初的根据。事实上，任何理论原则上都有一个用以支撑起整个理论体系的逻辑起点，如有人立足于利益提出利益法学，有人立足于权利提出权利理论。此外，自然法学、分析实证法学、概念法学、社会法学、经济分析法学等各种法律理论或学说都有其不同的逻辑支撑点。

视角问题表达的是立场，其所解决的是法的正当性来源，而逻辑起点表达的是理解的起始点，主要解决的是理论支撑点及其建构方式。无论是意志视角还是正义视角，同一视角只是表明了同样的观察立场，但在理解的逻辑起始点上可以有不同的选择。比如，同为正义视角，但对于何为正义，构成正义标准的一般原则是什么，不同的人却有着不同的解释。有人立足于利益，有人立足于德性，有人立足于某种外在的客观秩序，甚至立足于外在的客观秩序，也有古希腊的城邦秩序、中世纪的宗教秩序、近代的自然秩序等不同的认识。

基于同样的立场可以选择不同的逻辑起点，同样，基于不同的逻辑起点也可以有不同的立场，如自然法学总体而言均可以说是以客观外在的自然为逻辑起点，但它既可立足于个体立场为自然权利辩护，也可立足于关系立场为等级制度提供理论支撑。但是，并不是所有的逻辑起点都可以选择不同的立场，很多逻辑起点是基于某种特定的立场而形成的，因而很难与另外的立场相互通约。比如，权利的个体立场和经济分析理论的关系立场，离开个体立场，权利便失去了基础，同样，离开关系立场，经济分析也失去了具体的标准和依据。

尽管某些逻辑起点可以选择不同的立场，但由于立场的不同，对法律的理解也必然存在差异，甚至对逻辑起点本身的定义也有可能产生分歧。如立足于个体立场，自然法意义上的自然指的是建立在天赋人权基础上的客观秩序，这与立足于关系立场上的城邦秩序和上帝的秩序都有明显的不同。又如，同样以利益为逻辑起点，立足于个体立场关注的是个体需求，而立足于关系的立场关注的共同利益，关注点不同，对行为的正当性要求也不同。

在某种意义上，任何一种私法理论都存在其特定的立场与逻辑起点，是立场与逻辑起点共同结合基础上的产物。我们并不否认立足于不同立场的观察更有利于对事物整体的把握，但理论的建构不允许立场的游移，这会使理论本身变得模棱两可，使体系变得支离破碎，从而无法在逻辑上形成前后融贯的理论体系。由此可以说，一种私法理论原则上只能有一种立场和一个逻辑起点。

不同的立场和逻辑起点反映的是对法律的不同理解方式，并在此基础上进一步影响着私法理论的建构方式，甚至是人们的法律思维方式。由此，私法视角可以为我们分析各种私法理论提供一个有益的分析工具，从而有助于我们对理论的建构方式进行重新审视。同时，在理论建构过程中，明确的立场有助于我们更加清楚地认识到我们所立足的角度，从而能够更加清醒地意识到视角的优势与局限，而明确的逻辑起点则更有助于我们认清理论建构的起始点，从而有效地避免理论的内在冲突与偏离。

二、自由作为意志理论的逻辑起点

古代罗马法理论立足于关系立场，其逻辑起点是建立在世俗的自然理念和实用主义基础上的城邦秩序。近代理性主义时期的私法以人性为逻辑起点，但在立场问题上，它时而以个体意义上的人为立足点，时而以整体意义上的人为立足点，因而并没有明确而坚定的立场。作为其理论起始点的“人性”实际上也不是以“个体”为立场，而是以整体意义上的“人类”为出发点。而且，其所谓的“人性”假设本质上与正义视角下的先在原则预设并无不同，因而在法学理论上并未切断与正义原则的联系。潘德克顿法学以意志为基础重新构建起私法意志理论，由此回到了纯粹的个体立场。但遗憾的是，在具体的逻辑起点问题上，潘德克顿法学家并未有意识地进行更深入的挖掘，因此，意志理论的逻辑起点到底为何，看起来同样并不十分明确。

也许有人会将权利视为意志理论的逻辑起点，在他们看来，权利构成了私法的核心概念，是对法律生活多样性的最后抽象。[①]权利还被视为私法的基本工具，法律通过权利来规划人与人之间的法律地位。[②]随着温德沙伊德请求权体系的建立，权利还成为法律思维的基本工具，法律上的各种主张由此得以借助于请求权的概念转化为权利的行使。作为个体请求的法律表达，权利立足的是完全的个体立场，作为个体意志力的体现，一个人拥有权利意味着客体被纳入其意志作用的对象，在此意义上，权利与意志视角也是统一的。然而，权利是否是意志理论的逻辑起点呢？

如果权利构成意志理论的逻辑起点，那么各项法律制度应当立基于权利来进行建构与阐释，或者说权利应当为各项制度提供最为基础的立论依据。然而，意志理论中的各种基础理论和制度并不是以权利为根据的。比如，对于意志理论中最重要的制度之一的法律行为制度，无论是否可以立足于权利来进行理解和解释，我们似乎都很难将权利

① ［德］迪特尔·梅迪库斯：《德国民法总论》，邵建东译，法律出版社2001年版，第62页。
② ［德］迪特尔·施瓦布：《民法导论》，郑冲译，法律出版社2001年版，第135页。

视为法律行为制度的基础。

从形式上看，潘德克顿体系完全是以物权、债权、亲属权、继承权等权利为基础而建构的体系，但这并不意味着权利构成理论与制度的逻辑出发点。比如，权利与合同制度，无论从何种角度，合同似乎都不是以权利为出发点的。在当事人做出明确有效的意思表示前，所谓的合同权利并不存在，其逻辑起点似乎应当是“意思”。侵权尽管以权利受到侵害为前提，但侵权法同样不能说是基于权利的建构，单纯的权利侵犯并不一定构成侵权法上的责任。在很大程度上，现代侵权法理论的逻辑出发点不是权利，而是过错。

因此，尽管权利支撑起了私法体系的基本框架并成为法律思维的基本工具，但还不是潘德克顿法学意志理论的逻辑起点。

意思也不是意志理论的逻辑起点，意思构成了法律行为的基础，但在具体的制度构建上，意思主要是合同法上的概念，在物权法、侵权法等领域，意思并没有太大的适用空间。在物权法领域，法律关注的不是当事人的意思，而是占有与支配的状态；而在侵权法领域，法律同样不关注意思，而更多关注行为时的心理状态，即过错。在亲属法领域，个体的意思虽然没有完全被忽略，但更多地被局限于法律关系的设立与解除上，法律关系上具体权利与义务的确定基本上被排除在了个体意思自由决定的范围之外。

法律调整的是人与人之间的关系，而人与人之间关系的调整是通过对个体行为的规范来实现的。行为的规范依赖的是法律对个体行为的约束，但这种约束从来都不是事先对个体行动自由的直接约束，而是通过事后的责任约束来实现的。由此，法律思维的一般过程是：首先明确个体行为的正当性标准，进而确定违反标准应承担的责任。由此似乎可以说，任何逻辑起点，必须首先能够为个体行为的正当性提供最为基础的判断标准，并进而为责任的承担提供最终的根据。

如果说意志体现的只不过是个体的意愿或心理倾向，那么，意志视角下个体行为的正当性标准何在？归责的根据又在哪里？作为理论的逻辑起点，必须首先能够对这样的基础性问题或者终极性问题给出明确的回答。

康德立足于自由来寻找个体意志视角下的正当性标准，他将法律定义为人的自由的条件，“根据这些条件，任何人的有意识的行为，按照一条普遍的自由法则，确实能够和其他人的有意识的行为相协调”。[①] 也就是说，个体意志是否具有正当性，取决于其本人的意志的自由与其他人的意志的自由是否能够并存。

归责问题同样与意志的自由问题相联系，如果一个行为是可归责的，则该行为必然是由行为人本人自由选择的，如果本人没有选择的自由，或者说是在不自由的情况下不得已而实施的行为，让其承担责任便失去了正当的理由。在这种情况下，自由问题就不再只是一个抽象的概念或原则，而是一个应首先予以明确界定的前提。我们必须明确界定：何为自由？个体在何种情况下是自由的？从而才能确定一个行为是否是可以归责的。

由此，在意志视角下讨论私法的逻辑起点，必须首先回答意志的自由问题。私法的逻辑起点无论如何选择，都必然与意志的自由问题相联系，它或者就是意志的自由本身，或者存在于意志的自由之中。

三、对自由问题关注之不足

遗憾的是，在私法上，自由从来都只是被视为一个抽象的原则，从来没有人认真地讨论过在私法中到底应当如何定义自由，自由所依

① ［德］康德：《法的形而上学原理》，沈叔平译，商务印书馆1991年版，第40页。

赖的条件是什么。或者至少应当界定，在私法上，个体在何种情况下应当被视为自由的。

萨维尼以及后继的潘德克顿法学家们回避了最为基本的问题，在很大程度上等于是忽略了理论上明确而统一的逻辑起点。他们更关注的是各子体系自身的系统性，因而各子体系内部都有比较明确的基础性或核心性概念，如合同法上的意思、侵权法上的过错等。而对于整个私法理论而言，他们忽略了统一的逻辑起点问题，从而也就无法避免理论内在的冲突与竞合。由此，对于意志理论所面临的困境，与其说是理论与社会发展的脱节——尽管并不能完全排除这方面的因素，更多地还应归因于理论建构本身对作为逻辑起点问题的关注不足。

第二节　意志自由的基本问题及其私法预设

一、意志自由的可能性

意志常常指人在做出具体行动之前的意愿活动或心理活动，它构成对意向活动与纯粹行为进行区分的基础。在此基础上，人的行为被视为主动的、意愿的并且是由本人的意志引起的。[①] 然而，这样的定义并非没有争议。在一些人眼里，人的行为是基于自己意志的自主选择而实施的，而在另一些人看来，人的行为不过是受特定环境和先前

① 参见［英］尼古拉斯·布宁、余纪元编著：《西方哲学英汉对照辞典》，人民出版社2001年版，第1062页。

事件影响的结果，从根本上说个体的行为并不能体现个体的意志。同时，也不是任何人都将意志视为一种意愿活动或心理活动，在笛卡儿哲学传统中，意志是一个存在物，个人的意愿有了它才得以转化为具体的行动。但无论人们对意志的认识有何分歧，意志总是与自由问题相联系。个体享有意志自由意味着自己通过自己的意志决定自己的事务，从纯粹个体的角度来说，它意味着一个人意欲实现什么目的、如何选择行为方式完全取决于他自己；从外在条件来看，它意味着当一个人为实现某种目标选择行为方式的时候，没有受到外界的约束和限制。在上述意义上，意志自由即指个体的决定和选择取决于自己的意志。

尽管我们的一切行动看起来似乎都是我们自己决定并付诸实施的，但在大多数情况下，我们之所以这样决定而不是做出其他决定好像并不是我们自己选择的结果，如对商场里摆放的商品，无论我们多么渴望获得，我们都不能自由地拿取；对来自公权力的某种强制性义务——如纳税，无论我们多么不情愿，我们都无法违抗；国家制定的某项法令，无论我们认为它多么的不公平，我们仍然必须遵守。在这种情况下，我们之所以做出了不拿取、不违抗和遵守等选择，并不是因为我们自己愿意这样做，而是因为存在外在的强制。

在有些情况下，即使并不存在明显的外在力量的强制，我们的选择仍很难说是出于我们自己的决定。一个贫穷的人并不是他自己情愿选择贫穷，而是因为外在环境没有为他提供能使他更加富有的机会和条件。对于某个邪教组织成员来说，尽管他看起来对自己的选择意志坚定，但未尝不是被“洗脑”的结果。一个正在找工作的小伙子在选择自己的职业时，尽管他更希望得到 A 工作，然而 A 单位没有选择他，无奈之下他只能接受并不中意的 B 工作，尽管选择 B 工作表面上看来也是他个人的选择，但这种选择似乎并不能体现他的个体意志。甚至即使是他得到了 A 工作，A 工作仍然未必是他个体意志的真正选择，也许这份工作与他个人的兴趣爱好根本没有关系，只不过这份工作有更高的报酬从而能使他支付长年卧病的父亲的医疗费用，如果不是这一外在的因素，他也许更愿意选择他所钟爱的 C 工作。在这一意义上，对 A 工作的选择似乎更多的是考虑到其父亲的医疗费用这样一个外在的因素，很难说是完全出于他本人的自由选择。

可以说，从不同的角度，人的意志是否自由的问题可能会导致不同的结论。从自我的立场上，我们选择什么、如何行动看起来都是由我们自己决定的，只有我们自己才是我们行动的决定者。但是从一个更为宏观的角度，我们似乎又是不自由的，尽管有时候我们觉得我们的行动是由我们自己来选择和决定的，但我们的选择常常又是由我们无法控制的外在力量所引起的。也就是说，那个正在进行选择的主体最终做出的选择或许根本没有体现出“真实的自我”。

那么，我们应该如何看待意志自由问题呢？我们享有意志的自由吗？

二、决定论与相容论的认识分歧

一些人从根本上否定个体意志自由的存在，这种观点被称为决定论。在决定论者眼里，个体的一切选择和决定都必然与其特定的动机和外在的条件相联系，而这种动机和外在条件的形成也必然与某些先前已经发生的事件存在因果关联。在这种情况下，个体的决定实际上所体现的并不是个体的意愿，而是取决于某种先在的事件或外在条件。如果沿着足够长的因果链条去追溯，一切选择都可以找到其最初的因果原点。尽管个体的选择表面上体现为个体意志自我决定的结果，但个体之所以如此选择，在那个最初的原因点上早已被事先决定了，所谓的选择和决定不过是个体无法支配的各种自然和社会因素的产物。

在不同的哲学家那里，决定论有各种不同的表现形式，他们对个体的行为因何是被决定了的也有不同的解释。亚里士多德用四因说来说明事物的存在和运动的方式，人类行为同样可以通过四因说得到说明。事物的目的因规定了该事物存在的本质，依照理性来完善自己是人的目的因，这一目的因反映了人类生活的根本目的。如果一切事物都有自己的终极目的因，而每一个这样的目的因都反映着该事物的本质因而是被事先决定的，那么每一个事物就不可能超越那个目的因而采取另外的运动方式。这种思想反映了古代希腊哲学家对自然事物的较为普遍的认识，他们通过对必然性与命运的问题的讨论大多秉持一种宿命论或自然决定论的观点。

自然决定论在宗教思想家那里演变为神学决定论，由于上帝是全知全能的，所以一个人在未来的任何一个时间将要做出什么样的行动，即使不完全是上帝事先安排的，上帝也一定是知道的。如果是这样，那么这个人必须得按照上帝事先安排或者事先知道的方式来行动，因为上帝不可能会出现错误。这样，上帝的预先安排或者事先知道就排除了人的其他选择，或者说排除了每个人自由选择和自由行动的可能性。

近代思想家受自然科学的影响，认为任何事物都有其内在的规律，自然界是按照一定的规律运转的，这种规律决定着未来的事件是否发生以及以何种形式发生。人作为自然的一部分，其行为及相关事件必然也具有物理的必然性特征。在斯宾诺莎等人看来，一个事件的发生可以按照先前的事件来说明，每一个事件都是某个或某些先前发生的事件的结果，作为原因的事件又是更早发生的事件的结果。这样，不同事件之间形成了一个连续的因果链条，个体行为的选择就是由这种因果链条所决定，而不是由个体自由的意志来决定的。换句话说就是，个体在行为的选择上并不存在真正的自由。在这种观念的影响下，近代很多哲学家如斯宾诺莎、霍尔巴赫等人表达了一种物理决定论的观念。

决定论否定人的自由意志，将人引向宿命论，这种认识必然会招致反对。伊壁鸠鲁学派借助“原子偏斜论”论证原子运动并不是按固定的轨迹而是具有随机性和偶然性，这种观点打破了决定论的束缚，反映出明显的非决定论的特征。这种观点还得到了当代量子力学理论的支持。按照量子力学，基本粒子从量子跃迁到辐射衰变的运动具有不确定性，是不可准确预测的。这一科学上的发现在一些学者眼里意味着决定论的失败，从而为意志的自由留下了空间。[①]

但是，非决定论同样不能得出个体享有意志自由的结论。如果我们否认个体选择与先前事件以及外在条件的因果联系，这意味着个体为何会做出某种选择是偶然的、随机的，偶然的随机性事件同样不存在个体的选择，因而也不能说是个体意志自主决定的结果。非决定论不仅没有为意志的自由开拓出生存的空间，反而以另外一种形式排除了意志自由的可能性。这样一来，意志自由的存在不仅不应排斥决定论，反而需要依赖决定论的支撑，因为只有在决定论的理论框架下，我们才能够认为某一个行为是取决于我们自己从而才可以归因于我们自己的。没有了决定论的支持，个体的责任甚至失去了最为根本的立足点。

既然决定论和非决定论都无法为责任寻找到基本的立足点，人们

① 关于量子力学与自由意志问题的讨论，可参见：Henry Margenau，The Miracle of Existence，Oxbow，1984；Roger Penrose，The Emperor's New Mind，Oxford，1989；Michael Lockwood，Mind，Brain and the Quantum：The Compound “I”，Oxford，1989. 等著作。

开始转向一种决定论与意志自由的相容立场。相容论观点较早是在中世纪宗教哲学的理论背景下得到系统论证的。在基督教神学家眼里，一切存在都源自上帝的安排，是由上帝决定的，这是一个不可能背离的基础性原则。但神学家们既不能否定上帝安排了一切，也不能将恶归咎于上帝，他们必须将神学决定论与人的意志自由协调起来才能有效地解决这一问题，由此产生了决定论与意志自由的相容论观点。

古罗马天主教思想家奥古斯丁在解释恶源自人的自由意志的同时，试图进一步协调上帝的预知与人的自由的冲突。奥古斯丁认为上帝是无所不知的，他对人的犯罪行为同样存在预知，但“上帝的预知并不排除人有犯罪的自由”，上帝赋予了人以自由意志并将它归于人的权能之下，因而人的意志就是受自己支配的，也就是说人的意志是自由的。上帝当然能够预知一个人的意志如何决定他自己的行动，但上帝的预知并不取消人对意志的权能，也就是说，上帝所预知的行为也是一个人的意志自主决定的行为。[①]

近现代哲学家不再立足于神学决定论的立场来讨论意志自由的问题，但他们同样需要协调物理决定论与意志自由的关系，他们需要论证在物理决定论的前提下，意志是如何自由的。为论证这一问题，哲学家的思路大致可以分为两种：一种可称为意志参与下的决定论，另一种可称为意志与自然的二元论。

意志参与下的决定论源于休谟对必然和自由问题的观察视角转换。他认为，当我们说意志是自由的时候，指的是人内在地所具有的一种能力，根据这种能力，只要没有外来的强迫，人完全可以按照意志的决定去从事某种活动。而当我们讨论意志是否是必然的时候，立足的是一个

---

① ［古罗马］奥古斯丁：《论自由意志》，成官泯译，上海世纪出版集团 2010 年版，第 145—146 页。

旁观者的立场，指的是在旁观者看来，这个人在某种情况下必定会由某种动机产生某种行为。[①]立足于旁观者的立场，行动者的意志成为产生这种行动的诸多先前因素的一个环节。也就是说，即使一个行动是必然的，它也不完全是外在自然力量所决定的结果，而是各种外在条件与个体意志共同作用的结果。在这种情况下，在个体做出决定前，先前事件并不能必然决定个体采取某种行动，它不是决定性的，而是描述性的，只是描述了个体做出决定的某种条件，但个体的行动选择也可以改变先前事件所描述的条件，从而为未来创造一种新的可能。在这一意义上，个体意志的自由与决定论并不存在根本的冲突。

美国分析哲学的代表人物唐纳德·戴维森也采取了与休谟类似的进路，他试图将行动主体还原为先行于相关行动并且构成相关行动原因的事件的角色，由此建立起一种分析模型。在他看来，个体在做出行动之前，存在一个先在的行动的动机或理由，这一动机或理由意味着个体的选择是有意图的，这一意图才是理解行动的关键，也正是在这一意义上，个体的行动可以理解为是其根据自己的意图来选择的结果。[②]根据这种认识，即使世界是受因果关系决定的，意图在个体做出行为之前也得以成为因果链条中的一部分从而影响着行为的选择。戴维森的解释使意图参与到行为选择的过程，从而建立起意志与行动之间的联系，但这种分析模型也受到了批评。批评者认为戴维森将行动主体丢在了因果链条之外，因为在这一模型中，"因果的链条从理由到意图再到身体的运动，我们从中看到的是一个事件跟随着一个事

① 参见休谟在其《道德原理研究》（周晓亮译，中国法制出版社2011年版）一书中所做的论证。

② See Donald Davidson, Essays on Actions and Events, New York: Oxford University Press, 1980.

件，却看不到行动者的作用”。[①] 而且，尽管个体的行动存在某种理由或意图，具体的行动却不一定是因为个体的意图所引起，或者说它并不一定必然作为行动的理由而起作用。

与休谟的意志参与下的决定论思路不同，康德采取的是一种二元论的解决方式。在对自然哲学和道德哲学进行区分的基础上，他认为“自然哲学针对的是一切存有之物；道德哲学则只针对应当存有之物”。[②] 在自然哲学的领域，世界是按照因果律运行的，因而具有必然性，但道德哲学属于实践理性的领域，由于仅涉及“应当存有之物”，因此在自然界没有原型。自然界中的因果律只能决定一个事件如何发生，但无法规定一个事件应当如何发生。因此，在道德领域，个体主观意志之外的自然因果律无法起作用，意志在康德那里就成为道德哲学领域个体行为的发端。在此基础上，康德排除了一切被他称为经验或质料的因素，通过包含着意志形式的实践理性寻找到了普遍意志的一般性原则。由此，在康德那里，个体行为的规范性条件或者说道德原则是以个体的意志为起点并通过纯粹的实践理性而获得的，并非来自外在的自然，但它又是每一个人都应当遵循的道德法则。在这一意义上，意志自由与必然性观念得以相互渗透、相互融合。

休谟和康德的努力并没有消除意志自由和决定论之间的困境。休谟将个体的行为定位于个体的意志能力或欲望，由此建构了行动的理由并成为行动的动因，但他们并没有回答，当我们的意志参与到一个将要采取的行为的时候，将要采取的这个行为固然包含着我们的意志因素，但这一意志的形式如何能够摆脱先前事件因果关系的影响，以

① 田平：《自由意志的深问题及其知识论的解决方案》，载《哲学研究》2007年第3期。
② ［德］康德：《纯粹理性批判》，邓晓芒译，人民出版社2004年版，第635页。

及在何种情况下这种意志真正源发于我们自己。康德将意志从自然王国中抽离出来，将之视为一种不以任何经验为条件的正当行为的发端。依照这种认识，个体意志只能是在不受因果律制约的先验的知性王国中形成的，尽管他由此回避了休谟所面临的问题，但这种方法仅解释了个体为何应当受到普遍性道德原则的约束，无法合理地解释个体的具体选择如何能够有效地摆脱外在条件的影响。

三、意志自由的私法预设

相容论似乎并没有从根本上解决决定论提出的难题，但无论决定论在论证上有着怎样难以击破的理由，它都不可能对人的行为提供任何有意义的指导。决定论抹杀了个体的主动性，使人成为一个完全不受自己支配的机器，实际上等于否定了人的存在的意义。在宿命论的因果决定下，人的行为并不受自己左右，人的情感因而也会变得虚伪和不真实。既然个体的一切选择都是由命运支配的，而不是取决于他自己，我们就没有理由说爱一个人是我们自己选择的结果。在我们的意志进行选择之前，谁和谁在一起早已经是被事先注定的。在此意义上，所谓的爱只不过是某个特定的人在某个确定的时间所显示的一些“被我们称为爱”的行为罢了。美国学者安格林就此形象地描述道：“我们有可能就像是摁一个开关而使得某个人爱上我们……那个人也许就会向我们显示某些情感的迹象。但问题是：他们确实爱我们吗？即使产生爱的原因并不像摁开关这么简单，而是体现为现实世界中复杂的因果联系，在这样的情况下，（只要是由因果链条所决定的），爱总是显得不真实。”①

① W. S. Anglin, Free Will and the Christian Faith, Oxford University Press, 1990. p.20.

从道德哲学的角度说，决定论观点还从根本上否定了责任的根据。如果一个行为只有在某种意义上“取决于我们”时，行为的后果才可以“归因于我们”，那么当人的一切行动都取决于命运的事先决定时，让行动者本人承担责任便不再有合理的理由。如果个体的行为并不是由他自己而是由外在的条件所决定的，针对个体行为进行规范的法律也不再有任何现实意义。也就是说，决定论在个人的道德责任和法律规范问题上，不可避免地会陷入难以克服的困境。

可以说，自由是责任问题的原始出发点，如果个体的意志不是自由的，我们就无法为责任寻找到最根本意义上的依据。从私法的角度而言，意志自由的基本问题同样不可回避。私法是自治的法，它要求个体意志必须是自由的，否则自治便失去了基础。私法还是规范个体行为的法，如果个体的意志不是自由的，那么私法便失去了规范的前提。

因此，无论哲学上关于意志自由问题有着怎样的争议，无论决定论者用怎样的理由否定意志自由的可能性，也无论论证意志自由有多么困难，从道德和责任的角度而言，意志自由似乎总是一个不可抛却的前提。对于法学家们而言，他们无须像哲学家那样去探寻事物形而上的终极意义，他们只能面对现实事物的具体形式。因此，无论哲学家有怎样的理由质疑个体意志自由的存在，法学家都必须假定个体意志至少在某种意义是自由的，这是私法在规范个体行为问题上对意志自由问题所应秉持的基本立场。也就是说，无论我们是否能对意志自由提供充分的辩护，意志自由都是道德哲学、行动哲学以及法学等诸多领域必须预先悬设的基本前提。

第三节　自由的条件及其私法困境

一、意志自由的影响因素

从对意志自由的可能性问题的论争看，意志是否是自由的，取决于观察的角度以及对意志自由影响因素的不同态度。如果我们假定意志自由是一个不可抛却的基本前提，那么我们就需要进一步讨论我们的这种前提预设的基础是什么？亦即意志在何种情况下才是自由的？或者说何种情况下可以被视为自由的？对影响意志自由的各种因素，应当秉持一种什么样的态度？我们需要明确，不同的影响因素在何种意义上构成了对意志自由的影响？哪些影响因素我们不应视为是对意志自由的约束？这些问题不仅决定着意志自由的边界从而决定着私法的基本领域，而且还决定着何种因素并不影响对责任的界定，而何种因素可导致个体责任的免除。

影响意志自由的因素来自各个方面，在这里，我将其分为四类：一是自然因素，包括外在的自然和人自身的生物学局限；二是他人的意志；三是社会因素，包括机会、能力和观念，尽管能力和观念看起来是个体自身的因素，但人与人之间能力上的差别以及某种观念的形成，虽然不能否认个体因素，但更多的是社会环境影响下的结果，因此我将其列入社会因素的范畴；四是个体自身因素，包括意愿、偏好和认知。

人作为一种自然的存在物，不可避免地要受到各种自然因素的约束。江河海洋在很大程度上限制了人的行动范围，飓风、地震、海啸、火山等自然现象会对个体行动选择造成很大的影响，甚至特定的地理环境也可能会影响个体行为的选择。比如，地理环境常常决定着人们的生产生活方式，一个生活在山区里的人对生存资源的获得方式主要是采集和打猎，而不是农耕和捕鱼。即使是非常平常的自然因素也可能会影响个体的行为选择，如一个人可能因为下雨而决定放弃本来的外出打算。

自然不仅影响着人的行动，还预先规定了人的生物学局限，无论多么渴望，人都无法像鸟儿一样飞过山川和河流，无法像猛兽那样拥有锋利的爪牙来捕获猎物。尽管随着科技的发展，人类拥有了越来越强大的改造自然的能力，但也许我们永远都不可能完全摆脱自然的束缚，自然因素在任何情况下都是影响人类行动选择的最为基础性的因素。

他人构成了个体意志自由的另一个重要的影响因素，在很多情况下，哪怕他人仅仅是一个单纯的存在，行动者的选择仍然会受到影响。在这种情况下，他人构成了行动者生存环境的一部分，并由此对行动者的选择产生一种外在的限制。比如，已经为他人所占有的东西我们不能够去抢夺，他人已经在一个具有很好地理位置的地方建造了居所，因此我们不得不选择在另外一个也许地理位置并不太好的地方建房。在这种情况下，他人的存在与一场飓风、一只老虎并无根本上的不同，即使并未对我们实施任何强制，也同样会对我们的选择产生影响，并限制了我们的选择范围和选择方式。

但人的存在与纯粹的外在自然毕竟不同，人作为道德责任的主体，因人的行为而对他人意志自由造成的影响因此有了可归责的基础。如果一个妨碍行为是可归责的，通常情况下我们会认为其对意志自由构成了障碍。比如强迫，强迫反映的是一个人的意志对另一个人的意志的控制，因受到他人的强迫而实施的行为并不反映行动者本人的意志，行动者在此情况下并不自由。由此我们可以说，强迫构成了意志自由的障碍，就此，无论是决定论者还是相容论者，他们的认识都不存在分歧。

除自然因素和他人的影响外，人的行动选择还受到各种社会因素的影响。首先是个体的能力，人的生物学局限也体现个体的能力，但这是大自然的馈赠，也是先天的限制。从社会的角度，我们说一个人具有某种能力，常指他所具有的能够满足某种社会需要的技能。一个人具有何种能力尽管离不开自己的追求和努力，但个体的能力从某种意义上说并不完全是由自己所决定的，而常常取决个体的经历和生活环境。

能力是影响个体行为选择的重要因素，印度经济学家阿马蒂亚·森（Amartya Sen）和比利时政治经济学家菲利普·范·帕里斯（Philippe Van Parijs）都是将自由视为能力之观念的有力辩护者。[①] 在他们看来，一个流浪汉不可能“真正”自由地去瑞士以豪华著称的里兹大饭店里就餐，尽管没有人阻止他这样做，但他缺乏这样做的必要手段。在这一意义上，自由的限制或阻碍并不限于他人的强制，还涉及自由地选择某种行动所依赖的社会条件。在这种情况下，是否对自由构成障碍就不能仅仅依赖于道德评价，因为对于流浪汉不能去里兹大饭店就餐的结果，不能归因于任何人。但这种情况与纯粹外在自然的影响也有很大的区别，因为这种后果尽管不能归咎于任何人，但归根结底源于人为的因素。立足于道德评价的角度，尽管我们可以说流浪汉不能到里兹大饭店就餐并没有限制他的自由，受到限制的只是他的选择范围，[②] 或者我们也可以说流浪汉完全可以自由——但只是没有

---

① See Amartya Sen, Justice: Means versus Freedom, Philosophy and Public Affairs, Vol.19, 1990; Philippe Van Parijs, Real Freedom for All: What (if anything) Can Justify Capitalism? Oxford University Press, 1995.

② See John Gray, Hayek on Liberty, Rights and Justice, Ethics, Vol.92, 1981.

能力——去里兹大饭店里就餐，[①]但当这位流浪汉不仅仅是不能到里兹大饭店里就餐，甚至连肚子都无法填饱的时候，如果我们仍然说他是自由的，那么这样的自由在很多人看来并无任何现实意义。在很多情况下，能力还意味着资格，一个未经专门培训并获得驾照的人没有资格去应聘司机的职位，同样，一个未受过任何教育的人也不可能享有到大学教书的自由。从某种意义上说，个体的能力不仅限制了他的自由范围，甚至还决定着他的生活方式。

另外一个影响个体意志自由的因素是机会，且不说一个人是否具有驾驶技能，即使一个取得驾驶执照的人也并不一定都能够获得担任司机的工作机会。一个人无论多么渴望摆脱贫穷，然而社会并未为之提供足够多的机会使他挣更多的钱。在各种社会影响因素面前，个人常常是无能为力的，他无法改变，无法完全依照自己的意志选择自己的行动。在很多情况下，他们的选择似乎是不得已而为之，因为他们没有更好的选择。也并非只要个人做出努力，就一定能够实现自己的心愿，即使通过个人的努力已经万事俱备，但何时能等到东风仍然取决于复杂的社会因素。

机会并不是一个完全类似于命运的东西，它常常取决于特定的社会制度和社会组织方式。在一个等级森严的社会体制下，机会在不同等级的人之间的分配并不是平等的，个体的选择机会因而会受到制度上的限制。即使在一个自由平等的社会中，制度设计和社会组织方式也会影响机会的分配，如在我国，由于户籍制度的限制，一个生活在乡村且没有一技之长的人可能不会选择在上海这样的大城市生存，即使没有人阻止他这样做，他对这样的选择显然也拥有不多的机会。

① W. A. Parent, Some Recent Work on the Concept of Liberty, American Philosophical Quarterly, Vol.11, 1974.

最后一类对意志自由产生影响的因素是个体的欲望与偏好。[①]在一般情况下，人的选择总是与自己的欲望相关，即使我们并不喜欢使用人的行动受欲望的驱使这样的表述，但也许没有人否认个体的选择总是在于满足某种欲望。不同的人针对不同的事物，欲望的刺激程度常常并不相同，由此形成了个人的偏好。偏好影响着个体的选择，有的人喜欢 A 事物，而有的人却偏爱 B 事物；有的人倾向于压制自己的欲望而追求一种清心寡欲的生活，而有的人总是致力于满足自己永无止境的各种欲望需求。个体选择也与自己的观念有关，知足的奴隶和不知足的奴隶尽管有着同样的境遇，但有不同的观念和体验，这种观念和体验也会进一步影响个体的行动选择。

---

① 在有些人看来，欲望和偏好尽管表现为个体的倾向，但欲望和偏好——尤其是偏好——的形成并非仅与个体相关，而总是不可避免地会受到某种潜在的社会力量的引导，我们甚至可以说，偏好和观念并不是简单地自我生成的，而是社会塑造的。意识形态的灌输、某种洗脑式的宣教塑造了个体态度的价值观，由此形成了一个“集体的自我”（collective self）。（See Ian Carter, The Concept of Freedom, Humane Studies Review, Vol. 10, No.3—4, 1996.）美国弗吉尼亚理工学院政治哲学教授约翰·克里斯特曼讨论了一个备受顺夫文化影响的女子的自由问题，他设想如果一个被反复灌输除应依从丈夫而不应有其他所求的妇女，即使突然被带到一个新的可以为女性追求独立提供更多机会的文化背景里，她有可能继续受传统观念的约束。在克里斯特曼看来，这样的一个女子是不自由的，她的性格和价值的形成过程本身是压迫性的，这些过程不允许她依据其他合理的选择来反思自己正在形成的价值。（See John Christman, Liberalism and Individual Positive Freedom, Ethics, Vol.101, 1991.）但是，我并不打算因此将欲望和偏好归于社会因素，因为欲望和偏好无论怎样受到社会的影响，在具体的选择过程中，它都构成了个体意志的一部分，而不是单纯的条件。流浪汉不能到里兹大饭店里就餐，我们可以说他并不具备这样做的外在条件。但对于一个本来有条件到里兹大饭店里就餐的富翁，也许从小的清教徒教育使他并不喜欢奢华的氛围因而不愿到那里就餐。对于这位富翁来说，偏好影响了他的选择，甚至他的偏好的形成也可以说是特定生存环境和教育背景影响下的结果，但这种偏好最终体现为他个人的主观倾向，社会已塑造了这样一个“自我”，偏好由此成为他选择时主观意志的组成部分。

二、三种不同的自由观

自然的、社会的、他人的和自身的诸多因素均对个体的意志自由产生影响，但并不是所有因素在任何情况下都被视为对自由的障碍。基于对诸影响因素的不同态度，牛津大学政治学教授戴维·米勒将不同的自由观区分为三种谱系。第一种是共和主义的，在这一观念下，成为一个自由的人就是要成为一个自由的政治共同体中的一个成员。首先这意味着个体可以免于屈从外来人的统治，其次个体在这种共同体中能够发挥一种积极的作用，共同体的决策和法律从某种意义上是所有个体共同参与的结果。第二种是自由主义的，这种认识将自由视为个体的一项所有物（property），一个自由的人意味着他可以不受他人的强制和干涉，他能够自由地做自己想做的事情。第三种米勒称之为唯心主义的自由观，他认为这种自由观将注意力由一个人生活于其中的社会制度转向决定个人行为的内在力量。这样，个体的自由问题不再指向外部环境，而是指向一个人的内在因素，所考察的是个体的偏好、欲望以及非理性的信仰等因素如何妨碍了他实现其自身真实本性的愿望。①

对于共和主义的自由观，人们常常称之为古代亚里士多德式的自由观。亚里士多德认为人的本质在于按照理性来追求和实现符合人性的某种社会秩序，人是天生的社会动物。这意味着只有我们自觉地遵守和服从社会生活所要求的规范，真正地选择有益于社会共同利益的行动时，我们才拥有完全和真正的自由。这样的自由观在不同哲学家那里表现为不同的形式。现代社群主义者也持这样一种自由观念，他们认为人在本质上具有社会属性，任何人都毫无例外地生活在特定的

① David Miller, Constraints on Freedom, in Ethics, Vol. 94, No.1, 1983, pp.24—25.

共同体中，共同体生活所要求的正当善意在逻辑上应优先于个体的意愿。

共和主义的自由观所理解的自由又被视为一种积极的自由观，[①]这种认识更多地强调了个体在社会共同体中所处的地位以及他能否自由地参与集体性的生活。依照这种观点，人性已被赋予了某种社会性和政治性的目的和本质，因此自由并不是纯粹的个体欲望的满足，相对于人的本质，纯粹的欲望毋宁是一种奴役。因此真正的自由意味着国家是否为个体提供了一个“他们可以采取行动的展示空间，一个自由得以呈现的剧场”。[②]如果没有，即使我们的行动没有受到外在的直接限制，我们却对人的共同生活毫无作为，我们只能随波逐流地跟随，而不可能积极主动地参与和改变我们所处的外在环境。

从某种意义上说，共和主义的自由观所立足的是国家的政治生活，所关注并涉及的是政治自由的问题。也就是说，个体在这种情况下并未被作为独立的个体，而是作为政治共同体中的一员，被放置于政治共同体中来对待的，强调的是政治自由实现的途径。

自由主义的自由观又被称为一种消极的自由观，由于它在近代开始成为一种主流观念，因此又被视为现代人的自由观。霍布斯说：“一个自由的人就是这样一个人：在他能够通过自己的力量和才智来做的

① 这种说法不一定能得到普遍的认同，有人将积极自由与共和主义的自由观相区分，认为积极自由观一般被理解为一种古代希腊的亚里士多德传统意义上的自由观，亚里士多德认为人的本质在于按照理性来追求和实现那些符合人性的活动，而人又天生具有社会性和政治性，因此真正的自由并不在于个体欲望能否得到满足，而在于对社会政治生活的参与。而共和主义的自由观并不强调人的本质和目的，而是在国家与个体之间的互动关系中来理解自由的，公共利益的约束不仅不是对个体自由的约束，反而是对个体自由的强化。就此问题的讨论可参见徐向东：《理解自由意志》，北京大学出版社 2008 年版，第 24—25 页。

② Hannah Arendt，Freedom and Politics，Chicago Review，1960，p.14.

事情上，他在做决定要做的事情时没有受到妨碍。”[①]洛克表达了同样的观点，他说：“自由就在于有能力按照自己的意志，做什么或不做什么。”[②]这种认识立足的是一种个人主义的立场，关注的是个体在进行自我选择时是否受到了外部的妨碍。在近代自由主义政治哲学中，这种自由观得到了多数人的推崇。在很多人的思想中，我们被赋予各种各样的权利，其目的就是使我们能够自由地追求我们的目标。只要我们对自己的目标的追求没有妨碍其他人的自由，我们就可以依循自己的意愿来实施对目标的追求，其他任何人无权干涉。

与共和主义自由观不同，自由主义不强调人类生活的共同目标，而是更加强调人的一种多元化的存在方式。个体的选择方式、价值观念是多种多样的，根本不存在一种共同的或根本的目的来协调和化解人们在价值观念上可能发生的冲突。在这种情况下，使自己的选择和行动免受外在的干预就成为实际上唯一可行的自由观念，目前人们所广泛接受的正是这种自由观。

共和主义与自由主义关于自由问题的分歧引向了不同的分析路径。对于共和主义者来说，自由问题与经济福利或者说分配正义问题紧密相关，因此他们更加关注社会的保障以及个体行为目标实现的社会条件。这样，一个人在选择时是否是自由的，就不仅仅取决于他是否受到了外在的直接强制，在很大程度上还依赖于以下因素：（1）有多少可能性向我开放；（2）社会的具体环境条件在多大程度上影响着各种开放的可能性的实现；（3）行动者本身以及其所生活的社会中的一般观念赋予这些不同的可能性以什么样的价值。如果社会没有为个

---

① Thomas Hobbes, Leviathan, 2.21.2.

② John Locke, An Essay Concerning Human Understanding, Clarendon Press, 1975, 2.21.

体选择提供足够的可能机会，或没有赋予其实现上述可能性的能力或条件，那么，行动者在很大程度上就不具有选择的自由。而社会福利或资源的占有能够为各种可能性实现提供充分的手段，因此，自由问题并不是单纯的个体性问题，而更多的是一个社会问题。

相对而言，自由主义者更多地将自由问题与法律以及权利问题相联系。比如，哈耶克将自由限制在法治之下，在他看来，法治提供了一种普遍的、抽象的规则，它并不直接规定行为，而仅仅是为一个人决定如何采取行动提供条件。换句话说，自由的秩序是在规则中生成的，规则本身并不构成对自由的约束或限制。诺齐克则将自由看作权利的不受侵犯，如果没有人侵犯我的权利，那么我就是自由的，对自由的限制来源于对权利的侵犯。

由于在任何情况下，个体的选择都不可避免地受到社会因素的影响，因此自由的概念就不再是单纯的是否自由的问题，而是自由的最大化问题或者说是自由的平等分配问题，但这一问题对于共和主义者来说，是一个非常棘手的难题。而对于自由主义者来说，什么样的规则限制是合理的，或者权利的范围如何界定同样也是一个争论不休的难题。罗尔斯试图通过区分自由和自由的价值来解决分配问题上所带来的不平等，他拒绝将贫穷、无知等因素看作对自由的约束，但他同时又承认，个体能力上的差异的确对个体的自由价值造成影响。因此他认为对社会中的不幸者应当给予补偿，但这种补偿并不针对自由本身，而是针对自由的价值。对此，罗尔斯这样说道："作为平等自由的自由，对所有人来说都是一样的，在此，不会产生对较小的自由的补偿问题。但是，自由的价值对每个人来说却是不一样的，有些具有较大的权威和财富，因此具有达到他们目的的更多的手段。然而，较少价值的自由是得到了补偿的。因为，当差别原则被满足时，假如社会成员中较不幸者不接受既定不平等的话，他们达到自己目标的能力甚至会更差。但是对较少的自由价值的补偿和对不平等自由的补偿这两者不能混为一谈。”①

由以上的分析可以看出，不同的自由观对影响意志自由的诸因素的态度是不同的。自由主义者并没有将社会因素看作对自由的约束，因此，对于流浪汉是否能够到里兹大饭店就餐的问题，他们并不打算将之纳入影响意志自由的范畴。从某种意义上说，他们更倾向于将个体看作完全独立的个体，而并不考虑他们的身份与境遇。而共和主义者并没有将个体看作完全孤立的存在，而是将他们看作社会有机体中的一个部件。因而，个人不可避免地要受到社会运行机制或者说个体所处的环境或地位的影响，而这些影响构成了自由概念的一部分。

相对于共和主义和自由主义的自由观，唯心主义的自由观更多地表达了一种纯粹个体化的理性追求。但与自由主义者对个性化的追求不同，它不再将自由视为一种可以被外化为不受他人干涉的外在表现，而是把注意力转向了内在世界并将自由视为自我决定的一种条件。按照这种认识，自由问题在很大程度上与自己的欲望相关，伯林在批评唯心主义自由观时对其是这样描述的，他说：“如果我发现对于我想要做的事，我能做的很少或什么都不能做，那么我只需要缩减或消除我的愿望，我就自由了。”② 他还举了例子来说明这一问题：两个受到同样限制的奴隶，其中一个奴隶成功地调整了自己的欲求以适应现状，因而总是十分满足，而另一个总是感到自己不能自由地去做自己想做的

① [美]约翰·罗尔斯：《正义论》，何怀宏等译，中国社会科学出版社 1988 年版，第 202 页。

② Isaiah Berlin, Introduction and Two Concepts of Liberty, in Four Essays on Liberty, Oxford University Press, 1969, p.139.

事情。从客观上我们也许可以说这两个奴隶同样不自由，然而从主观上我们却不能否认二者在自由感上存在巨大的心理差异。

唯心主义自由观不强调个体所处的外在环境，而是强调个体对自由的主观感受。这种自由观将自由与个体的欲望联系起来，认为欲求越多，不自由感越强烈。因此，人需要压制自己的欲求，才能使自己从欲望的驱使中解放出来。从某种意义上说，唯心主义的自由观表达的是一种个体生活智慧，它并不想探求自由本身的意义，而只是寻求个体对自由的内心体验。

三、自由问题的私法困境

无论是自由主义的自由观、共和主义的自由观，抑或唯心主义的自由观，它们所讨论的都是决定一个人事实上是否能够做某事的现实条件，以及哪些影响因素应当被视为自由的障碍。法学理论也讨论自由，但与上述讨论不同的是，法学家从来不在形而上的意义上讨论自由是什么，他们实际上也并不关注个体在何种情况下才有充分的选择自由，他们所关注的是如果一个人想要做某事的现实条件并不充分，是否应当有人为此负有责任。尽管自然的、社会的、他人的等不同因素均可成为自由的障碍，但在法学家看来，并不是所有的影响因素都具有法律上的意义，因为在法律上考察影响因素的目的并不是单纯地明确这些因素是否对个体的行为选择有影响，而是明确行为人是否因此可免责或者可归责。

为说明这一问题，我们假设对于一个喜欢到河边散步的人——张三来说，在下列情况下他都没有选择到河边散步，三种不同的原因尽管客观上都造成了他没有到河边散步的结果，但对于不同情况，法律上的评价却是完全不同的：

（1）管理河岸的权力机构用篱笆将河岸围了起来，并颁布了一项法令禁止人们到河边散步；

（2）河岸上荆棘丛生，堵塞了道路，并且堆放着让人恶心的垃圾；

（3）一个人私自在河边种植了蔬菜，为防止蔬菜被偷或被践踏，他阻止人们到河边散步。①

对上述第一种情况，张三没有到河边散步的自由，但没有人应当为此负责，因为法律划定了自由的边界，到河边散步并不属于法律规定的自由的范围。第二种情况下，虽然张三最终没有到河边散步，但他仍有到河边散步的自由，只是因客观原因他不想这样做了。而对第三种情况，人们一般会认为张三的自由受到了妨碍，因为这个种蔬菜的人对张三的阻止并不具备法律上的正当理由。

对此，哈佛大学米勒教授评论说："我们不仅要关注阻碍的存在本身，而且还要关注阻碍是如何产生的……只有当行为的阻碍可以归结为另外一个人或一些人的行为时，我们才使用自由这一概念……自由的语言预告设定了这样一个观点，即因为行为人是自由的，所以要对自己的行为负责。因此，我们可以抱怨对自由的限制，而如果阻碍是由自然因素造成的，那么这种抱怨就显得不合适了。"②

也就是说，除了关注外在影响是否限制了我们选择的可能性之外，人们同时还关注影响的正当性问题。在此问题上，不同的影响因素有着不同的意义。对于非可归因于具体的可负担责任的因素，无论它事实上怎样制约了我们的行为，我们都无法对这种制约做出道德评价，

① 关于这一问题的讨论参见 David Miller, Constraints on Freedom, in Ethics, Vol.94, No.1, 1983. 由于米勒并不是立足于法律的角度讨论自由问题的，因而我在米勒所举例子的基础上做了较大改动。

② David Miller, Constraints on Freedom, in Ethics, Vol. 94, No.1, 1983.

也不可归咎于特定的可追究的主体，因此视其为障碍或限制不具有任何实际意义。对法学家来说，将上述外在的因素视为个体意志自主的障碍，无疑为行动者提供了推卸责任的借口，会导致个体在如何降低损害问题上变得更为消极。因此，如果自然原因没有导致选择的完全不可能，它并不被纳入考察自由问题的视野。

在此基础上，米勒教授进一步论证说，当我们说不自由的时候，我们实际上是在提出一种指控，这种指控体现了一种假设，即对自由的限制没有正当的理由。也就是说，只有当行为的阻碍可以归结为另外一个人或一些人的行为时，才存在自由问题。[①] 或者换句话说，影响因素是否构成意志自由的障碍，并不取决于影响因素与行为选择之间的因果联系，而在于这种影响是否构成道德责任。依据这种观点，外在的自然只应被视为个体做出选择的条件，而不应被视为障碍。比如，因为飓风某人不能出海，在这种情况下，我们不能说飓风对他不能出海的后果负有责任，我们只能说因为飓风，他出海的选择不具有实施的条件。如果我们将所有的影响都视为条件的话，那么对自由构成障碍的条件就是“那些有理性行为者为之负责的决定性条件”。[②] 这样，道德哲学家们从道德哲学的角度合理地解释了自然因素造成的阻碍和人为因素造成的阻碍之间的区别。

同样的理由，社会因素通常也不会被视为对个体自由的障碍。在此情况下，法学理论不会采取共和主义的自由观。共和主义自由观的目的不在于明确个体对其行为所负担的责任，而在于探究个体行为的社会原因；尤其是当个体选择并不能体现其真实意愿的时候，社会应

---

① David Miller, Constraints on Freedom, in Ethics, Vol. 94, No.1, 1983, p.94.

② See S. I. Benn、W. L. Weinstein, Being Free to Act, and Being A Free Man, in Mind, Vol. 80, No.318, 1971.

当如何通过制度完善来做出必要的应对。

法律上也不可能采用唯心主义的自由观。唯心主义者试图通过调整甚至是压制个体的欲望来减少欲望实现的障碍，从某种意义上说，他们所讨论的自由问题并非自由概念本身，而是对自由的主观感受。因此争取自由的斗争不再指向外部，而是指向一个人的内在因素，是内在因素妨碍了个体实现其自身真实本性的愿望。在有些情况下，内在欲望本身的确不一定能反映人的真实意愿，如吸毒者在毒瘾发作时就是如此，一个被洗脑的传销人员或者受社会意识形态的影响而秉承某种观念的人也都有可能面临同样的情况，亦即他们的欲望或选择并不代表他们的真实意愿。然而，我们对此如何做出判断却没有一个明确的标准，唯心主义者最终也只能回归到个体的主观判断。

同时，一种仅仅为生存而产生的生存欲望无可非议，法律也从来不致力于倡导一种清心寡欲的生活，不主张人通过消除自己的欲望的方式来获得自由感。相反，私法在一般情况下并不考虑个人的动机而是更加关注其行为的外在表现，订立一份合同的目的无论是为私欲还是为善行都受到同样的保护。因此，尽管流浪汉仍负有私法上的责任，但承担责任的原因显然并不是像唯心主义者所认为的那样是流浪汉的自由受到其欲望的奴役。

因此，立足于米勒教授自由观的谱系，法律上的自由观应当属于——至少是更接近于——自由主义的自由观。但是，自由主义的自由观在私法上面临着诸多困惑，从下面的分析中可以看出，私法上似乎并不存在一个始终一致的自由观念。

假设一个因为饥饿而偷窃面包的流浪汉，尽管他的贫穷是各种复杂社会因素共同作用的结果，但依照自由主义的自由观，这些社会因素并不构成对流浪汉自由的障碍，流浪汉仍是自由的，他仍应当对其偷窃面包的行为负责。但是，如果他并不是因为自己的贫穷，而是受到另一个人的胁迫而偷窃面包，在这种情况下，依照自由主义的自由观，他是不自由的，因为他的意志受到了来自另一个意志的强制。然而在私法上，偷窃者却并不因为其受到胁迫而免责，私法显然并未拘泥于自由主义的自由观念。

为说明问题，让我们假设一个更为极端的例子：对于一个被捕的革命者，即使面临严刑拷打，在很多人看来，只要他出卖了自己的同志，仍然意味着他要对自己的选择负责。相对于所处的环境，被强迫泄密的革命者可以说是完全不自由的，因为在人身受到强制的情况下，各种选择的可能性并没有向他敞开，他只能在泄密与不泄密这两种可能性之间做出选择，而且选择不泄密的自由也受到了严厉的强制，他可能会为此遭受极度痛苦的折磨甚至付出生命的代价。然而，无论他是因无法忍受痛苦选择泄密，还是坚持自己的信念而牺牲自己，除非他的泄密行为完全不受他本人意志的控制——如被注射某种药物而使他失去了任何自我判断的能力，或者说只要选择的可能性没有被完全关闭，他都是应当为其行为负责的。

流浪汉因受胁迫而偷窃的行为同样也没有导致他的免责，尽管他受到了胁迫，但他仍然可以做出选择。尽管偷窃行为并不反映他本人的意志，甚至完全与其意愿相违背，但行为的实施仍取决于他的意志，至少没有脱离他自己的意志。从某种意义上，私法只是将胁迫看作流浪汉选择偷窃的影响因素或者说是参与因素，并未因此排除流浪汉本人意志在偷窃行为选择上所起的作用。或者说，法律并不因胁迫的存在而否定流浪汉在行为选择上所享有的自由。

通过上述分析可以看到，私法所采取的是一种非常严格——甚至近乎苛刻——的自由观念。英国学者希勒尔·施蒂纳（Hillel Steiner）曾表达过这样的自由观，他拒绝将强制性的威胁（coercive threat）看作对自由的干涉，他认为，如果一个威胁只是使行为变得不是那么可欲，而不是不可能，则不能将之视为对自由的侵犯。只有当一个人通过对另一个人的控制使其所意欲实施的行为成为不可能时，他才侵犯了别人的自由。[①] 但是，希勒尔·施蒂纳（Hillel Steiner）的这种认识无论是在政治哲学还是在道德哲学领域，几乎从未获得过任何认同，然而从流浪汉的例子看，他的这种认识在私法领域似乎获得了得以适用的空间。

然而，这种苛刻的自由，在此姑且称之为绞架上的自由，同样没有在私法上贯彻到底。在合同法领域，同样基于胁迫而实施的行为，行为人却可以在一定期限内撤销该行为，也就是说，行为者并不必然承担行为所导致的后果。而在劳动法领域和婚姻法领域，基于胁迫而订立的合同或缔结的婚姻一律无效，受胁迫者根本无须受其约束。

由此可见，在私法上，并不存在一个前后一致的关于自由的统一观念。尽管我们可以解释说，在私法上，不同情况下责任有不同的构成要件，但是从根本上说，责任的承担必须以行为的自由为前提。如果一个行为不是本人自由的选择，便不存在让其承担责任的根据。

因此，意志的自由尽管构成了私法理论不可回避的重要内容，但私法并没有能够在理论上对意志的自由问题给予清晰的阐释。如果我们将自由视为“责任”的前提，我们必须首先来回答：在私法上，自由应当如何来界定？在何种情况下，个体行为可以因为“不自由”而免除责任？在私法上，哪些“影响自由的因素”因不构成对自由的“阻碍”而不能成为免责的借口？如果我们不解决这些问题，私法理论毫

---

① See Hillel Steiner, Individual Liberty, In Liberty, ed. by David Miller, Oxford University Press, 1991, pp.123—140.

无疑问是存在缺陷的。如果自由本身无法成为私法理论的逻辑起点，或者说立足于自由无法对私法制度做出前后一致的融贯性解释，那么，我们需要寻求新的起点。

第四节　意志的自主性：意志视角下私法的逻辑起点

一、意志的自由与自主

从被胁迫的流浪汉的例子来看，私法似乎排除了一切个体行为选择的外在条件，而将选择的自由完全留给了行动者自己。无论是被捕的革命者，还是被强迫偷窃的流浪汉，从他们所处的境遇看，他们都是不自由的，用自由主义者的话说就是他们的行为受到了外在的强制，他们的意志成了其他人意志的工具。然而，从他们本人的角度看，他们仍然可以做出完全相反的选择，无论如何选择，在很大程度上仍然取决于他们自己的意志。也就是说，尽管他们是不自由的，但他们的选择仍然是具有自主性的。在这一意义上，我们可以说，私法所关注的并非意志的自由，而是意志的自主。

自由与自主在很多方面都表现为两个完全不同的概念。对于自由主义的自由观来说，自由指外在阻碍因素的阙如，在共和主义者看来，自由意味着外在环境为个体创造的参与共同生活的条件，而唯心主义者则将之视为个体内心对外界环境的反应。无论何种自由观，其所关注的都是个体与外在环境的关系。而自主的概念并不强调个体的选择与环境的关系，而是更加强调个体的选择倾向，强调的是本人的选择可能性。加利福尼亚大学哲学教授理查德·阿尼森说：“说某个人是自主的，我们是说他倾向于以某种方式采取行动；相反，说某个人是自由的，我们是说他与其环境处于某种关系之中。”[①]

从某种意义上，我们还可以说自由的概念是描述性的，用于表达个体所处的境遇，而自主是选择性的，用以表达个体在自我分析判断基础上的行为倾向。立足于自主的角度，私法在确定个人是否负有责任的时候，常常并不考虑个体与环境之间的关系，它只考察本人是否存在选择的可能性，以及行为选择是否是由他自己做出的。或者换句话说，一个人之所以应对自己的行为负责，不在于本人在选择该行为时是否受到了限制，而在于这种选择是不是他本人做出的。即使他在选择时受到了外在的强制，这种强制在某种意义上仍不过是他在选择过程中进行权衡的条件。

自主与自由也可能会存在冲突。比如，一个人面临两种工作的选择，一种工作可能意味着更多对自由的限制，而另一种工作，个体可能在工作时间、工作方式等方面享有更多的自由。但是，有着更多限制的工作也许有更多的薪酬，或者更有利于发挥自己的特长。在这种情况下，本人可能宁愿选择对自由有更多限制的工作，这种选择尽管使他失去了一些自由，但在这种特定的情形下，选择仍是他本人自主决定的结果。

说某行为是行动者自主决定的，在很大程度上意味着割断了个体责任与外在环境的联系，从而将归责问题完全留给了行动者自己。因此，判断一个行为是否是自主的，并不考虑外在的影响，而只考察选择是否出于本人的意志，除非外在影响使他丧失了选择的可能性。比如，一个被犯罪分子捆绑住的警察眼睁睁地看着他人受到伤害而没有

① Richard J. Arneson, Freedom and Desire, Canadian Journal of Philosophy, Vol.15, 1985, pp.425—448.

采取行动，在这种情况下，由于在是否采取行动的问题上他丧失了选择的可能性，因此没有采取行动并非他的选择，而是他无法改变的结果，因而对于未采取行动这一行为本身而言，他是不自主的。

在某种意义上，可以说自主的概念剥离了自由的各种外在影响因素，使个体的选择纯化为纯粹的个体意志，从而为归责问题寻找到了一个明确而纯粹的逻辑原点。立足于自主的角度，在很多情况下，尽管我们的选择是不自由的，但仍是可归责的。

二、自主的理性约束

在很多人看来，意志是本性的、欲望的、盲目的、纯粹出自意愿的，或者说是感性的、冲动的、无知的、非逻辑的。哲学家布伦塔诺说："意志可以被定义为涉及某个决定的愿望；这愿望将那些要被我们自身实现的某物当作自己的对象。我们信心十足地期待着它的出现，而且就是作为我们渴望它的那种结果而出现。"[①] 布伦塔诺在这里所说的"愿望"完全可以用"欲望"来代替，在此意义上，意志就是能够引起我们欲望冲动的某种驱动力。哲学家叔本华更进一步说："意志是所有事物中内在的、无意识的身体功能的承担者，有机体自身不是别的，只是意志。在所有的自然力中，积极的推动力就是意志。在所有我们发现有任何自发的运动或基本的力量的情形中，我们都必须将最内在的本质看作意志。"[②] 如果是这样，剥离掉各种外在的影响因素而

---

① 尼古拉斯·布宁、余纪元等编著：《西方哲学英汉对照词典》，人民出版社2001年版，第1070页。

② [美] 斯通普夫、菲泽：《西方哲学史——从苏格拉底到萨特及其后》，匡宏、邓晓芒等译，世界图书出版公司2009年版，第308页。

只剩下个体的纯粹意志的自主行为也不过是一种盲目的本性冲动，根本无法借助它来使个体的行为获得社会性并引致某种规范性的社会秩序。因此，如果自主可以作为私法的逻辑起点，还必须解决另一个前提，自主的意志如何才能自觉地趋向道德和善？

就此，人们自然而然地会想到法律的约束，自由不是绝对的，而是法律范围内的自由，这样的观念人们耳熟能详。然而，从某种意义上法律只能划定个体意志自主性的范围，并不能确保个体意志自觉向善。而且，如果每个人都依照自己的本性的意志来行事，规范性的法律就不可能源于人的制定，只能取决于上帝或圣人。但这样一来就意味着个体的行动并不是由自己决定的，而是由上帝或圣人决定的，这等于以另外一种形式否定了意志自由。同时，如果应当由上帝或圣人约束个体的意志，那么对于个体的恶行就不应由他本人承担责任，因为他本人没有约束自己意志的能力，只能说是上帝或圣人没有能够尽职尽责地对个体的行为进行约束。这样，责任也应当归于上帝和圣人，这等于取消了个体对自己行动的责任。

意志必须具有自我约束的能力才能自觉向善，从而成为确定个体责任的根据。人们普遍认为这种对意志进行约束的能力归诸理性。相对于理性而言，意志代表着人的欲求——包括对善和正当的追求，但仅仅凭借意志不可能总是做出正确的行为选择，必须依靠理性的引导，因为理性具有理解什么是善的能力。[①] 由此，理性被认为是一种内在于人并区别于动物的一种能力，人和动物皆有意志，但唯独人具有理性。理性具有对事物进行分析和判断的能力，不仅能达致对外在事物正确而系统的认识，而且能够对个体的行为是否具备正当性做出判断，

---

① 参见［美］斯通普夫、菲泽著：《西方哲学史》，匡宏、邓晓芒等译，世界图书出版公司 2009 年版，第 161 页。

从而引导个体做出正确的选择。在理性主义者那里，理性能力能够超越经验的界限，形成形而上的抽象认识。① 尽管经验主义者认为知识不是源于理性而是源于经验，但他们同样承认理性的作用，认为理性对经验并不是单纯的接受，还能够像蜜蜂酿蜜一样将经验的材料酿造成理论的体系。②

在很多情况下，人们对意志与理性这两个概念并没有进行明确的区分，理性的作用常常被内在地隐含在选择的过程中，甚至在有些思想家那里，理性直接被视为意志的一种表现形式。早期的基督教神学家奥利金（Origen Adamantinus）所讨论的自由意志的选择过程就包含着理性的判断过程。他将人的本性区分为“可见的、有形的本性”和“不可见的理性”两种，认为前者是支配身体欲望和活动的动物本能，后者是影响灵魂的目的和自由意志，人的动物本能通过自由意志起作用。他对个体的自由选择过程这样描述道：“发生于我们人类的事情有些来自外部，它们与我们的视觉、听觉或其他感觉相接触，刺激或促使我们向好处运动，或者相反。从它们的外部来源看，阻止它们影响的力量并不在我们内部。但是，决定并同意应该如何利用这些如此发生的事情，乃是我们内部的理性的责任，它是我们的判断。”③ 在这里，奥利金显然将理性的作用看作意志自主性选择过程中的一个必不可少的阶段，理性的判断是隐存于意志的自主性选择过程之中的。

---

① 参见［英］尼古拉斯·布宁、余纪元编著：《西方哲学英汉对照辞典》，人民出版社 2001 年版，第 858 页。

② 参见叶秀山、王树人总主编：《西方哲学史》（第七卷），载谢地坤主编《现代欧洲大陆哲学》（上），江苏人民出版社 2004 年版，第 87 页。

③ ［古罗马］奥利金：《第一原则》，2-2-2. 转引自赵敦华：《基督教哲学 1500 年》，人民出版社 1994 年版，第 82 页。

康德在讨论意志自由问题时，同样没有对理性和意志在概念上进行严格的区分，而是认为真正的意志自由本身就包含着某种理性——实践理性。他说："我们必须承认每个具有意志的有理性的存在者都是自由的，并且依从自由观念而行动。我想，在这样的东西里有种理性，这就是实践理性，具有与其对象相关的因果性的理性。"[①] 黑格尔在意志与理性的问题上，差不多也是将二者视为同质，他认为只有作为思想的理性，意志才是自由意志。在个体理性行动的情况下，个体的自由行动才能够与普遍的理性相符合，个体的意志才能与普遍的意志相和谐。在康德那里，实践理性被表达为个体的意志自由与他人意志自由的共存，而黑格尔将之表述为个体意志与普遍意志相一致。在这一点上，二人并不存在实质性的分歧。尽管康德和黑格尔都没有明确将理性与意志进行区分，但从他们的论述中，我们仍能清晰地看到他们对理性的强调，个体意志能否做出正确的选择，理性仍然无可置疑地被置于基础地位。

尽管近现代很多哲学家都对理性进行过批判，但似乎没有人从根本上否定理性在个体行动选择中所起的作用。作为经验主义的代表，休谟同样承认理性的重要作用，他只是认为理性并不足以单独产生出任何道德谴责和道德认可，理性的判断需要以经验事实为基础。叔本华提出了唯意志论，意志在他那里虽然是一种非理性的、现实的、自由的原创力，但为解决意志与表象的关系，他仍然借助于柏拉图的理念说将理性的反思看作认识世界本质的一种可能方式。弗洛伊德强调潜意识和无意识下的行为选择及其意义，但他只不过是试图通过无意识来解释社会现象，理性仍然与"自我"的意识相对应。哈耶克对理

---

① ［美］斯通普夫、菲泽著：《西方哲学史》，匡宏、邓晓芒等译，世界图书出版公司2009年版，第284页。

性也进行过批判，但他反对的是唯理论，批判的是理性的自大与自满，他同样也不是反理性的，而只是认为对于很多事物，人类的理性是有局限的，或者说是理性不及的。

奥古斯丁也讨论了意志与理性的关系，但他没有借助于理性来约束意志，而是借助于上帝的恩典，因此奥古斯丁及其后来的追随者大多将意志放在理性之上，并不强调理性的约束作用。中世纪后期的司各脱主义在这一点沿袭了奥古斯丁的传统，司各脱更为强调意志的作用，在他看来，上帝并非基于理性，而是基于意志创造了世界。因此，世界体现的也是上帝的意志，而非理性，用司各脱的话说就是爱永远高于知。[①] 这种思想从根本上说，其目的并不在于否定理性的作用，而在于表达一种体验先于皈依的倾向，因为在人与上帝的关系上，重要的不是理性的认识，而在于发乎本心的信仰。也许只有尼采是真正的反理性的，然而尼采的唯意志论突出了个性的自由，这使他不可避免地会忽略个体行为所应有的社会性。

无论是将理性判断视为自主行为本身所包含的内容，还是将理性视为一种独立的能够有效对意志进行约束的能力，在私法上，意志的自主选择都不是盲目的，而应当建立在理性判断的基础上。理性不仅是人对意志进行自我约束的重要手段，也是行动选择过程中必不可少并起着决定性作用的重要因素。一个欠缺理性能力的人不是一个自主行动的主体，一个欠缺理性能力的人也不可能成为责任的承担者。也就是说，在任何情况下，个体的自主行为都必须以其具有内在的理性约束能力为前提。

---

① 参见［美］胡斯都·L. 冈察雷斯：《基督教思想史》（第2卷），陈泽民等译，译林出版社2010年版，第311页。

三、自主作为私法理论的逻辑起点

私法调整的是私人之间的关系，自由反映的是个体与环境的关系。在很多情况下，个体与环境的关系问题并不属于私法调整的范围，从而也不被纳入私法的视野。比如，流浪汉是否具有到五星级大饭店就餐的自由取决于复杂的社会条件，尽管我们需要通过一定的法律手段来促进社会分配的公平，来为个体的生存和发展提供充分的社会条件，然而这些问题常常被归为公法的范畴，私法对此无能为力。而自主反映的是个体选择的倾向，无论选择是否是本人自愿的，只要他仍有选择的可能性，那么最后的选择都不同程度地体现了他本人的意志，是他本人根据具体的外在环境，在权衡了各种利弊得失的基础上做出的他认为最佳的选择。

私法以自主为起点，并不单单是因为它体现了个体的选择倾向，更重要的是从相对人的角度，它有利于为相对人提供一个较为明确的行为预期。一个人的认知能力是有限的，在交往过程中，他不可能对任何交往相对人都详细考察其在行动时所处的环境是否是自由的，他也不可能准确判断别人的行为选择是否能够真正地体现本人的意志。如果以自由为起点，一个并未建立在自由基础上的行为是不可归责的，这就意味着由并不知情——也不可能知情——的相对人承担了交往的风险，这反而是不公平的。因此，以自主为起点，将个体所处的境遇排除在责任的考察范围之外，有助于形成一个高效便捷的交往条件，这与私法的目标是相符合的。

以自由为起点，在很多情况下无法对责任问题提供有效的解释。比如，一个受到外在强制的行为是不自由的，那么这就意味着这种不自由的行为在任何情况下都不应承担责任，但私法实践中并未这样去处理。因为受胁迫而侵害他人，受胁迫者作为行动者并不因胁迫的存在而免责。如果我们认为这种行为是自由的，那么在合同关系中一方基于对方的胁迫而订立的合同，受胁迫者又可以不受其行为的约束。也就是说，无论如何定义自由，都会出现解释上的麻烦，它无法对所有情况都做出融贯性的解释。因此，在传统的私法理论中，自由只是一种理念，尽管人们都用它来解释权利、法律行为等概念，但这种解释都是宏观的，而很少能够被用于解释特定的具体情形。

因此，自由的概念只能被用于解决个人行为选择的前提性问题。尽管个体的意志自由对讨论私法问题是不可改变的前提，但自由概念所反映的主要是人们对自由与环境的关系所持的不同态度。而私法所关注的问题已不再是单纯的个体与环境的关系，而是个体选择的可能性及其选择的个人倾向。立足于这一角度，我们可以说，真正构成私法的逻辑起点的，不是意志的自由，而是意志的自主。

第六章　自主行为

第一节　自主行为的界定

一、自主与不自主的界限

自主反映的是行为选择的个体倾向，它将关注点从外在的环境因素拉回到行动者自身。不管个体在行为时处于何种境遇，只要本人仍有选择的可能性，其最终所做出的选择都参与了本人的意志，是本人在权衡各种因素的基础上做出的自主的选择。相反，当一个人不再有选择的可能性，或者说本人无法控制其行为时，其行为也不再能够体现本人的意志，其行为才不再具有实施的自主性。

应予注意的是，在不自主情形下所说的不具有选择可能性，总是针对特定的行为而言的，并不意味着行为人在其所处的境遇下丧失任何其他选择的可能。比如，因法律的禁止，张三不能到家门口附近的河边去散步。对于张三本人而言，他不能到家门口附近的河边去散步，但他可以到其他河边或其他地方去散步，他也可以选择不去散步而改为去健身房健身。总之，张三选择的可能性并没有因此而被完全排除，在具有其他选择可能性的问题上，张三仍然具有自主性。但是，我们说张三是否具有自主性，是针对张三是否能够到家门口附近的“这条河边”散步而言的。他当然也可以不顾法律的禁止而去散步，选择违法行为也是一种自主选择，但违法选择不具有正当性，所以要涉及法律责任的承担。针对是否能到家门口附近的“这条河边”散步这一特定行为来说，如果不想违反法律，张三除选择不去散步外，他没有其他的选择。在此意义上，我们可以说，张三不具有到“这条河边”散步的自主性。

针对不同的情况，对一个人是否有实施某种行为的自主性，会有不同的视角和判断标准。比如，张三本来想到河边去散步，但法律禁止他这样做，在这种情况下，他的不自主表现为“想做而不能”。如果张三不想去河边散步，两个身强力壮的人将其强行拖到河边来回走了几趟，在这种情况下，他的不自主表现为“不想做而不可抗拒”。根据不同行为所依赖的条件，对于一个人是否具有实施某种行为的自主性，我将之区分为三种不同的情况，在不同的情况下，对于是否自主的判断依据也会存在差异。

（一）是否可能

“是否可能”针对的是一个人是否有积极实施某种行为的自主性。比如，张三因法律的禁止不能再到河边散步，这意味着他不具有到河边散步的可能性，或者说他不具有到河边散步的自主性。

一般情况下，判断一个人是否有实施某种行为的自主性，要看他是否有实施该行为的可能性，只要他还有实施该行为的可能性，他就具有实施该行为的自主性。这里所说的“是否有实施该行为的可能性”，需要根据实施行为时的具体条件来判断，而不是根据未来可能的条件来判断；需要根据具体关系中的通常情况来判断，而不是根据理论上的可能性来判断。比如，张三本来打算到河边散步，但来到河边一看，河边荆棘丛生，管理者尚未来得及清除。在这种情况下，如果说张三不具有到河边散步的条件，是指现在不具有这种条件，尽管以后管理者清除荆棘后他仍可以到河边散步，但至少现在他不具有到河边散步的自主性。同时，河边荆棘丛生从理论上讲并没有完全导致他到河边散步的不可能，如果他不怕刮破衣服甚至划伤皮肤，他仍然可以到河边散步，甚至他也可以自己先行清理荆棘，然后再到河边散步。但是，清理荆棘并不是他到河边散步本身所应包含的义务，荆棘划伤皮肤的风险给他增加了散步行为本来所不包含的负担，同时也使散步这一行为因失去其本来的意义而从根本上变得不再可欲。可以说，在上述情况下，尽管张三到河边散步并非完全不可能，但从散步这一行为本身所追求的目的来说，按照通常的标准，这种可能性实际上并没有现实意义。也就是说，在这种情况下，仍可认定张三不具有到河边散步的自主性。

一般情况下是外在的原因导致行为实施的“不可能”，仍以张三到河边散步为例，不仅法律的禁止会使他失去到河边散步的自主性，自然原因和其他社会原因都可能使他不能再到河边散步，如洪水淹没了河岸，又如河边正在进行战争。但行为实施的“不可能”也可能是纯粹个体的原因导致的，如说张三被李四打断了双腿，或者说张三自己不小心摔断了腿，都可导致其不能再到河边散步。

（二）是否可抗

“是否可抗”针对的是本人是否有避免某种结果发生的自主性。比如，张三并不想伤害他人，但因被人注射了某种药物而失去理智，从而被他人当作纯粹的工具，在这种情况下，如果张三的行为造成了对他人的伤害，由于他对这种结果的发生不能控制、不能抗拒，因此可以说他对避免这种结果的发生不具有自主性。

相比较而言，“是否可能”关注的是行为是否有可能实施，而“是否可抗”关注的是结果是否能够避免；“是否可能”针对的主要是未实施的行为，而“是否可抗”针对的则主要是已实施的行为；“是否可能”强调的是外在条件的客观存在，而“是否可抗”主要考虑的则是个体的现实能力。

不可抗主要包括两种情况：一种是针对本人的行为所导致的结果，本人不具有避免该结果发生的自主性；另一种是针对外来因素的参与所导致的结果，本人不具有避免结果发生的自主性。对前者而言，核心问题在于自己的行为是否是不能控制的；而对后者而言，问题的关键在于本人是否已尽到应尽的义务。

对于本人不应当实施的行为，行为人不得将外在的条件当作本人实施该行为的借口。也就是说，只要本人还保留着哪怕是唯一的进行其他选择的可能性，行为人就具有避免因实施该行为而产生的后果的自主性。只有当最后的一种选择也没有可能的情况下，才能认定本人对结果的发生不具有自主性。在此意义上，即使是面临严刑拷打的革命者，同样有避免背叛的自主性。又如，因饥饿而偷窃面包的流浪汉，无论他偷窃的理由是多么充分和无奈，他都有不实施偷窃的选择。

但是，在法律政策上，有时需要立足于现实的理由而对不同的利益进行比较衡量。在某些情况下，尽管行为人并未完全丧失选择的可能性，但出于对更大利益的保护，法律常常会允许行为人做出选择。比如，面对持刀抢劫者，商场的收银员交出了柜台抽屉里的现金，对于收银员交出现金的行为，她完全有不作为的选择，在这一意义上，她仍然有避免钱被抢劫的自主性。但是，法律为保护人的生命利益，可以将收银员的这种行为认定为“避险”行为，从而免除收银员的法律责任。这是一种立法政策的权衡，并不影响理论上对自主行为的认定。

对于因外来因素的参与而导致的结果，本人是否有避免结果发生的自主性，主要看本人对防止这种结果发生是否已经充分尽到其应尽的义务。对此，主要应从以下两个方面来判断：

1. 根据其职责要求，其事前所采取的预防措施是否充分而适当；

2. 新的外来因素参与后，其采取的应对措施是否及时而适当。

如果本人所采取的预防措施符合上述标准，则其已尽到其应尽的义务。在这种情况下，损害结果仍然发生的，本人没有避免其发生的自主性。

（三）是否可知

自主的行为不是盲目的本性冲动，而且包含着对某种目标的期待和对行为的认知。当一个人意欲实施某行为时，这一意图或者说决定不仅体现着本人对意图的认知，也反映着本人对行为的理解，它们共同构成了行动者做出某个特定行为的理由。也就是说，个体的行为不仅受意图所激发，而且还受“知道自己在做什么”的控制。

为说明行动者的理解对行为选择所带来的影响，美国纽约大学哲学系教授大卫·维勒曼举了这样一个例子：一个人想将杯子里的旧茶倒掉重新沏一杯新茶，在这一行为过程中，既包含着他的意图——重新沏一杯新茶，也包含着他对行动的认知——为沏新茶而倒掉旧茶。如果杯子里的茶并不是前一天剩下的旧茶，而是他的同事今天才为其沏上的新茶，这时候，行动者对自己行为的理解与实际情况就出现了偏差——他所采取的行动并不是其真正所愿的。一旦他知道了实际的情况，他就会放弃现在的行动。也就是说，个体的行为在这种情况下取决于他对行动的理解，并决定着行为的选择。这样，意图和理解不仅都在行动的因果关系中扮演着一定的角色，而且还与个体的倾向性以及环境的因素一起构成了行动的理由。[①]

① See J. David Velleman, Practical Reflection, Princeton University Press, 2000.

这样的行为要求行为人在选择行为时对现实的条件以及可能的后果进行分析判断，如果本人对于自己行为的性质及其可能造成的后果缺乏必要的认知，这样的行为并不反映本人的意志，因而对行为所造成的后果，行为人缺乏予以控制的心理前提。在这一意义上，相对于行为的后果，可以认定行动者不具有自主性。

对于一个单纯的行为本身，如果割断其与外界环境的关系，我们无法判断该行为的性质或者其可能带来的后果。比如，对于同样的扔石块的行为，不同情景下反映的是不同的意志，不同的人在不同的情况下扔出去一个石块，也可能会有完全不同的目标期待。因此，“是否可知”对于自主性判断的意义不在于本人对如何行动是否明知，而在于对该行为与外在环境的关系是否有明确的认知，或者说对实施该行为所依赖的客观条件是否有明确的认知，以及在此基础上对行为的结果是否有明确的认知。

这样，我们可以将行动过程中的认知包括两方面：一是对行为实施的外在条件的认知，二是对行为可能造成的后果的预知。对于行为人决定实施但尚未实施的行为，如果本人在做出决定时因对某种已经客观存在的消极因素无法认知，而导致该行为最终不能实施，则行为人对该行为的实施不具有自主性。对于已经实施完毕的行为，如果因行为人实施该行为时无法认识的因素导致了行为的结果超出了行为人行为时所能预知或控制的范围，则相对于该行为所导致的后果，行为人不具有自主性。

还应当注意的是，“不可知”指的是对客观事实的“不可知”，不是因专业知识的欠缺所导致的“不知道”，也不是指对当下情况或未来发展趋势的错误判断。比如，张三误将赝品当真品购买了一幅古画。又如，李四以为钢材价格会大涨而订购了一批钢材，结果钢材价格大跌。对于张三的“不知”，尽管也可以说张三是因为对造假的客观事实的“不可知”而导致错误的判断，但这种判断错误更主要的应归于其本人专业知识的欠缺，而不是因对实施行为所依赖的客观条件的“不知”所导致的错误判断。在法律上，这样的错误判断可构成法律上的错误，但并不影响行为的自主性认定。而对于李四的误判不仅不属于“不可知”，反而是其所实施的行为本身就包含的交易风险。

不可知也不包括主观上的疏忽。主观上的疏忽是指应当认识到行为的结果，因疏忽而未认识到，结果导致行为时的“不知”。然而，这种“不知”并不是不可控制的，而是行为人本人完全可以避免的。如果割断行为与先前因素的关系，单纯地就行为人的行为而言，确实可以说因“不知”而是不自主的，但这种不自主是行为人自身的原因所导致的，而且对这种原因行为人是有选择的自主性的。在这种情况下，应当认定行为人仍有行为的自主性。

应当注意的是，这里的疏忽必须是行为人在实施该行为本身时所存在的疏忽，而不能继续向前追溯至其他行为实施时是否存在疏忽。比如，张三在投掷石块时因疏忽未注意到李四的存在，结果导致对李四的伤害，对于给李四造成的结果，判断张三投掷石块的行为是否具有自主性，应当考虑张三在实施“该行为”时存在的疏忽。但是，对于一个人因疏忽摔断了腿，导致一个演出合同无法履行。这里的疏忽不属于履行演出合同行为本身所存在的疏忽，因而不应作为判断履行演出合同行为是否具有自主性应当考虑的因素。

传统民法理论上，疏忽属于过失的一种，同样属于过失的还有轻信，指本来已经认识到行为可能的后果，因轻率的自信而未能避免的情形。但是，立足于自主的角度，轻信不属于“不可能”“不可抗”和“不可知”中的任何一种情况，行为人在行为时能否避免结果的发生，完全有选择的自主性，因而没有必要再单独进行讨论。

二、本人的先前行为与自主性的认定

“不可能”“不可抗”和“不可知”等不自主的情形，既可能是他人的行为所导致的，也可能是自然因素或社会因素所造成的，原则上，不同的原因并不影响自主性的认定。同时，对行为自主性的判断是依赖于行为时的外在条件来判断的，但这种条件也可能是由于本人的先前行为所导致的，因而本人的先前行为也是影响行为自主性判断的重要因素。

一般来说，自主性判断的关键在于行为时的外在条件，并不考虑这种外在条件是谁造成的，因而原则上，本人的先前行为不影响自主性的判断。但是，如果本人明知先前行为对后实施的行为的影响而仍然为之，则应当视为有意成就其行为时的不自主条件，这种情况仍应认定其行为具有自主性。比如，醉酒状态下实施的行为，尽管醉酒状态下本人对自己的行为失去控制，但本人对醉酒本身有选择的自主性。因而对于在醉酒状态下实施的行为，尽管形式上符合不自主行为的特征，但由于该行为在某种程度上反映了先前行为的意志，故仍视为具有自主性。

本人的先前行为指的是自主行为，该自主行为是否影响到后续行为的自主性认定，主要依赖“是否可知”来判断，而且，这里的“可知”不是指对所实施的行为本身导致的直接后果“可知”，而是指对该行为所引发的后续性行为可能导致的结果是否“可知”。如果对行为可能引发的后续性行为可能导致的结果“可知”，即使本人在做出后续性行为的当时具有“不可能”“不可抗”或“不可知”的情形，仍不影响自主性的认定。在这种情况下，我们认为，后续行为在某种程度上体现了其先前行为的意志。

三、自主行为与法律行为

传统私法理论上没有一套统一的关于行为的理论，只有法律行为理论。通过法律行为，个体能够依据自己的意志设立、变更乃至消灭法律关系，因而法律行为是一种基于本人的意思而设定权利义务的行为。由于法律行为被视为从个体行为中提取的“公因式”，并试图尽可能地涵摄能被法律认可的行为，故此意思表示的外延必须被尽可能地扩大。在近现代私法上，几乎所有行为都与个体的意思建立起了关联：一个承诺包含着当事人设立某种法律关系的意思表示，而交付包含着转移所有权的意思表示；抛弃一个物反映的是本人放弃对物的支配权的意思；而拾得遗失物则反映了本人意欲占有该物的意思。意思表示几乎成了一切客观行动不可或缺的主观方面，并由此逐渐演变成为法律行为的核心要素。

法律行为反映的是法律的肯定性评价，因而无法将不法行为涵摄其中。尽管潘德克顿法学家们并不否认法律行为与不法行为均是依个体意志而实施的行为，但是他们并没有为两种不同的行为寻找到共同的规范基础。他们对法律行为的分析立足的是意思，而对不法行为，他们立足的是过错。

过错反映了与意思完全不同的视角和规范形式。立足于意思，法律行为关注的是意思的真实性，它考察两方面内容：一是意思表示是否是在自由的情况下做出的；二是意思表示的内容是否真实。对于基于胁迫或欺诈而实施的行为，因意思表示的不自由和不真实，故而当事人可基于自己的意思予以撤销。而侵权行为关注的是行为人的心理状态，它也考察两方面的内容：一是行为时是否存在故意；二是行为时是否存在过失。对于行为所导致的损害，如果行为人既无故意亦无过失，则无须对行为的后果承担责任。

这种“分疆而治”的方式导致无法形成融贯性解释的难题。由于法律行为与侵权行为的立足点不同，影响法律行为效力的意思表示的自由与真实性问题对侵权行为的认定并不构成影响，反过来，过错问题也与法律行为的效力判断没有关系。比如：基于胁迫而做出的承诺（法律行为）反映了承诺者意志的不自由，因而是可撤销的，而同样基于胁迫而实施的侵害（不法行为），侵权行为实施者并不因意志的不自由而被免除责任，在这些问题上，传统私法理论显然不能做出前后一致的解释。

法律行为与侵权行为的分类也没有解释违约行为。违约行为不属于法律行为，因为它无法获得法律的肯定性评价，但违约行为也未被归于侵权行为。潘德克顿法学对违约行为与侵权行为同样采取了完全不同的规范方式，法学家们将违约行为看作法律行为——承诺——的不履行或不完全履行，很少立足于过错来讨论它。在归责问题和责任形式上，违约责任也与侵权责任严格进行区分，而被看作一种完全独立的责任形式。

在婚姻家庭法上，法律行为的作用同样有限。法律行为主要是通过自己的意思来设立、变更法律关系，也就是由自己来设定权利和义务。但在婚姻家庭法上，家庭成员之间的权利与义务基本是由法律事先设定的，个体在此领域并没有太大的可以自主决定的余地。

总之，法律行为理论虽然被规定在总则中，但它并不是从不同性质的各类行为中提取的公因式，对各类行为也并没有起到统领与涵摄作用。可以说，法律行为理论并没有在私法上实现行为理论的统一，不同性质的行为并没有得到融贯一致的解释。事实上，法律行为理论应当属于合同行为理论，因为只有在合同领域，它才能找到自己发挥作用的空间。

自主行为不同于法律行为，除了合同的设立与变更行为，侵权行为和违约行为同样属于自主行为的范畴。立足于意志的自主性，自主行为理论为私法上的一切行为寻找到共同的基础。无论是法律行为还是不法行为，无论是违约行为还是侵权行为，都以个体意志的自主性为基础。由此，各种不同类型的行为围绕着意志的自主性不仅可以得到融贯一致的解释，其责任认定的标准和方法也可得以统一。

第二节　自主行为的类型

根据不同的标准，自主行为可以有不同的分类。依行为是否具有合法性，可分为合法行为与违法行为，参照传统私法上的分类，也可分为物权行为、合同行为和侵权行为等。但无论如何分类，其最终目的在于根据不同类型的行为的自身特点来实现对个体行为的规范。立足于意志的自主性，在不同的情况下，行为的自主性有不同的表现形式，据此可将自主行为分为两大类：一类是自主决定的行为，另一类是自主实施的行为。前者是已经决定实施但尚未实施的行为，后者是已经实施终了的行为。

自主决定的行为可以是自己内心的单纯计划，也可以是明确表示出的决定，由于单纯的内心心理活动在法律上没有关注的意义，只有明确表示并据此与他人形成某种关系的行为才受法律的关注，因此自主决定的行为仅指明确表示的行为，可称之为表示行为。自主实施的行为指已经实际实施的行为，与表示行为相比，它总是表现为现实的实际行动，因而可称之为现实行动。此外，为有助于权利行使或义务履行，法律上还规定了一些具有特定要求的行为，如催告、通知、请求等，对此类行为我称之为辅助行为。由此，自主行为可分为表示行为、现实行动和辅助行为三种基本类型。

一、表示行为

表示行为是表达本人意思的行为，但这种表示并不是单纯的意愿或意见表达。比如，一次公开而正式的演讲，一次茶余饭后的争论，对情人的真情表白，对朋友的悉心关怀，甚至指责与怨怼、祝福与问候，这些行为在通常意义上都是一种意思或情感的表达，都属于一种表示性的行为。但是，这样的行为无论多么真诚，都不过是一种真情的流露或单纯的观点表达。即使事后的事实证明他的观点并不正确，或者他对他的所谓真情流露做出反悔，他也无须承担任何责任。因为单纯的个人意见和观点表达，以及爱情或友谊等情感流露并不受法律的关注。

法律意义上的表示行为，其做出表示的目的不在于表达观点和情感，而在于为他人的行为选择提供条件。一般来说，这样的表示包括两种类型：一种是承诺表示，它是本人自主决定并向他人承诺实施某种行为的表示，承诺表示为对方实施某种行为或实现某种目的提供了条件，足以使对方产生某种期待；另一种是权利处分表示，它是对自己的权利进行处分的表示，权利处分改变了权利客体的归属状态，为他人的自主行为提供了新的可能性。

（一）承诺表示

承诺在很大程度上是向他人做出的一项保证，保证自己将实施某种行为或完成某项工作。在此意义上，表示行为意味着自己给自己设定了某种义务，因而是一种自我设定义务的行为，这种义务并非来自法律的规定，而是源于自我设定，并对自己构成了一项约束。但是，这种承诺只不过是对未来实施某种行为或完成某项事务而做出的承诺，但该行为在做出表示时并未实际实施，因而它仅仅是一种承诺，这种单纯的承诺并没有带来现实的任何改变。在此意义上可以说，承诺表示只是为未来的改变提供的一种可能。

承诺表示行为的这一特性有重要的法律意义，因为它本身并不能带来任何的现实变化，因而也不存在任何现实的直接后果。因此，对于承诺表示行为，法律应关注的核心问题不是后果，而是效力。无效的承诺表示不产生约束力，只有在有效的情况下才对承诺人构成约束。承诺表示是否有效主要通过行为是否具有自主性以及法律对表示的内容是否有特定的限制来判断，如果承诺表示具有自主性，且符合法律特别规定的条件，则对本人产生拘束力，否则本人可以不受该承诺表示的约束。[①]

值得讨论的是，如果承诺人具有履行承诺的自主性，当其不为履行时，法律上是否可强制其履行？迄今为止的法学理论虽然立足的根据不同，但对此基本上均持肯定态度。有学者通过道德原则来论证应予强制执行的合理性，认为履行已做出的承诺是一项道德义务。[②]还有学者认为，已做出的承诺为相对人提供了某种预期，并由此使其形

---

① 这里所说的不受约束并不等同于无效，如果表示违反法律的禁止性规定，则应认定为无效。这种情况下，如果尚未履行，则不得履行，如果已履行，则履行亦无效，应强制恢复到未履行前的状态。但如果是其他类型的不自主，则本人可以不受不自主表示的约束，本人有权不履行，如果已履行，当然亦可请求恢复到未履行前的状态。但如果当事人仍愿继续履行，或并不要求恢复到未履行前的状态，法律亦无须强制干涉。相对于无效，无约束力的表述更为尊重个体的选择。

② See Charles Fried, Contract as Promise: A Theory of Contractual Obligation, Cambridge, MA: Harvard University Press, 1981.

成了一种信赖利益，强制履行是对信赖利益的保护。[①] 也有人立足权利来论证承诺的可强制性，认为承诺赋予了相对人履行请求权，承诺违反构成了对相对人权利的侵犯。[②] 也有人从制度价值的角度来解释，认为允诺的强制力并不单单是为保护受约人的权利，更重要的是为了防止"制度性损害"——由侵蚀或贬损自愿承担债务的习俗或道德所发生的损害。[③]

但无论如何解释，承诺的可强制性总是会面临着这样的诘难：如果承诺是个体依照自己的意志而自主做出的，为何本人没有依照自己的意志加以改变的自由？承诺的可强制性是否构成对个体自由的不正当干涉？

承诺是个体意志的自主选择，是否承诺以及承诺什么取决于本人的意志，因此承诺人应有依自己的意志加以改变的自由。尽管承诺人做出了承诺，但这并不意味着承诺人将自己纳入他人意志作用的对象而成为他人意志的客体。因此，法律无权强制承诺人必须履行承诺来保证相对人目标的实现，承诺实施的行为本身也不应成为法律可强制执行的对象。[④]

虽然承诺原则上不可强制执行，但是，承诺的做出意味着该承诺构成了他人自主选择的条件，而且该条件对相对人而言已不再是单纯的外在条件，而是基于承诺向其做出的一项保证，并由此构成了其行

① See Lon L. Fuller、William R.Jr.Perdue，The Reliance Interest in Contract Damages，Yale L. J.，Vol.46，1936，p.52.

② See Randy Barnett，A Consent Theory of Contract，L. Rev. Vol.86，1986，p.269.

③ See Joseph Raz，Promises in Morality and Law，Harv. L. Rev. Vol.95，1982.

④ 但是，以金钱给付或种类物给付为内容的承诺事项除外。金钱与种类物给付不涉及对个体行为的强制，也不像特定物那样可能承载着个体特殊的爱好和情感。更重要的原因是，损害赔偿最终均是通过金钱或种类物给付实现的，如果对此不可强制，责任承担与损害赔偿就无法实现。故如果本人能为给付而不为，可以强制执行之。

为选择的原因。当相对人已经在此基础上做出选择，承诺违反就意味着改变了相对人行为选择的条件，并可能因此给相对人造成损失。在此意义上，该损失的产生不是基于相对人的选择，而是基于承诺违反。因此，如果承诺本身是自主做出的，对因承诺违反给相对人造成的损失，承诺者负有弥补损害的责任。

承诺一般需要以明示的方式做出，可以口头表示，也可根据日常交往习惯以行为表示。如果双方事先达成一致，或长期交往过程中已形成惯例，沉默也可以视为表示的一种特殊形式。由于承诺表示常常不是单方的行为，一方所为的承诺在绝大多数情况下与相对人所为的承诺是互为条件的，在这种情况下，要求双方对表示的内容应当有准确的理解。为便于达致这种理解的一致，法律常常对具体的表示方式作出规定。但这样的规定并不具有排他性与强制性，表示是否产生拘束力最终仍以意思表达是否明确为判断标准。

承诺表示做出以后并非不可改变的，行为人还可以予以变更或撤销表示。由于变更或撤销表示均是围绕承诺而实施的，故同样属于承诺表示行为的类型范畴。

还应注意的是，并不是任何承诺表示都能产生法律上的拘束力。一般情况下，对于法律明确禁止的事项而做的承诺表示不具有法律效力。除此之外，关于以爱情或友谊等为内容所作的表示，即使没有受到法律的否定性评价，也常常因不受法律的关注而无法得到法律上的保护。

（二）权利处分表示

承诺表示只是对未来将要实施某种行为做出承诺，承诺行为本身并未直接带来现实世界的任何变化，只有等承诺得到履行以后改变才会发生。但是，当事人对权利的处分表示虽然同样未做出具体的行动，但这样的表示有时候无须另外的履行行为，权利的变动随有效表示的做出而同时发生。

这种表示主要是处分表示，而且是对权利的处分表示，如债务免除、权利让与、认可、放弃权利等，在此意义上我将之称为权利处分表示。承诺表示并不导致现状的任何改变，与承诺表示不同，权利处分表示一经做出即改变权利现状，如果该处分表示行为是自主的表示行为，表示生效后，本人原则上不得反悔或撤回。

二、现实行动

现实行动是指行为人已经实际做出的动作。相对于承诺表示行为，现实行动一经做出，原来的世界即发生了改变。比如，一项承诺的内容为交付某物，在交付前，物还在那里，所有权归属也没有改变，该物一旦交付，物的所有权归属即发生改变。打碎一个杯子，杯子的存在状态发生改变，丢弃一本书，书的占有状态发生了改变。总之，只要有实际的行动，就有现实的变化。

由于现实行动带来了世界的变化，或者说已经产生了实际的后果，那么，法律对现实行动的关注就在于这种后果是否符合预期的要求，或者是否给他人造成了损害，如果不符合预期要求或者造成了损害，行为人是否应当负担责任。

根据现实行动与表示行为的关系，现实行动可以分为履行行为和独立行为两类。

（一）履行行为

履行行为是对承诺的实际履行。如果说承诺表示是行为人自己为自己设定义务的行为，履行行为就是通过履行义务从而消除所负担的义务的行为。根据表示行为所做表示的内容的不同，履行行为可分为两类：一是给付行为，二是完成一定工作或提供一定劳务的行为。

由于履行的义务源于承诺表示所做的承诺，当承诺表示不具有自主性时，本人可以拒绝履行，本人无须承担因不能履行给相对人造成的损失，对此基本上不存在分歧。但是，对承诺表示与履行行为——主要是给付行为——之间的关系，学界却长期存在着不同认识。有人认为，给付行为具有无因性，给付的效力（亦即所有权转移的效力）并不受承诺的效力的影响，有人则认为，承诺构成给付的原因，当原因行为无效或被撤销时，给付行为当然亦应无效或被撤销。

在罗马法上，所有权转让的效力不取决于当事人的意思，而取决于某种特定的法律形式，直到优士丁尼时期，纯粹简约仍不享有诉权。在这种情况下，几乎不存在所有权让渡的原因问题，但随着无名要物合同的产生，罗马法学家也开始遇到新的问题。对于无名要物合同，当互易关系中的一方当事人履行交付义务后，可以行使对待给付请求权，给付原因问题随即也就产生了。萨宾、尤利安和乌尔比安等法学家都讨论过原因问题，其中乌尔比安提出的著名悖论成为此后关于原因问题论争的起始肇因。乌尔比安说："如果你将我打算赠与你的金钱作为借款受领，那么，正如尤利安所写，不存在赠与。然而，人们必须考察借贷是否成立。我认为，不存在借贷。此外，当受领人在受领钱币时所持的观点与交付者不同时，受领人不能成为钱币的所有权人。因此，当受领人将钱币用完时，尽管他负有返还义务，但是他可以主张恶意抗辩，因为他是按照给予人的意思使用钱币的。"[①] 在罗马法上，错误不是当事人意思与表示的不一致，而是双方的合意未达成，由此，当交付者与受领者意思不一致，则契约因错误而未达成，受领人有返

① Digest，12.1.18. Ulpiano.7disp.

还义务。但当受领人理解了交付者的真实意思后，他是否可以拒绝返还？或者说交付者是否能够因受领人的误解而要求返还？可以说，乌尔比安提出的悖论与履行行为的原因问题实质上是同一问题。

中世纪的教会法放弃了罗马法上关于“请求权不能基于纯粹简约而产生”的原则，由此产生了无须经过特定的形式而单纯依当事人自己的意志订立的合同——有因债权合同，经院法学家在亚里士多德的正义理论基础上赋予了交付行为在原因行为上的伦理要求，由此将交付行为与原因行为相联系。此后，多玛和波蒂埃从意志的角度对原因理论进行了重新阐释并影响了《法国民法典》的态度。①

但《德国民法典》采取了完全不同的做法，交付行为被视为一种独立的行为而与原因行为相分离，这种做法被称为无因原则或抽象原则。弗卢梅论述了抽象原则在解决实际问题上的合理性。他说：“按照抽象原则，处分行为的给予被与作为其基础的有因行为可能具有的瑕疵相隔离。正如《立法理由书》所正确指出的那样，所有权转移的原因构建——如一般处分行为——可能会危及交易安全。人们无法通过适用善意取得的规定来实现作为受让人后手的第三人和交易安全基于抽象原则的适用而受到的保护。善意取得制度的适用是有限的。此外，还会涉及受让人的债权人。受让人的债权人对其从受让人那里所取得的物进行执行的效力——无论是单独执行还是破产时对债权人所进行的全部清偿——若受到所有权移置有因行为可能存在的任何瑕疵的决定性影响，则这将是令人无法接受的。这一问题对于德国法而言具有重要意义，特别是在因错误而享有撤销权的情况中。假使认为处分行为是有因行为，那么，依据现行法，有因行为中所存在的任何显著错误都将使第三方受让人——除善意取得的情形外——受到影响，而第

① 参见徐涤宇：《原因理论研究》，中国政法大学出版社2005年版，第108—112页。

三方受让人甚至不能基于第122条的规定享有向撤销人请求损害赔偿的权利。”①

但是，弗卢梅也许将无因原则解决现实问题的意义夸大了，无论是采用原因理论还是独立理论反映的不过是不同的观察角度。原因理论以保护相对人为基础，涉及第三人时，另行制定善意取得制度来保护第三人；而独立理论以保护第三人为基础，不涉及第三人时，当事人可通过不当得利制度获得补救。两种立法例在处理结果上并没有明显的差异，在适用上也均无障碍，并无太大必要来争论到底应采取哪一种，完全可以根据习惯和立法政策来选择。

事实上，德国之所以采用无因原则，在很大程度上与德国法的意志理论和法技术构成有关。德国民法体系的横向构造过于强调各子体系内部的理论完整性，如果物的所有权取得方式中同时包含债的关系，物法与债法就无法明确进行区分。出于法典体系化的要求，具有物权转让性质的给付行为（德国法上称之为处分行为）需要与原因行为——债法上的表示行为（德国法上称之为负担行为）——相分离。由此，给付不再是单纯的交付，而转变成为一个以交付为意思的真正的契约。雅科布斯也持同样的观点，他说：“德国的法典编纂的体系特点并不是五编制，也不是在法典的开始设置总则编，而是对物法与债法的截然区分。”②因而，他认为无因原则并不是纯粹的理论演绎，而是法典结构的需要，是“结构”的发现。③

萨维尼的法律关系理论同样说明无因原则在法体系中的重要性。

---

① ［德］维尔纳·弗卢梅：《法律行为论》，迟颖译，法律出版社2013年版，第207页。

② ［德］霍尔斯特·海因里希·雅科布斯：《十九世纪德国民法科学与立法》，王娜译，法律出版社2003年版，第183页。

③ ［德］霍尔斯特·海因里希·雅科布斯：《十九世纪德国民法科学与立法》，王娜译，法律出版社2003年版，第167页。

萨维尼将法律关系界定为“个人意志独立支配的领域”，他将个体意志的支配对象区分为本人、不自由的自然和他人。[①]不自由的自然属于物的领域，而他人则主要属于债的领域。在这里，物的关系与债的关系被区分为完全不同的两个领域，不同的领域中个体意志有不同的作用方式。由此，意思表示理论被延伸到物权法领域。雅科布斯对此评价说，萨维尼“爱追求结构，有将法源整合为一个完全没有漏洞的整体的特殊能力。他知道在施展这一能力的过程中、在实现体系化的过程中，必须删除那些与整体不相符的法源”。[②]

立足于意志自主理论所建构的体系是一个与潘德克顿横向体系完全不同的纵向体系，[③]无因原则对于横向体系的结构需要已经没有必要再予考虑。在此情况下，尽管其在保护第三人问题上有一定现实意义，但不采用无因原则而是通过善意取得制度同样能够解决实际的问题。而且，由于给付行为以承诺为前提，当承诺表示无效或被撤销时，已完成的给付也应认定无效或同时被撤销，这样的思路更为清晰且便于理解，故没有必要再采用复杂而抽象的无因原则。

（二）独立行为

独立行为是指不以任何表示行为为前提，其本身也不以履行任何承诺表示为目的，而是单纯的动作或行动。抛弃一本书或打碎自己的一个杯子，无论是有意还是无意，都属于单纯行为，如吃饭、睡觉、散步、读书，也都是单纯的行为。可以说，一个人独自实施的行为绝

① 参见［德］萨维尼：《当代罗马法体系》，朱虎译，中国法制出版社 2010 年版，第 260 页。

② ［德］霍尔斯特·海因里希·雅科布斯：《十九世纪德国民法科学与立法》，王娜译，法律出版社 2003 年版，第 165 页。

③ 关于私法体系的纵向构造，详见本书第十一章中的讨论。

大多数都属于独立行为。

有的独立行为在于追求某种直接的结果，如画一幅画、写一首诗，也有的独立行为仅仅是一种下意识的行为，并没有任何的目标指向。无论是有目标的还是无意识的，独立行为如果与他人没有建立起任何关系，则这样的行为不会受到法律的关注，法律只关注与他人存在特定关联的行为。

独立行为在两种情况下可能与他人发生关联。一种情况是对他人造成侵害或妨害，这种情况下形成的关联是与特定的人形成的直接关联，这种行为属于侵权行为。另一种情况是并不直接与他人建立任何关系，但是该行为使自己的权益发生了变化，因而可以说间接地与他人存在某种联系。比如，抛弃物的行为可以成为他人取得该物的所有权的前提。又如，对物的先占行为排除了他人对该物的权利。这样的行为总是单纯针对物且无须他人配合即可产生法律上的效果，故也可称之为自生效行为。

无论是侵权行为还是能够自生效的独立行为，都必须是自主实施的行为，如果行为不具有自主性，则行为人对行为所造成的侵害不负责任。

三、辅助行为

无论是表示行为还是现实行动，都有其独立的意义，可以单独产生现实的结果或某种法律上的效果，但有些行为并没有独立的意义，而只起辅助作用。比如，对承诺人的履行催告，单纯的催告本身并没有独立的意义，而只是在存在承诺的前提下才起到督促履行的作用，在有些情况下法律也将辅助行为作为特定法律效果产生的条件。

辅助行为的实施同样也体现本人的自主性，但对于辅助行为而言，行为的效力却并不源于本人的意志，而是源于其他行为本身的效力或法律的规定。对这类行为，北京大学尹田教授评论说："行为人表现于外部的内在意思，其内容并非直接指向民事权利义务的得失变动，而仅仅是对某个具有法律意义的事实的确认或者是一种情感表达，其虽因法律规定而产生了民事权利得失变动之外的其他法律后果，但这种意思表示并非构成法律行为的意思表示。"[①] 从目的上说，这种行为"并非旨在引起一种行为人希望产生的法律后果，在大多数情况下，行为人根本就没有意思可供表示"。[②] 辅助行为根据法律规定的方式来行使，并依据法律的规定产生特定的效果，在此意义上，辅助行为也可以称为法定行为。

私法上的辅助行为规定的较为散乱，总体上可将其分为两大类：一是通知行为，如对债务人的债权转让通知；二是催告行为，如履行催告、是否追认的催告。

第三节 行为的自主性欠缺及其补救

立足于行为人的责任，可以说他所实施的行为要么是自主的，要么是不自主的。比如，一个人因受到胁迫而实施了偷窃面包的行为，尽管他的行为是在被胁迫的情况下实施的，但这种胁迫对实施偷窃行为而言，并非完全不可抗，行为人在这种情况下仍具有自主性，因而

---

① 尹田：《民法典总则之理论与立法研究》，法律出版社 2010 年版，第 467 页。

② ［德］迪特尔·梅迪库斯：《德国民法总论》，邵建东译，法律出版社 2001 年版，第 160 页。

并不能免除其对面包店所应负担的责任。但是，因被胁迫而实施的偷窃与完全由行为人自己决定的偷窃毕竟存在着很大的不同，即使被胁迫并非完全不可抗，法律也不能完全无视其存在。

一般地，对于没有外在因素的干扰，完全由本人自主选择的行为，属于典型的自主行为，而对于因某种因素介入从而使行为并未完全体现本人的自主性，这种行为可称之为欠缺自主性的行为。也就是说，欠缺自主性并非自主性的完全丧失，而是不自主与完全自主之间的中间状态。在行为存在自主性欠缺的情况下，法律应在其调整范围内尽可能消除干扰因素，或允许本人在特定情形中予以某种形式的补救。

自主性的欠缺包括两种情况，因外在因素的影响而导致的欠缺，我称之为不完全自主行为，而对因缺乏“自知”而导致的欠缺，我称之为不真正自主行为。

一、不完全自主行为

不完全自主行为是指因外在因素的影响，使得行为人在自主性不充分的情况下实施的行为。在不完全自主的情况下，尽管行为人仍有行为的自主性，但由于受到外在因素的影响，行为人的决定或选择并不能完全体现本人的意志。

导致行为不完全自主的原因主要有以下几种。

（一）他人胁迫

胁迫是指胁迫人对受胁迫人精神压力的强加，从而使受胁迫人心生恐惧，从而屈从于胁迫人的意志，被迫违背自己的意志而做出迎合胁迫人意志的行为。一般来说，如果胁迫并没有导致行为的完全不可能，则行为人就没有完全丧失行为的自主性，在这种情况下，其行为仍是自主的。但是，既然是胁迫，胁迫行为所追求的目的与行为人的意志肯定是不一致甚至完全可能是相冲突的，在这种情况下，行为人如果不得已屈从于胁迫而实施了行为，并不是完全出于自己的意愿，因此，这样的自主性是不完全的。

胁迫是精神压力的强加，但一般来说轻微精神压力的施加不构成胁迫。有人甚至认为，所有的合同在某种意义上都存在压力的施加。比如，从某种意义上说，要约人总是要求受要约人提供某物作为他的要约的回报，否则他就以与别人缔约进行恐吓。[①] 但这样的恐吓并不构成胁迫，在此意义上，胁迫所真正关注的不是“意志是否受到胁迫”，而是“什么样的胁迫是非法的”。[②] 也就是说，精神压力的施加一般只有达到法律不能容忍的程度才构成胁迫。

那么，精神压力的施加达到何种程度才构成胁迫呢？法律的标准应如何确定呢？对此一般从两个方面来考虑。一是胁迫人所采取的手段必须是非法的，包括手段本身违法和目的违法。比如，以人身伤害相威胁是手段违法，而以举报违法犯罪为目的索要“封口费”则属于目的违法。二是被胁迫者所受威胁的内容和程度。1988 年《最高人民法院关于贯彻执行〈中华人民共和国民法通则〉若干问题的意见（试行）》第 69 条规定：“以给公民及其亲友的生命健康、荣誉、名誉、财产等造成损失或者以给法人的荣誉、名誉、财产等造成损害为要挟，迫使对方作出违背真实的意思表示的，可以认定为胁迫行为。”这属于立足于胁迫手段具体内容而作的规定。《法国民法典》第 1112 条规定：“如行为的性质足以使正常人产生印象并使其担心自己的身体或财

---

① 参见［英］P. S. 阿蒂亚：《合同法导论》，赵旭东等译，法律出版社 2002 年版，第 282—283 页。

② 参见赵旭东：《民法总论》，法律出版社 2006 年版，第 560 页。

产面临重大且现实的危害者，即为胁迫。”这是立足于程度而作的规定。关于程度，一般采正常人标准，但同时也考虑个体的特殊情况。就此，《法国民法典》第1112条第2款也规定：“在此方面，应考虑受胁迫人的年龄、性别以及个人状况。”

（二）情势变更

情势变更是指因当事人所处的具体情势发生改变，从而导致行为人在实施具体行为时的自主性欠缺。情势变更指的是实施某行为所依赖的前提条件的变化，此前并不存在导致行为人意志不自主的事由，只是由于外在环境的变化使得本人实施行为出现障碍或不能实现原来的预期目标，在此基础上所实施的行为不能完全体现其本人的意志，故而属于不完全自主的行为。

情势变更原则上只限于承诺表示行为，因为只有承诺才存在后续的履行，才存在情势的变更，其他类型的行为一旦实施就发生了现实的法律效果，因而不存在发生情势变更的机会。

传统私法理论中，有人将情势变更视为合同可撤销的理由之一。他们认为，当事人订立合同时，实际上已经暗示了一个合同履行的前提条件，当出现当事人不可预见的情形并且改变了订立合同时的履行条件，则继续履行合同就会偏离甚至违背当事人的意志，因此应允许当事人撤销之。[①]还有人立足于“合同落空”来解释，认为任何合同在订立时都体现着当事人的特定期望与意图，而事后发生的某种情势有可能会导致当事人的目的落空，由于这种后果是不可归因于当事人的客观原因所导致的，因而不应由一方当事人单独来承担这种“合同

① 参见尹田：《法国民法上合同的司法变更》，载《外国法译评》2005年第4期，第52页。

落空”的风险。[①]

实际上，一项行为是否具有自主性会受多种因素的影响，如果情势变更导致实际履行的“不可能”，则当事人不再具有履行的自主性，如果情势变更并未导致自主性的完全丧失，则当事人仍有履行的自主性。但是，情势变更毕竟改变了当事人做出承诺时所依赖的客观条件，从而导致实际履行行为不能完全体现本人的意志。在这种情况下，可以说，情势变更导致了履行行为自主性的不完全。

（三）选择限制

有时候，并没有人实施任何直接的胁迫行为，但行为人所处的情势决定着他很难有其他的选择，而且有人利用了其所处的这种特定情势而提出明显不公平的要求，使行为人不得已而实施了不能完全反映本人意志的行为。这种情况下，尽管没有人直接对其进行胁迫，尽管其并没有完全丧失自主性，但这种情况下，由于行为人只能在有限的可选项之间做出接受或不接受的选择，其自己的意志不能得到充分的表达，因而所实施的行为也无法完全体现自己的意志，也属于不完全自主行为。这种情形的不完全自主是因为行为的可选择项不充分所造成的，可称之为选择限制。比如，被严刑拷打的革命者尽管仍有不出卖同志的自主性，但他的自主性受到了极为严苛的限制。

乘人之危属于典型的选择限制，处于危险中的当事人并没有充分的可供选择的机会，当其所处的境遇被他人利用时，当事人常常被迫做出不符合其真实意思的行为。从表现形式上说，乘人之危也有一定的胁迫之意，因而从某种意义上，也可以视作胁迫的特殊形式。但是，

① 参见［英］P. S. 阿蒂亚：《合同法导论》，赵旭东等译，法律出版社 2002 年版，第 239 页以下。

二者也有明显的区别：胁迫情况下受胁迫者的压力主要源于胁迫者的精神强制，或者说胁迫者的威胁行为；而乘人之危情况下，当事人所受到的压力主要来源于客观外在的环境，准确地说是其本人所处的境遇限制了其正常选择的可能性，因而被他人所利用并不得已做出不符合本人意志的选择。

因双方当事人地位差异而形成的“事实不平等”是情势压迫的另外一种表现形式，如劳动关系。在劳动关系中，用人单位明显处于强势地位，尽管用人单位并没有直接对劳动者实施胁迫，但在相互关系中，因劳动者的明显劣势而使其缺乏更多的选择性，因而与用人单位“事实上”处于不平等的地位。这种地位上的不平等常常使劳动者做出明显不公平且不能完全体现劳动者本人意志的选择，这种情况同样构成选择限制。

二、不真正自主行为

不真正自主行为是指因行为人认知因素的欠缺，而没有真正理解自己决定实施的行为所依赖的外在条件，或者没有真正理解自己行为所可能导致的后果，从而决定实施（承诺实施）或已经实施的行为。在这种情况下，尽管认知因素的欠缺尚未达到“不可知”的程度而仍具有一定的自主性，但这种自主性行为并没有真正体现本人的意志，因而可称之为不真正自主行为。

对各种因认知因素欠缺所导致的不真正自主，也可以分为三类。

（一）欺诈

欺诈指故意提供虚假事实——包括故意夸大事实或扭曲事实，或者违反说明义务而隐瞒事实，从而使对方产生错误判断，并由此做出不能真实反映其本人意志的行为。如果行为人因欺诈造成对影响行为性质或行为后果的关键因素的“不可知”，从而完全失去行为的自主性，则构成行为的不自主。如果行为人对影响行为的外在因素因欺诈而不能完全认知，但并未导致行为完全“不可能”或对后果的完全“不能避免”，则仅属于自主性的欠缺。

与“错误”相比，欺诈的结果也是一种“错误”，是行为人因欺诈而产生的错误判断或错误决定。但错误强调的是行为人自身因素所导致的错误，而欺诈强调的是欺诈行为所导致的错误。

一般地，欺诈是对事实的虚假陈述或故意隐瞒，单纯的观点或主观感受表达不构成欺诈。比如，卖瓜者说自己的瓜很甜，“甜”相对于“没有一点甜的味道”或者“苦”来说属于一个事实，但相对于“不是很甜”和“稍稍有点甜”这样的情况，则很难有一个事实判断的标准，不同的人对何种情况下可称之为“甜”可能会有不同的体验，因而在这种情况下，“甜”更多地属于一种主观感受，而不再是事实陈述。

欺诈还涉及对事实的故意隐瞒问题，构成故意隐瞒需要以欺诈人负有明确说明或告知义务为前提。关于何种情况下当事人负有告知义务，原则上应当根据法律的规定和具体的交易习惯来确定。

（二）错误

错误指的是内心真实意思与外在表达的不一致，这种不一致既可以是单纯的表达错误，也可以是因为认知上的错误而导致的不一致。比如：张三向李四出售一幅画，张三在书写合同时错将价格 4000 元写成 400 元，属于单纯的表达错误。如果这幅画落款为张大千，但实际上是赝品，李四误以为是真迹而购买，则属于认知本身的错误，李四在这种情况下所做出的购买行为并没有真正地反映其本人的意志。

错误的构成原则上不考虑行为人自身的过错，而只考虑行为是否能够真实地体现本人的意志。是否存在过错只影响责任的承担，不影响错误的构成。

并不是所有的错误都属于不真正的自主行为。是否构成错误应依当事人做出表示时所依赖的客观条件来判断，而不能依未来的发展趋势来判断，也就是说，仅指针对行为时已经存在的各种因素而产生的错误。同时，错误指的是意思与表示的不一致，因此错误必须是针对已经明确做出的表示的内容而言的，外在表示没有表达或未包含的内容不存在错误，如单纯的动机或心理活动不构成错误。

（三）无知

欺诈与错误都存在不同形式和不同程度的无知，都属于因对某种因素的无知而形成错误的判断。但是，欺诈和错误情形下的无知，往往与故意的欺瞒或自身的疏忽有关，无论是从主观上还是从客观上都是可以避免的。但是，在有些情况下，对于某些与行为选择密切相关的因素，行为人既不存在疏忽，也很难说受到欺诈，但由于交易的频繁性、所涉及问题的专业性、程序的复杂性或“可知”的成本高昂等因素，致使“可知”在现实生活中基本上不可能实现。也就是说，对绝大多数人而言，在其做出行为选择的时候，必须忍受这种“无知”。

这种“无知”主要体现在消费关系中。对于消费者来说，他们对于消费品的成分、产地、质量乃至缺点或副作用基本上一无所知，但日常消费的即时性与普遍性又使其不可能对这些信息进行核实。同时，日常消费又是不可或缺的，即使消费者一无所知，他仍不得不忍受这种“不知”而购买。在这种情况下，如果消费者购买的产品因“不知”而并不符合其真实的需要，那么其购买行为就不能真正体现自己的意志，因而属于不真正的自主行为。

除此之外，显失公平也包含着“无知”的因素，属于一种特殊情形下的“无知”。显失公平的构成并不是单纯客观上的明显不公平，一般还要求主观上的条件，即一方因经验不足而形成的“无知”，且对方能够认识到并利用了这种无知。在不具备主观上的无知要件的情况下，原则上不构成显失公平。在此意义上，行为人实施的显失公平的行为也属于一种因无知而导致的不真正自主行为。

三、自主性欠缺的补救

自主性欠缺情况下，行为人并未完全丧失自主性，但这种情形下的自主性并不充分，因而不能真正或不能完全体现本人的意志，因此应当为当事人提供补救的机会。但是，并不是所有欠缺自主性的行为都可以得到补救。对于业已实施的已造成不可挽回的结果的行为，不具有可补救性。比如，侵权行为已经造成了现实的无法挽回的损害，这种情况只存在责任的承担问题，不存在行为的补救问题。又如，以完成一定工作或提供劳务为标的的履行行为一旦做出，也无法恢复到履行前的状态，最多只涉及对价的调整问题，而无法采取撤回或撤销的补救方式。

一般来说，只有可挽回的行为才具有可补救性，表示行为可以撤回或撤销，给付行为可以返还，因而均具有可补救性。独立行为一经做出即产生某种无法挽回的结果，因而不具有可补救性，以劳务为履行标的的行为，劳务一旦付出不能收回，但由于可能涉及对价的调整，可以说只具有有限的可补救性。在补救方式上，无论是行为的撤回或撤销，还是对价的调整，均取决于本人的意志，因此均可称之为自主补救。在有些情况下，尽管存在自主性欠缺的情形，但当事人缺乏自主补救的能力，因而需要法律通过特定的方式来补救，这种补救方式可称之为法律补救。

（一）自主补救

自主补救意味着法律将补救的主动权交给了行为人自己，法律赋予本人自主补救的权利，是否补救由本人自主决定。对于不完全自主和不真正自主的表示行为或给付行为，如果行为人决定继续履行或不再追究，则表示行为和给付行为仍有效，法律无须进行干涉。如果行为人反悔，则可以撤销已做出的表示或已完成的给付。

撤销往往涉及因撤销而产生的损失的承担问题，而且也不是所有的自主性欠缺情形均可撤销。一般地，关于是否可撤销以及损失承担问题，可根据以下不同情况分别处理：

1. 自主性欠缺是由于对方的胁迫或欺诈导致的，则本人可以主张撤销并可同时主张由此给自己造成的损失；

2. 如果自主性欠缺是由于自己的错误或无知导致的，本人可以主张撤销但应补偿由此给对方造成的损失；

3. 如果自主性欠缺是因情势变更而导致，本人可以主张撤销，但不能主张本人的损失，同时应适当分担由此给对方造成的损失；

4. 无论何种原因导致的自主性欠缺，对方明知而接受表示或给付的，本人可撤销，同时无须承担由此给对方造成的损失；

5. 无论何种原因导致的自主性欠缺，如果对方对自主性欠缺的事实不知情，且对本人的表示或给付存在充分信赖的，本人不得撤销。对于已完成的给付，不能要求返还，而对于已经做出的承诺表示，应继续履行，否则应承担由此给相对人所造成的损失。

无论是不履行还是请求撤销，当事人均可自行协商处理，协商不成的，应经法院判决才产生相应的法律效力。

（二）法律补救

自主补救的前提是行为人能够认识到自己的自主性存在不足，或有充分的能力补救之。而在有些情况下，当事人在行为时常常并没有意识到自己的自主性受到影响，或者即使明知也很难实施自主补救措施。比如，在劳动关系中，即使劳动者明知用人单位提供的劳动条件和支付的劳动报酬并不合理，但由于选择机会的限制其无力与用人单位相对抗，或者说没有足够的能力实施自主补救。又如，在消费关系中，消费者一般情况下根本无从弥补自己的“无知”，从而同样没有充足的能力进行自我补救。在这种情况下，只能通过法律途径来予以补救。

此种类似于劳动关系与消费关系，人们一般称之为“事实不平等”关系。从表现形式上，这种“事实不平等”关系中的双方或地位有高低之分，或能力有强弱之别，或有信息优劣之判。这样的差异虽然基于主体人格抽象的需要而未受法律的关注，但在现实生活中，一方往往利用这种不平等而迫使弱势方接受了他们并不想接受的条件。弱势一方在这种关系中所面临的或有“迫”，但程度不如胁迫强，或有“欺”，但并不如欺诈明显，或“被乘”，但又未及“危急”的程度。传统的私法救济方式很难对这种情况实施救济。

尤其应注意的是，这种“事实不平等”已经不是单纯的个别现象，而是逐渐演变成为普遍存在于两个不同群体之间的被不断固化的不平等或不对等，这种不平等与不对等使弱势一方明显缺乏选择的余地。在双方关系上，弱势一方选择机会的欠缺虽然并非强势一方所造成的，但强势一方不可避免地会利用对方机会欠缺或信息缺失的情势，从而在事实上构成对弱者的强制。为协调不同群体之间的利益关系，需要法律作出特别规定，从而达致双方关系的平衡。

当前，为解决“事实不平等”问题，立法上通过适当限制用人单位和经营者的权利或增加其法定义务，并相应扩大劳动者与消费者权利的方式来平衡二者之间的关系，在理论上则通过实质正义与形式正义的区分来解释这种做法的合理性。这种立法实践和理论解释尽管可以解决“事实不平等”所面临的现实与理论问题，但由于正义视角与当代私法意志视角的不可相容性，使得劳动关系与消费关系逐渐脱离了私法领域而演变成为相对独立的部分，私法的传统体系由此开始分解。无论劳动关系与消费关系因各种复杂的社会原因导致了怎样的“事实不平等”，本质上都属于私主体之间的关系，因而属于私法关系的组成部分。对于这种纯粹的私主体之间的关系，如果更多地动用行政化的手段去解决，而非立足于个体的自主性去处理，不可避免地会导致公权力对私主体关系的干涉。

通过法律补救来调整“事实不平等”关系，并不在于消除不平等，因为消除这种社会不平等并不属于私法的任务，实际上，私法也无力完成这样的任务。通过法律补救来调整“事实不平等”关系也不是通过家长式的行政化手段来代替当事人进行决策，或对个体行为进行直接的干预。对“事实不平等”关系进行调整，更不是为强调这种关系所承载的社会功能而压缩个体的自主权利。立足于个体意志的自主性，法律补救的手段主要着眼于消除外在因素对个体自主性的不当影响，或者定位于弥补个体行为的自主性之不足，从而使个体的行为更能体现自己的意志。在此意义上，无论是劳动关系还是消费关系，所谓的“事实不平等”不过是外在的影响因素意义上的不平等，并不影响双方法律地位上的平等。同时，所采取的平衡手段主要立足于个体意志的自主性，与私法的自治理念也不会产生冲突，完全可以避免体系上的理论困境。

第七章　自主的领域

第一节　自主行为的正当性及其领域

一、自主行为的正当性及其来源

自主行为考察的是行为的自主性，即在何种情况下行为是个体自主选择的，它并不解决行为的正当性。也就是说，自主的行为并不一定是正当的行为。原则上，一个自主且正当的行为对本人所引起的结果，无论是积极的还是消极的，均由其本人享有或承担，但对由此给他人造成的损害，行为人原则上并不负有责任，只有自主却不具有正当性的行为才存在责任的承担问题。那么，一个行为是否具有正当性的标准或原则是什么？法律对其进行限制的依据在哪里？或者说，我们应该如何来划定个体自主行为的正当性边界呢？

假设我们生活的世界只有一个人，尽管他拥有人的理性和智慧，但他从没有任何社会生活经历，始终都是孤零零地一个人生活在这个世界上。他没有任何同伴，也看不到任何其他像人一样能够思考和表达的生物，他所能看到和感受的只是单纯的外在的自然。在这种情况下，尽管他无法抵御猛兽的袭击，也不能像鸟儿一样飞越山川河流，但这种局限并不能视为对其行为自主性的限制。也就是说，他的行为完全是由他自己的意志自主决定的，他的自主性不存在任何道德或法律意义上的任何限制。由于只有他一个人，他的任何行为也无法与他人建立起任何关系，在这种情况下，他的任何行为根本不存在正当性问题，或者说无须接受任何正当性评价。

现在设想一个人的世界中又出现了另外一个人，两个人的同时存在使他们所生存的世界不再是单纯的自然世界，还有了人与人之间的关系。就他们两人之间的关系而言，他们可以是互不干涉的，也可以是相互合作的，也可能是相互斗争的。然而无论是何种关系，在只有两个人存在的世界里，一方的存在对另一方而言，都只不过是他生存的环境，即使强者对弱者实施强制，这种强制在他们眼里与驱赶一只小兔子或遇到一只大老虎并没有实质性的区别。因此，在两个人的世界里，遵循的是纯粹的丛林法则，同样不存在行为的正当性问题。

现在我们将假设扩展到存在三个人，在三个人中，如果一个人的力量具有绝对优势——大于另外两个人力量之和，这种情况仍会形成与二人世界基本相同的强制性关系。具有绝对优势的强者会对另外两个人同时实施强制，另外两个人之间如果也存在力量上的不平衡，同样也会形成类似的强制关系。这种情况下三个人之间形成的是一种单向的层级式屈从关系，其中强者处于最高层，最弱的那个人则处于最底层。在这种关系中，只有强者才享有完全的意志自由，另外两个人都不同程度地受到强者的意志强制。

如果三个人中任何一个人的力量都没有绝对的优势，即任何两个人的力量都大于第三方，情况则会发生根本性变化。在这种情况下，任何两个人的联合都可以形成对第三方的强制，因而对任何一个人来说，与谁联合是无关紧要的，关键在于如何避免另外两个人形成联合从而对自己构成威胁。一般而言，由于强者对另外两个弱于自己的人都能够形成强制，因而最初的联合往往形成于相对弱势的两个人之间，由此来对抗强者的强制，并通过这种联合反过来对强者形成强制。

在这种通过两方的联合来对抗第三方的关系模式中，对联合的双方而言，联合的最初动机均是避免受到强制，但在此基础上，又可能会进一步对第三方形成强制，由此来获取更大的好处。在不考虑任何道德原则，每个人只依凭自己的意志来决定行为方式的前提下，一旦外在的强制对自己不再构成威胁，并且还能比原来的联合获得更大好处，这种联合就会变得异常脆弱并被瓦解。因为被孤立并处于其他两个人共同强制之下的一方可以对联合双方中的其中任何一方承诺更大的利益，从而建立起新的联合。比如，在最强者受到孤立和被强制的情况下，他可以对另外任何一方——比如最弱者做出让步，不仅承诺不再对其实施强制，而且还承诺给予更多的利益。这对于一个没有任何外在约束，完全依赖自己的本性和偏好而采取行动的人而言，似乎没有理由予以拒绝，由此原来的联合就会面临瓦解并形成新的联合。但被孤立的一方也可运用同样的手段来瓦解新形成的联合，比如承诺给弱者一方更大的利益，或者向强者承诺无须向补偿弱者那样通过让步来换取联合，由此同样会再次形成新的联合方式。

可以说在三个人的世界里，由于力量的不平衡，相互间的关系也是不稳定的，每个人都有可能随时面临来自另外两方的威胁。同时，这种情况与罗尔斯所预设的“无知之幕”的情形完全不同。在这种情况下，每个人对另外两个人的情况都有非常清楚的了解，他们能够准确地判断在何种情况下对自己是有利的，在何种情况下对自己是最为不利的。他们也都非常清楚在三人的相互关系中，相互间所存在的制约和牵制，清楚地意识到自己并不能保证在任何情况下都能够维持对自己更为有利的态势。如果每个人都清楚这一点，他们至少在期望自己避免处于最不利的地位这一点上会存在共识，那么，他们如何才能做到这一点呢？

每个人都能够意识到自己之所以会处于另外两个人的强制之下，是因为另外两个人担心会处于自己的强制之下，或者担心自己与另外一个人之间形成联合从而对其形成强制。如果每个人都能够放弃对他人的强制，那么每个人也都不再会受到他人的强制。这样在禁止对他人进行强制这一点上，三个人有可能会达成共识。这种共识的达成形成了这样一种关系，即每个人之间都是一种平等的关系，任何一个人不得以任何强制性手段来干涉他人的意志自由。

在这种平等关系中，对于任何一个个体而言，他人都不再是单纯的外在环境的一部分，也不再是自己意志所支配的对象，而是成为和自己一样具有独立意志，能够依照自己的意志来行事的主体。由此，每个人的主体性地位得以确立。随着主体性的确立，对任何个体的主体性构成侵犯的行为都会威胁到整体的关系平衡，因而这种行为应当受到禁止，于是，正当性问题产生了。在此意义上，正当性问题源于人的主体性，或者说源于人的主体性的并存。

二、正当性的标准与自主的领域

立足于意志，个体行为的正当性取决于人的主体性，更准确地说，取决于人的主体性并存所依赖的条件。然而，在不同的情况下，人们对一个行为是否具有正当性的评价标准是不同的。比如一个人在空旷的不与任何他人发生联系的原野中，他的任何行为似乎都没有必要受到限制，或者说根本无所谓正当与不正当的问题。但在繁华的闹市里，哪怕是一个很平常的动作都可能会受到正当性与否的评判。因此，正当性来源于人的主体性，但具体的评价标准依赖于具体的环境。或者说，自主性有其不同的领域，在不同的领域，正当性有不同的标准；在不同的领域，法律对个体行为有不同的限制；在不同的领域，个体行为是否能够为法律所认可有着不同的条件；在不同的领域，个体行为也有着不同的行使方式。

根据自主性所受到的限制的程度，可以将自主的领域分为主体领域、自由领域和关系领域三种基本领域。

（一）主体领域

主体领域是每个人确立其自身主体性的基本条件，失去了这些条件，个体的主体性就会变得不完全甚至丧失。从另外一个角度说，主体领域也是基于每个人主体性的并存而为个体划定的一个免受侵害和干涉的基本边界。也可以说，主体领域是已经被纳入个体意志支配的区域，已经成为个体意志的一部分，在这一意义上，它就好比是人类的家，蜗牛的壳，是完全属于自己的独立王国。

主体领域是纯粹的自己的领域，没有与其他人建立起任何联系，因此在主体领域，个体享有绝对的不受约束的自由。在现实生活中，个体的存在并不是孤立的存在，而是关系中的存在，但无论何种关系，主体领域都构成个体与他人进行交往的基础，构成了个体与他者相区分的基本根据。也就是说，个体的主体领域在任何情况下都不应因关系的存在而受到侵夺。在此意义上，主体领域是维持一个完整而独立的自我的基本要素。或者也可以说，在主体领域，个体的自由是绝对的，不受限制的，个体的行为免受任何正当性标准的评价。

（二）自由领域

主体领域是纯粹的个体领域，同时也是一个相对封闭的领域。在主体领域内，自身及外在的对象都被纳入本人的意志支配领域，但在本人意志支配的领域之外，是更为广阔的自由空间，由于这一空间处于任何人的主体领域之外，因此可称之为自由领域。

自由领域也没有与他人建立起任何关系，因而法律也无须予以关注，同样不存在正当性问题。这与主体领域的自由不同，主体领域个体的自由不受限制主要不是因为它未与他人建立联系，而是因为主体领域已经被纳入本人意志的支配范围，因而属于纯粹的个体的空间。而自由领域未被纳入任何人的意志支配范围，它是自由的，同时也是开放的。

主体领域是有边界的，自由领域同样存在边界，即他人的主体领域和法律明确设定的禁区。他人的主体领域构成自由的边界，是所有人的主体领域得以并存的条件。除此之外，法律还可能基于各种政治或社会管理需求而设定个体不得触碰的"禁区"，比如禁止持有枪支弹药。由此可以说，在自由领域，自由以不触碰他人主体领域并且不违反法律禁止性规定为前提。

（三）关系领域

无论是在主体领域还是在自由领域，个体的存在都是单一的个体存在。但个体存在并不是现实生活的常态，人是社会的动物，总是要与他人结成各种各样的关系，因此在现实状态下，人的存在总是在各种各样的关系中的存在。由此，个体从主体领域和自由领域进入关系领域。

关系的建立不得侵害主体领域，不得影响主体领域的独立性与完整性，非经本人的认可，关系的设定不会改变主体领域的范围和状态，也不会抹去或模糊主体领域本来的边界。无论何种关系，主体领域都是个体维护一个独立而完整自我的前提，关系不过是在两个独立主体之间建立的纽带，或者说是连接两个主体领域的道路或桥梁。

在关系领域，除了不以个体意志为转移的生物性关系以外，设立何种关系以及关系的具体内容完全取决于个体的意志，它或者是本人设定的，或者是本人对法律已经设定的关系模式予以认可的。从内容上看，主要包括两个方面：一是个体承诺为或不为一定行为从而为他人的行动选择提供条件；二是针对已纳入自己意志作用对象的外在物，设定相对人的支配方式，他可以将物完全转移由相对人支配，也可以将对物的占有、使用、收益和处分权部分地转移给相对人。

关系是基于个体的意志而自我设立的，但关系的建立不是一方的意志，而应是关系双方共同的意志，或者说双方意志的一致。由于关系领域更加关注个体意志的自主选择，因此在关系领域中，个体行为的自由以不侵犯相对人的意志自主性为前提。

在进入关系领域前，个体与个体之间不存在任何沟通与互动，是纯粹的并存关系。这样的关系不需要个体的任何行动，也不包含个体的任何意愿，只不过是纯粹的客观事实。这样的并存关系所反映的只不过是主体领域的现实存在状态，并不反映主体领域之间的互动与交流关系，因而单纯的并存关系——或者说共处关系，虽然我们也将其称为关系，但从根本上说，这种关系并不属于关系领域的范畴。

个体的独立行为也可以与他人建立起联系，但这样的联系并不是建立在双方共同意志基础上的，它只体现一方当事人的意志。由于这种联系并没有得到相对人的同意或认可，因此这种关系一般情况下是侵权关系，反映的是一个人对另一个人的主体领域的侵犯。这种关系同样体现的是主体领域的并存问题，因而同样不属于关系领域的范畴。

综上，基于个体自主的不同领域，个体行为的正当性也有不同的评价标准：在主体领域内，由于个体的自由构成了本人主体性的一部分，因而不存在真正的正当性问题，个体的行为在此领域是不受限制的。如果将这种自主的不受限制性作为一种原则的话，可称之为主体原则。而在自由领域，由于个体行为的自由不得侵犯他人的主体领域，且不得违背法律的特别规定，所采用的正当性判断的原则可称之为无害原则。由于这种原则的立足点在于诸个体主体领域的并存所依赖的条件，因此这一原则也可称为主体并存原则。而对于关系领域，由于关系的设立依赖于个体的意志，体现的是一种自治原则。

三、自主领域的影响因素

任何法律都是对人与人之间关系的调整，主体领域虽然在形式上划定的是个体不受侵犯的范围，但实质上调整的是人与人之间的共处关系，而关系领域调整的是人与人之间的合作关系。共处关系的调整立足于主体领域的并存，关注的是已纳入个体意志支配的范围，关系领域的调整则依赖于关系双方意志的自主，强调的是双方共同的意志。然而，主体领域的范围不单纯是主体性并存的理想演绎，还与基本的社会分配相关联，关系领域也不单纯是关系双方的事务，任何关系都承载着某种特定的社会功能。因此，个体自主领域的划定在任何社会条件下都不单单取决于理性的演绎，还必然会受到政治、经济、文化乃至社会等诸多因素的影响。这种影响最终都通过实在法的形式表达出来，从而确定了个体自主领域的现实边界。

（一）政治因素的影响

政治因素对个体自主领域——尤其是主体领域——的划定有着重要的影响。在人类相当长的历史时期，个体的主体地位向来是等级制的，由此，个体的主体领域也不是平等的。在奴隶社会，奴隶甚至不享有任何主体地位，因此也不存在任何意志自主决定的主体领域。在封建社会，尽管所有的人都被划定了一定的主体领域，但不同阶层、不同群体的主体领域并不相同。皇帝或国王的主体领域是开放而几乎不受限制的，而最底层的阶级总是受到更多的限制。由于不同等级之间主体领域的不平等分配，地位较低的阶级相对于地位较高的阶级，其主体领域常常只具有象征性的意义，并不能免受来自较高地位阶级的干涉。因此，在等级社会下，尽管每个人都享有一定范围的主体领域，但意志自主决定的并存只在同等阶级的相对意义上才是并存的。

政治因素不仅对主体领域的划分有着重要的影响，同样也会影响关系领域。等级社会中人与人之间的关系在很大程度上反映的是不同政治集团之间的力量对比，是阶级斗争过程中相互斗争和相互妥协的结果，因此必然会打着鲜明的阶级烙印。比如奴隶主与奴隶之间的关系，封建地主与佃农之间的关系，都不是单纯的私主体之间的关系，均体现出非常明显的阶级特点或者说政治色彩。

（二）社会发展的影响

随着社会的发展，新的事物不断产生，新的事物不仅影响着主体领域的范围，还可能会影响到人与人之间的关系形式。比如随着知识产权被纳入法律的保护范围，个体的主体领域的范围被大大拓展，商标、专利和著作等由此都被纳入了个体意志的支配范围，从而被纳入主体领域。同时，基于知识产权而形成的新型的关系也拓展出新的人与人之间的关系类型。又比如随着商业的发展，产生了各种新的商业形式和结算形式，如债券、信托、票据等，这种新的商业形式同时也改变着人与人之间的关系领域的组成形式。

社会发展不仅影响着人的主体领域与关系领域的具体范围，还对社会管理提出了新的要求，从而基于这种社会管理的需要而不断形成新的“禁区”。比如，随着城市的发展，为规范城市交通出行而形成的交通规则改变着人的行为方式，使得个体的行为受到了一定的限制。又比如工业的发展所带来的环境压力，使得废气和污水排放行为受到越来越严格的限制。不仅个体行动的自由受到限制，人的主体领域和关系领域也会受到影响，比如某些国家法律对毒品和枪支的控制，不仅使毒品和枪支被排除在了主体领域之外，而且以此为标的的交换关系也受到了禁止。

（三）文化观念的影响

不仅政治因素与社会发展因素会对人的自主领域产生影响，文化传统和社会观念同样也会影响到个体自主领域的范围。比如关于主体领域，构成“自我”的因素并不完全是生物性的，还有社会的塑造，关于哪些因素可以构成一个完整而独立的自我，在不同的社会条件下会有不同的认识。尽管在私法上，文化传统和社会观念并不视为对个体意志自由的限制，但不同的文化传统和社会观念可以塑造出不同的自我，从而产生对自我的不同界定。在群婚制的原始社会，性也许并没有构成个体精神内容的一部分，性行为可能是在一种完全公开的情况下来进行的。但随着社会的发展，社会塑造了人的性观念，使得性成为一个极度个人化并不愿为他人所知晓的隐私行为。在这种情况下，性的公开会成为一个令人极为难堪的事情，也就是说，维护性行为的私密性由此成了个体精神完整的重要因素。在现代社会，随着网络通信技术的发展，个人信息甚至基因问题均成为影响个体生存的重要组成部分，开始被纳入法律的保护范围，从而成为主体领域的重要组成部分。

文化观念不仅影响到人的自主领域的范围，还会影响到关系领域中人与人之间的交往方式，这种影响在婚姻家庭关系方面体现得尤为明显。在不同的文化背景下，法律关于婚姻关系的规定常常会有很大的差异，比如，与一夫一妻的婚姻制度不同，在很多国家，一夫多妻甚至一妻多夫并未受到法律的禁止，在一些国家也允许同性之间缔结婚姻。不同国家的法律规定之所以会有如此大的差异，在很大程度上与这些国家各自的社会观念以及文化传统有着不可分割的关系。

第二节　自主的主体领域

一、主体领域的范围

主体领域是个体意志直接支配的领域，根据主体性原则，任何人都是自主的平等主体，因而不能被纳入他人意志的作用对象。因此，人的意志只能以自身和外在物为支配对象，由此，主体领域的范围主要包括两个方面：一是关于“我”的领域，二是关于“我的”的领域。

（一）关于“我”的领域

主体领域是个体维护一个独立而完整的自我所依赖的基本条件，也是为每个人划定的用以防止任何人侵犯的基本空间。没有了自主领域，一个人就失去了独立而完整的自我，就不再是一个真正意义上的人，从而也不再是法律意义上的独立主体。不仅如此，主体领域还是一个人与他人建立任何关系的前提，无论何种关系，主体领域都不能因这种关系的存在而受到侵犯或剥夺。

因此，主体领域首先是关于“我”的领域，是“我”与他人相区分的根据，是一个完整而独立的“自我”的展现。这样的“我”不是一个关于“人”的形象或者说抽象的“人格”，而是一个现实而具体的“我”。它包括我的身体、我的相貌、我的精神乃至一切能够标明“我”自身独特性的一切因素。

这样的一个关于“我”的领域，也不同于“法律人格”意义上法律主体资格的赋予，它不是主体资格本身，但它包含了主体资格所包含的基本内容。没有“我”，就不存在主体资格，没有“我”的领域，主体资格就成了一个没有内容的、空洞的、毫无意义的语词。在此意义上，“我”的领域不仅有主体意义，还具有客体意义，所表达的是人格权客体意义上的具体人格领域。[①]具体而言，包括三个方面的内容。

1. 完整自我

完整自我也可称之为“身体自我”或“物质自我”，它表达的是“我”之所以为“我”的物质载体，它不仅包括身体，身体只表明“我”的组成部分的完整性，还包括身体功能的完整性——健康，以及身体对于“我”的目标意义——生命。无论是身体、健康还是生命，都是“我”的不可分割的组成部分，是我区别于他人的最基本的根据。

从某种意义上，完整自我可以说并不能被视为自主的领域，而是自主所依附的物质载体，是个体自主性的基本前提。身体虽然由人的意志控制和支配，但严格来说，这种控制并不意味着可以任意处分，由此我们甚至可以说，完整自我并不是严格意义上的意志可以作用的对象，它是个体意志不可分割的一部分，从而也是主体领域不可分割的一部分。

2. 独立自我

独立自我指一个不依附于任何他人而存在的“自我”，同时，也是一个自我决定行为选择的“自由之我”。这种独立与自由源于“我”对于自己身份的独立支配，从支配的主体角度，是“我”的支配，是独立的支配；而从支配的表现形式看，是不受干涉的支配，是自由的

① 在我国法学语境中，“人格”一词在多种意义上被使用，抽象人格是在法律主体意义上使用的，而人格权意义上的人格是在权利客体意义上使用的。

支配。这种独立而自由的支配的外在表现就是一个独立而自由的、不依附于任何人也不受任何人干涉的“我”的存在。

3. 形象自我

形象自我不仅仅是个体的生物性的外貌和生理特征，还包括与本人相对应的标记性符号，如姓名、独特称谓、荣誉等，除此之外，形象自我还包括本人对自己的自我形象塑造，其所表达的是本人意欲向他人展示的自我，更多地体现精神方面的内容。

完整自我、独立自我与形象自我共同构成了一个独立而完整的自我，其所包含的内容构成了一个独特的、因“我”而存在的领域——“我”的领域。

（二）关于“我的”的领域

“我”的领域只与“自我”相关，尚未触及外面的世界。但人存在的意义并不在于“自我”本身，而在于“自我”与他人以及外在世界所建立的关系。同样，人的自主性行为也不仅仅是指本人的自主决定或行动自由，更重要的是通过自主性行为，个体能建立起与他人的联系，并实现对外在世界某种程度下的控制，从而使外在的自然被纳入自己意志作用的领域。

比如一个人从树上采摘下来并放于自己住所的桃子，这样的桃子已不同于尚生长在树上的桃子，它已经成为个体意志作用的对象。或者说，这样的桃子已经不再是单纯的外在自然的存在物，而是成为个体意志作用领域的一部分，从而属于“我的”，成为“我的”的领域的一部分。

这样，对于个体的主体领域便不再限于个体的人身，还包括个体意志作用于外在自然所业已实现的结果。或者说，它不仅包括“我”，还包括“我的”。

“我”所表达的是主体本身，而“我的”所表达的是“我”的意志能够独立支配的范围。没有“我”的主体地位，人只能是一个受他人所强制的奴隶，因而也无所谓“我的”。而没有“我的”，“我”就成了一个无所依附的躯壳，其主体性只能在天空飘荡，找不到任何根基。因此，主体领域不仅包括一个独立的“自我”，还包括与“我的”相关的领域的范围。“我的”领域所反映的不单纯是个体与外在世界的关系，而且还是个体的存在方式，没有“我的”领域支撑，“自我”就成为缺乏背景的幻象。在此意义上，外在于“我”的因素并不完全是与“我”无关的东西，“我的”构成了个体主体性的一部分。

“我的”领域所涉及的主要是财产领域。财产权与人的主体性之间的关系很早就为人所关注，19 世纪，法国学者奥布里和罗提出了总体财产的概念并在财产和主体之间建立起了联系，这种联系被我国法学学者归纳为“无财产即无人格”的论断并在 2005 年前后引起了不小的争论。[①] 实际上，“无财产即无人格”所说的“财产”不应理解为批评者所说的“财产多寡”或具体的“财产状况”，更不能理解为法律上主体资格应受制于财产状况。尹田对此解释说：“无财产即无人格中的财产，不是指现实存在的物质资料，也不是指自然人实际享有的民法意义上的财产权利，而是概括地指人成其为人所必须具备的最起码的物质生存条件。”[②]

从主体领域的角度讨论财产问题，目的是将人与物的关系从人与

① 参见尹田：《无财产即无人格——法国民法上广义财产理论的现代启示》，载《法学家》2004 年第 2 期；薛军：《无财产即无人格质疑》，载《法学》2005 年第 2 期；尹田：《再论无财产即无人格》，载《法学》2005 年第 2 期等文。

② 尹田：《再论无财产即无人格》，载《法学》2005 年第 2 期。

人之间的关系中独立出来，尽管人与物的关系本质上所反映的仍是人与人的关系，但立足于人与物的关系，更有助于清晰地界定出个体在与他人建立某种关系之前，他自己本来所享有的东西，否则，个体在与他人建立法律关系时便失去了前提。在此意义上，主体领域所反映的是主体相对于他人的一种状态，是“定义主体相对于他人的法律状态的一种方式”。[①]它“是人格的延伸，是人格的体现，也是人格的折射”。[②]

近代私法将主体要素限定于“人格”的范畴，每个人不是作为个体，而是作为“人格”才得以成为法律上的主体，这样的主体构造使每个人在法律上都是平等的，是无差别的。他们或许是担心，一旦涉及“我的”，私法主体的平等性就会遭到破坏，私法上的平等就会受到影响，因此他们将外在于“我”的领域归属于“物”的领域，并与主体严格区分。但法学家显然不能否定“物”的领域之于“我”的重要性，因此“物权”在私法上得到了特殊的保护，“物”由此开始喧宾夺主，并淡化了“我”在私法上的主体性地位。这样，在私法上，我们只看到人的模型，而看不到人的存在方式。然而，不可忽略的是，离开了外在于“我”的“物”，“我”的主体性是不完整的，也就是“我”的“人格”是不完整的。

将“我的”的领域剥离于主体领域之外，将其视为个体意志作用的对象还导致了私法理论上的一个重大理论难题，只有“人”自身才构成主体领域，“人”的意志作用对象被完全排除在主体领域之外，而所有外在于主体存在的则都可以成为人的意志的作用对象。在上述

① ［法］雅克·盖斯旦、吉勒·古博著:《法国民法总论》，陈鹏等译，法律出版社2004年版，第142页。

② ［德］拉德布鲁赫:《法哲学》，王朴译，法律出版社2006年版，第139页。

思维模式下，不仅外在的“物”，而且外在的“他人”也可以成为个体意志作用的对象，“人”由此被客体化了。然而，将“人”视为意志作用的对象是不可接受的，也是与“人”的主体地位相矛盾的，因为这等于否定了人的主体性。

尽管外在的“物”被纳入自主的主体领域，但是，并不是所有的外在的“物”都被纳入了主体领域的范围。“物”只有在归属于“我”时才成为“我”的意志作用的对象，才归属于“我”的主体领域，没有归属于“我”的物只是单纯的外在物，并没有被纳入个体意志作用对象的范围，仍属于单纯的外在自然。

“我”的领域与“我的”的领域相比，“我”的领域只涉及“自我”本身，尚不涉及外在的世界，而“我的”的领域所表达的是个体意志所指向的外在世界，是已经被纳入“我”的意志的外在世界，因其被纳入“我”的意志，故已属于“我”的不可随意剥夺的主体领域的一部分。

二、主体领域的规范目标及其具体内容

主体领域是个体意志直接支配的领域，划定的是人与人之间的边界，是人与人之间建立一切关系的前提。然而，何为意志的直接支配？在什么情况下才可以在法律上被视为意志的直接支配？这些问题必须通过法律来确定，否则当主体领域出现冲突时，如何解决冲突就会缺乏最为基本的标准和根据。

尽管主体领域的划定会受到政治经济和社会文化的影响，但在当前普遍将一切个体都视为平等主体的社会观念下，法律对“我”的主体范围的界定必须满足个体作为一个完整、独立而有尊严的自我的基本条件，完整自我、独立自我、形象自我因此必须构成主体领域的基

本内容。对于“我的”的领域，由于它所表达的是个体意志对外在世界的支配，因此其核心问题在于如何界定“支配”的标准。由于主体领域在于划定人与人之间意志作用领域的边界，因此，意志至少应是以公开且能为其他人所知晓的方式来支配，同时必须是以排他的并且和平的方式来支配。根据物的不同特点，人们一般以占有作为对动产进行支配的公示方式，以登记作为对不动产进行支配的公示方式。

对主体领域的规范不仅仅在于对主体领域的确定与划分，更重要的是如何解决主体领域的并存。范围的界定与划分仅仅是调整主体领域并存的前提和根据，而对主体领域的法律保护则需要确定并存的原则并通过责任的认定来提供保障。

主体领域的并存反映的是一种共处关系，从某种意义上讲，任何关系都可称为是一种共处关系，但与关系领域不同，主体领域的共处不以关系双方的意志达成一致为条件。因此，主体领域的共处关系主要考虑的是单方的个体意志对主体领域的并存所产生的影响。在不涉及他人意志的情况下，个体意志作用于纯粹的外在的世界，它所涉及的是单纯的主体领域的范围确定问题。单方的个体意志也可能会对他人的主体领域产生影响，在这种情况下，主体领域的并存就不再是一个静态的单纯的客观事实，它同时蕴含着动态的相互作用的主体的意志，反映的是主体意志的共处。

共处不仅要求界定主体领域的范围，还需要明确他人的一般义务，从而避免对主体领域的侵犯与伤害。但共处关系中的冲突并不仅仅表现为侵害，有时候，一个人的主体领域对另外一个人而言，就像是一只老虎一样，其存在本身就是一种妨碍。在主体领域主要是“我的”的领域相邻的情况下，这样的妨碍常常不可避免，但又无法课以责任，只能以一种宽容态度来达致和平相处的目的，它要求主体相互之间负有容忍义务。还有的时候，没有正当根据，但由于非可归因于自己的原因使自己获得了利益，这种情况的形成同样非基于本人的意志，但立足于主体领域的共处关系，法律应当提供回复到原初状态的途径。

避免伤害与相互容忍在很大程度上均是一种消极的调整，在此基础上所维护的关系是一种缺少温情的、宁肯老死不相往来的关系。共处关系不体现当事人共同的意志，但是，单方行为并不一定是恶意的和自私的，它也可能是善意的，甚至是纯粹为了他人的利益而实施的。这种善意甚至是利他的行为，即使未经相对人的同意，这样的行为也是应当受到鼓励的，鼓励的方式常常是赋予行为人向受益人要求弥补损失的权利。

综上可以看出，传统民法上分别被归于物法和债法等不同部分的相邻关系、侵权行为、无因管理和不当得利等内容，从本质上说所调整的是主体领域的并存关系，或者通俗地说调整的是人与人之间不依赖于共同意志而产生的共处关系。

三、主体领域的私法预设

主体领域并不是如“法律人格”一样的抽象的观念存在，而是具体的现实的实体存在。法律人格剥离掉了个体的一切背景，留下的是完全平等的、不存在任何差别的抽象主体形式，而主体领域没有经过任何法律技术的处理，它就是具体的现实。

迄今为止的任何社会条件下，主体领域从没有被像切蛋糕那样进行平等的划分，主体领域的范围不是对空间的切割，也不是对财富的平均分配，它所表达的是作为一个完整而独立的自我的条件，以及被纳入个体意志实际支配的范围。受个体能力机会、社会政治经济以及文化传统等各种因素的影响，每个人的主体领域所实际支配的范围——主要是“我的”的领域所支配的范围——是不同的，甚至会出现非常大的差异。比如一个乞丐和一个亿万富翁，尽管他们在法律上有平等的“人格”，但亿万富翁所支配的是亿万财产，而对乞丐而言，其所谓“我的”的领域也许不过是一两只讨饭的碗钵或几件并不值钱的衣物而已。

然而，这种并没有被平均分配的主体领域却是私法不可变易的前提，在此意义上可以说，以平等为首要原则的私法先天地存在一个并不平等的前提。无论自主的主体领域有着怎样的差异，私法都无力解决这种前提基础上的不平等，事实上这也不是私法的任务。私法向来都是以当下的现状为基础的，并为现实已经生成的秩序提供保护。至于这种现状和秩序是如何形成的，是否符合公平正义的要求，常常都是由政治因素所决定的，因而均属于公法的范畴，从来都没有被纳入私法的视野。因此，所谓的一个亿万富翁与一个乞丐在法律上受到平等的保护，仅仅从抽象人格的形式意义上才能成立，从现实的角度却是，法律为亿万富翁提供的是对亿万家产的保护，而为乞丐所提供的只是对讨饭碗钵的保护。

我们所要讨论的主体领域的并存，也是建立在这种先在的并不一定平等的前提下的主体领域的并存。并存问题在私法上所关注的并不是主体领域的平等分配，而是如何维护现有的状况不变，并为维持主体领域的现有状态提供法律上的保障。在这一意义上，私法总是怯懦保守、不思变革的，但同时又忠诚老实、兢兢业业，这就是私法的性格。

第三节　自主的关系领域

一、关系模式

主体领域为每个人划定了免受他人侵犯的范围，其目的在于确保所有人的意志自主性能够得以并存，因而主体领域也关注关系，即主体领域的并存关系，或者说主体之间的共处关系。这种关系基于主体领域的存在而客观存在，一般情况下不以任何人的意志为转移，或者仅仅因他人的意志而引起，不能体现本人的意志，因而并不是本人自主设立或主动进入的关系，而是被动卷入的关系。

共处关系是客观存在、被动形成的，尽管在共处关系中诸个体之间也会出现互动，但法律的目的不是促进这种互动，而是维持一个静态而封闭的主体领域的现实存在。然而，一种静态而封闭的并存关系并不是人与人之间关系的唯一形式，各种互动合作与交换关系同样不可或缺。在这种合作与交换关系中，主体领域不再是一个封闭的区域，而是根据不同的关系类型而不同程度地呈现出开放的姿态。人和人之间的关系也不是单纯的并存关系，而是一种积极的动态的沟通与交流。

任何形式的开放与交换都可能引起主体领域自身的改变，比如说物的交换所引起的“我的”的领域的改变。由于主体领域是个体不受任何干涉的绝对的自我的领地，因而任何可能会导致主体领域变化的关系的设立必须以本人的同意为前提。也就是说，关系领域中关系的设立及其内容必须体现关系双方共同的意志。在此意义上，立足于关系的任何一方，关系都是本人自主设定的关系，关系中的权利义务取决于本人的意志。

关系领域中的关系尽管是个体自主设定的，但是，任何私人关系都不是单纯的关系双方之间的关系，而是不同程度地承载着相应的社会功能，因而在任何社会条件下，私人关系中的个体意志都不同程度受到了限制。比如，从单纯的个人角度来看，性关系无疑属于两个人之间的“私事”，但无论古今和中外，性关系几乎都毫无例外地被纳入法律的规范范围。之所以如此，是因为在传统社会中，性的关系并不单单是两个个体之间的关系，而总是与特定的团体相联系，基于性关系而形成的血缘家族和姻缘亲族是影响社会关系结构的基本力量，承载着其他任何关系都无可替代的社会组织功能。不仅性关系，其他关系同样承载着某种特定的社会功能，出于某种政治或社会管理的需要，这样的关系同样会受到法律的限制。比如为了某种社会公共安全的考虑，很多国家限制毒品和枪支的交易；出于人权保护，大多数情况下个体不得以放弃人格权为条件设立私人关系；在建筑行业，施工方需具备一定的资质才可以与建设方订立建筑合同，并且转包分包行为并不完全取决于当事人的意志，而是受到法律的限制。为了确保关系所承载的社会功能的实现，立法者还常常通过法律来设定各种不同关系的具体内容，由此引导人们采取共同的关系设立方式。

除立法者的有意引导外，人自身的社会性也使他们总是趋向于采取共同的行为方式。因为采取共同的行为方式使得行为的意图更加容易被理解，从而使人与人之间的沟通变得更为容易，当出现纠纷的时候，是非对错也更容易得到评判。人的这种社会化趋向性促进了某种共同习惯或风俗的形成，人与人之间的相互关系由此也常常表现为某种固定的关系形式。

这种内容和形式被相对固化下来的关系由此形成了不同类型的关系模式。由于历史文化和风俗传统的不同，不同民族和国家对于同样类型的关系可能会形成不同的关系模式。比如古罗马早期的买卖关系有着复杂而烦琐的仪式，而这种仪式在其他国家的法律文化中并不常见。又比如某些国家承认同性之间可以建立婚姻关系，而当前大多数国家尚未对同性婚姻在立法上给予认同。但是，由于同种类型的关系在不同社会条件下所承载的社会功能大致相同，而且人与人之间的交往方式也不可能存在根本性的差异，因而，不同国家和民族传统中，相同类型的关系在很大程度上也表现出共同的特征。由此我们也可以解释当前各国法律制度之间相互借鉴和相互融合的趋势。

关系模式在某种程度上固化了人的交往方式以及具体的权利义务内容，但是，这种固化并不意味着对个体意志的强制，也不意味着对关系模式以外的其他关系形式的禁止。关系模式没有为个体设定禁区，从某种意义上，它不过是对依照特定模式来行使的行为给予引导和鼓励。比如婚姻关系是法律——起初是集体意向性所形成的风俗或习惯——所设定的两性关系的基本模式，婚姻模式本身并不构成对非婚同居关系的禁止，它只对进入婚姻模式的两性关系提供法律上的保护，并且提供各种其他非婚同居关系所无法享受的福利。也就是说，关系模式是引导式的，是鼓励型的，而非禁止性的。它好比是为方便个体建立某种关系修建了一条快捷高效并可沿途享受各种服务的高速公路，尽管它并没有强制人必须走高速而不得走乡间小道，但它无疑吸引着更多的人舍弃乡间小道而走到高速公路上来。如果法定的关系模式不能吸引更多的人，一定是它本身的便捷性或外在的鼓励手段出现了问题。

总之，关系模式不是对个体意志自主性的限制，也不是对个体意志选择的强制，关系模式的规范从根本上来说都应当属于任意性规范，在个体与他人设立某种具体关系时，当事人有权自主地选择是否采用关系模式所设定的方式，在绝大多数情况下，也可以对关系模式根据自己的意志进行变更与调整。具体而言，关系模式的意义与作用有以下几个方面：

1. 明示作用。关系是自我设定的关系，是双方意志的一致。立足于本人的角度，关系是本人自我设定的义务，立足于对方的角度，关系是对方为实现行为预期在进行行为选择时所依赖的条件。无论立足于何处，关系的设立所依赖的基本前提是双方意思表示的相互理解与确认，否则相对方可能会因未能准确理解对方的意思而违背其意志。为此，关系模式的任务在于明确表示的方式及其意义，以避免关系当事人之间可能出现的分歧。

2. 倡导作用。关系模式既然并不限制个体对其他关系形式的选择，那么它就不应是强制性的，而是倡导性的。提倡或以某种方式鼓励人们采用关系模式所确定的关系形式，从而确保私人关系所承载的社会功能的实现。

3. 补充解释作用。关系模式的意义还在于弥补个体意思表示之不足。并不是所有的当事人在设定相互关系都能充分地考虑或预测到各种可能出现的情况，因此关系双方对权利义务的设定可能并不明确，从而在发生争议时缺乏明确的根据。在这种情况下，关系模式的作用就在于，当本人在设定关系时没有明确约定或约定不明确时，关系模式将对当事人的意思根据具体情况进行补充和解释。在此意义上，我们当然也可以理解为，关系模式并不当然适用，只有在当事人没有自主地选择其他任何有效的关系形式时，才适用法律事先规定的关系模式。

二、关系模式的类型

关系领域是关系双方共同设定的，基于两个人的共同意志，人可以建立起各种各样的关系，比如买卖关系、共同生活关系、爱情关系等。但是，并不是所有的关系都受到法律的关注，比如情谊关系（包括爱情和友谊）一般不会受到法律的关注。只有法律关注的关系才会被纳入法律调整的范围，并形成法定的关系模式类型。

一般而言，与个体人格相关的“我”的领域是构成完整而独立自我不可分割的一部分，因而不能用来交换，不能纳入关系领域的范围，只有“我的”的领域才可以相互流通和交换，因而关系领域原则是围绕着“我的”的领域而设定的。但是，由于人自身的生物学局限，任何人在其成长和生育繁衍问题上都需要依赖于他人，由此形成了一种生物学意义上的关系——亲属关系，主要包括婚姻关系和亲子关系。

因此总体而言，关系领域的关系主要指财产关系和身份关系以及二者相结合而形成的关系，可区分为以下几种关系模式类型。

（一）合同关系

关系领域中的一切关系的设立都是本人自主决定的，因而所有的关系在某种意义上都可称为一种契约型关系或合同关系。但通常情况下，人们只在比较狭窄的意义上使用合同关系的概念，特指围绕财产问题而达成的一致，是围绕“我的”的领域——亦即财产——的使用与流转而建立的关系。而且，这种关系是单纯的财产关系，不以任何形式的身份为前提。

潘德克顿法学并没有将所有基于个体意志而设立的财产关系都列入合同关系，尽管这些关系同样不以任何形式的身份为前提。比如用益合同与抵押合同，这些合同关系被作为物权法上的关系而与债法上的合同相区分。尽管用益合同与抵押合同在具体内容尤其是公示方式与优先效力等方面与普通合同存在差异，而且其内容常常并不是由当事人自己协商一致，而是由法律事先规定的，但与谁建立关系、是否建立这种关系仍取决于当事人自己的意志，且这种自主权并不以任何形式的身份为前提。立足于个体的自主性，这些合同与其他合同并无根本的不同。因此，我将传统物权法上的用益合同和抵押合同与普通的合同关系不做本质上的区分。

（二）家庭关系

家庭关系与人的生物学特征相关。相对于其他动物，人有漫长的成长期，需要依赖于某种长期而稳定的关系才能完成成长过程，这种长期而稳定的关系形成了某种特定的身份，因而本质上属于一种身份关系。

但是这种身份关系并不限于对未成年子女的扶养关系，由于生产能力的低下，在人类社会早期，生存以及对后代的抚养是通过群居生活共同完成的，并随着生产力的提高而发展到由以男女共同生活关系为基础的家庭来承担，由此又形成了更为复杂的家庭关系，这些关系均毫无例外地与基于人的生物学本性而形成的身份相联系。与合同关系不同，家庭关系不仅仅与个体选择有关，而且承担着诸如抚养、生产、互助等更为复杂的社会功能，因而家庭关系模式总是得到更多地强调。为确保家庭关系所承载的社会功能的实现，法律即使不禁止家庭关系模式之外的其他共同生活关系，也很少为之提供法律上的保护。因此我们看到，尽管对于是否结婚、与谁结婚、是否生育等问题仍是由本人自主决定的，从根本上说仍属于个体自主建立的关系，但家庭关系的具体内容更多的是由法律事先确定的。现代社会条件下，随着家庭所承载的社会功能越来越弱化，婚姻关系也更多地演化为一种以情感为纽带的“纯粹关系”，个体的自主性由此在家庭关系——尤其是财产关系——中取得了更大的空间。

然而，家庭传统社会功能的变迁并不意味着社会功能的完全消失，家庭也不仅仅是情感上相互慰抚的港湾。即使在当前社会条件下，针对个体生存条件、抚育子女和养老等问题，国家同样无法提供充分的社会保障。如果没有家庭关系上的互助功能，国家无疑将在抚育子女和养老问题上承担更多的责任，在个体遭遇疾病和伤害时，社会将面临巨大的社会服务或公共服务压力。从个体的角度说，社会同样并未就个体生存及自我发展提供充分的条件，通过家庭内部的互助分工更有助于解决个体在生存能力、子女抚育等方面所面临的诸多问题，有助于夫妻在相互支持的基础上更充分地实现个体的社会价值。可以说，家庭的传统社会功能并未因社会的变迁而完全消失，仍然承载着当下社会所无法解决的互助功能，这种互助功能并不仅仅是关乎家庭成员的，同样也是关乎社会的。在这种情况下，个体在家庭关系上的自主性即使不会被禁止，也很难得到法律上的认可与保护。

（三）继承关系

形式上，继承关系并非关系双方共同设定的关系，遗嘱继承仅体现遗嘱人的意志，法定继承则取决于法律的预设。无论是法定继承还是遗嘱继承，继承解决的是个体死后的财产处置问题。由于是对被继承人的财产处置，因此如何处置原则上应尊重被继承人的意志。从某种意义上，法定继承也可以视为对被继承人意思的推定。当然，继承关系同样承载着某种特定的社会功能，因此个体的意思同样也可能会受到一些限制，比如继承法常常要求遗嘱必须为某特定人留有一定的遗产份额。

尽管继承形式上表现为被继承人单方的意思表示，但被继承人单方表示并不表明关系的成立，继承人也有放弃的权利，只有当继承人不表示反对时，继承关系才真正成立。

（四）成员关系

成员关系指社团组织内部各成员之间的关系，社团的设立与进入是由个体自主决定的，因此本质上同样属于关系领域的范畴。但是，与合同关系和婚姻关系不同，成员关系所关注的并不是一个成员与另一个成员之间的关系，而是成员与其他诸成员之间的关系，或者说是个体与社团整体的关系。在这种关系中，个体有权自主选择是否加入或退出，但一旦成为成员，其与组织活动相关的行动就受到成员共同意志的约束。共同意志是在所有成员的共同参与下形成的，但对某特定个体成员而言，共同意志并不一定完全符合其本人的意志。

传统民法典未对成员关系进行关注，成员关系通常是以单行法律的形式予以规范的，如公司法对股东关系的规定，物权法对业主关系的规定等。但是成员关系规则是诸个体自主协商的结果，属于个体意志自主决定的一部分。无论是股东关系还是业主关系，其所解决的是个体意志与社团意志之间的关系，所面临的基本上是同一性质的问题，有着共同的内在规律和原则，完全可以统一予以规范。

成员权需依赖于某种组织机构或团体而存在，没有这样的组织，便无所谓成员。比如公司中的股东属于股东会中的一名成员，又如律师协会中所有的律师均是该协会的成员。在这一意义上，成员权形式上表现为身份权，但成员权的核心不在于身份，而在于该身份所承载的各种权益。尽管我们并不排除在特定情况下，有些人将某个特定组织的成员身份视为一种荣誉或地位，但一般情况下成员身份只不过是享有某种权益的前提条件，而每个成员所关注的核心问题并不在于身份本身，而在于其所包含的权益。

一般情况下，私法意义上的成员身份都是基于本人的自主意志而取得的，[①] 是否参加一个团体而成为其成员均是由本人自主决定的。但是，社团的意志是由全体成员的意志形成的，对于特定的个体而言，最终所形成的共同意志并不一定与其本人的意志相符。也就是说，个体意志常常会被淹没于团体意志之中。但无论如何，从根本上说，团体意志仍然是基于个体的意志而形成的，是诸个体自愿参与并最终达成一致的结果。在此意义上，成员关系仍然属于私法的范畴。

在社团组织内部，由于个体意志常被淹没于共同意志之中，因而调整成员关系的重点在于：在共同意志的形成过程中，如何确保个体的充分参与，以及在哪些情况下，共同意志不得对个体意志进行限制，从而防止出现“多数人暴政”对个体意志的不正当强制。在合同关系中，合同内容是双方共同意志的体现，但在社员关系中，由于成员关系的具体内容是由全体成员共同决定的，并不能保证全体成员的意志完全一致，原则上应服从多数人意见。在这种情况下，对某个特定的个体而言，团体最终所形成的决定也许并不能体现其本人的意志，甚至有可能与自己的意志相违背。也就是说，在成员关系中，个体意志常常会淹没于多数人意志之中，并不像在合同关系中那样能够得到充分的表达。因此，在成员关系中，如何保障每个成员最为基本的参与权、知情权与收益权就成为调整成员关系最为重要的问题。由于这样的权利不一定能在所有的成员组织中都得到保障，故而最为基本的参与权、知情权和收益权需要以法定的形式来予以确认。

---

① 我国农村集体成员身份在当下是一个极为特殊的例外，在很大程度上也是我国特殊的所有制形式和城乡二元户籍管理制度的产物，随着户籍制度的改革，私法意义上的集体成员关系也必然会发生变化。

（五）不对等关系

私法调整的是平等主体之间的关系，是个体意志自主设定的关系，但是，由于外在因素的影响，个体的决定常常并不能够真实地反映自己的意志，从而造成了一种“事实不平等”，对于这种关系，我称之为“不对等关系”。

不对等一般指关系双方相对意义上的地位不对等或信息不对等，表现为弱势一方不能真实地表达自己的意愿，从而在相互关系上常常会被迫接受对方提出的对自己不公平的条款。但是，并不是所有的不能真实表达意志的情况都属于“不对等关系”，只有在这种“不对等”被固化为较为稳定的两大群体或阶层时，才有法律特别关注的必要。对于其他未被固化为特定社会群体之间的关系，只存在于个体之间的影响意志真实表达的，仍归属于一般的不完全自主或不真正自主的范畴。

在不对等关系中，尽管由于“事实不平等”使一方的意志没有得到真实的表达，但这种关系同样是双方基于自己的意志而自主设立的关系，在本质上与其他关系并无不同。只不过是在这类关系中，由于外界环境因素的影响，个体的选择未能真实反映其本人的意愿。私法无法改变外在因素的影响，但可以通过法律规范来消解外在因素的影响，或者通过平衡双方关系来弥补弱势一方意志自主性之不足。

劳动关系和消费关系都属于不对等关系。劳动关系上的不对等主要是双方实际地位上的不对等，而消费关系上的不对等主要是信息能力上的不对等。因为地位和信息能力的不对等，使得劳动者和消费者常常不得不接受不公平的劳动条件或交易条件，因而需要通过法律来对用人单位和经营者进行适当的限制，或增加劳动者或消费者一方的相应的对抗性权利来消解双方的“事实不平等”。

严格说来，不对等关系似乎并不是当事人自主设定的，因为没有任何人意欲建立任何形式的不对等关系，不对等的形成是外在因素影响的结果。但是，这种不对等关系的基础关系，比如消费关系和劳动关系等却是本人自主设定的，外在因素并没有从根本上影响到这种关系的基本性质，它所影响的只是个体意志行使的方式，并进一步形成了相对意义上的不对等身份。之所以将这种关系单独与其他关系相区分，是因为关系上的不对等使弱势一方在关系内容设定上无法充分表达自己的意志，需要采取特殊的规范手段，从而消除——至少是弱化——外在环境的影响，使关系的设立能够真正体现当事人的意志。

三、自主领域与法律强制

个体的主体领域构成了他人行为的边界，为促进一种和谐健康的共处关系，个体不仅不应侵犯他人的主体领域，还应负担最低限度的容忍和协助义务，否则就要承担相应的责任。从形式上看，这样的要求对每个个体而言都是强制性的，落实到法律规范上，这样的条款也常常被视为强制性条款，被视为法律对个体意志自主性的限制。但是，强制在一般的语境下常常指外在的强迫或限制，事物本身内在的限制并不被视为强制。比如人基于其生物学局限无法像鸟儿一样飞越高山，也无法像鱼儿一样游过大海，这种生物学意义上的限制并不被视为对个体自由的限制，更不是外在的强制。在这一意义上，基于调整主体领域的并存关系而为个体设定的义务并不属于真正意义上的强制性条款，也可以将它们视为满足主体领域和谐共处的基本条件。如果没有这些义务，人的主体领域便无法和谐共存，因而这样的义务从根本上说并不是源于外在的强制，而是源于主体领域本身内在的要求。

关系领域更无所谓强制性条款，因为关系领域中的关系常常并不存在，基于关系双方共同意志的设定才形成关系，关系是个体自我设定的，是个体意志自主性的产物。尽管为实现关系领域所承载的社会功能，法律常常通过关系模式来固化人的交往形式，但这种关系模式并非对其他关系类型的限制，它并不是强制性的，而只是倡导性的。比如法律规定了婚姻关系夫妻双方的义务，但这并不意味着法律强迫个体只能进入婚姻关系模式。实际上，婚姻关系并没有禁止其他形式的共同生活关系，很多年轻人选择了非婚同居，这种选择并没有因婚姻关系模式的存在而受到禁止。为了促进婚姻关系所承载的社会功能的实现，鼓励人们走向婚姻关系的殿堂，法律仅仅为婚姻关系提供法律上的保护手段，并为其在税收、教育、社会保障等各方面提供其他同居关系形式不能享受的福利。但无论如何，都不能将法定的关系模式视为对其他个体自主设定的交往方式的禁止，在这一意义上，关系模式同样不是对个体意志的强制。

当然，说主体领域和关系领域不存在对个体意志自主性的强制，并不是说个体意志不受任何外在的限制。事实上，受政治文化和社会管理方式的影响，外在的强制与限制在任何社会状态下都是普遍存在的。为维护人与人之间基本的共存秩序，对于违反义务的行为，也需要国家的强制力来予以保障。但是，私法只关注诸个体和谐共处所依赖的条件，通过国家强制力对这种条件的保障，以及出于政治和社会管理需要为个体自主行为设立“禁区”，并不属于私法的调整范围。比如，单纯从个体意志自主的角度，嫖娼是双方意志自主决定的行为，且没有侵害到他人的主体领域，但很多国家出于社会管理的需要，常常将其列入法律强行禁止的行为。这样的限制已经超出了诸个体和谐共处所依赖的条件的范围，因此不属于私法的范畴。

当前学界对强制性规范的界定过于宽泛，这种过于宽泛的界定除了强调私法上强制性规范的重要性并感叹私法的公法化趋势之外，实际上并未赋予这一论题以更多的学术意义。立足于意志的自主性，“应当”的行为及“不得”的行为并不等于“强制”，如果这种“应当”与“不得”体现的仅仅是意志自主性本身的内在要求，则其应归于私法的范畴。“强制”指的是来自外在的力量，它体现的不是私法的内在关系和逻辑，而只是外在的保障或要求。也就是说，只有国家为维护社会基本秩序而提供的外在强制力保障，以及出于政治和社会管理的需要而制定的限制性规范才属于真正意义上的强制性规范。这一意义上的强制性规范由于不反映私法自身的内在逻辑，因而属于公法的规范领域，应由能够满足政治和社会管理需要的相应的公法规范来规定。

还应注意的是，法律上的强制并不是对个体行为的直接强制，而是事后的责任强制。或者说，法律上的强制并不是对个体意志的直接限制，而是通过责任承担来影响个体的行为选择，从而达到对个体行为实施限制的目的。

第八章　自主的权利表达

第一节　权利的基本问题

一、权利的性质

权利的概念源于中世纪法学家对 ius 的不同意义的区分。12 世纪教会法学家马西利乌斯解释说，ius 有两种不同的意义，第一种意义指的是客观存在的法律，同时站在个体的立场上，它还指个人的自愿行为，“当某人在与第一种意义的 ius 相一致的前提下，想要或者实际使用某物时，我们通常说这是某人的 ius。上述愿望和处分之所以被称为 ius，是因为它们与 ius 的要求、禁止或者允许相符合”。[①] 现代意义上的权利概念基本未脱离马西利乌斯的观点，说一个人享有某种权利，意味着他有做出某种行为的正当性，也就是说，权利是立足于个体立场的正当性表达。

关于权利的性质，学者们立足于不同的角度提出了各种各样的学说：有人认为权利就是资格，说对某物享有权利，是说你有资格享有

① Marsilius of Padua，Defensor Pacis，university of Toronto Press，1980，p.191.

它。[①] 还有人认为权利就是一种有效的、正当的主张，拥有权利就是有权针对某人某事提出某种主张。[②] 也有人认为权利是利益的另一种形式的表达，认为人们所关注的并不是权利本身，而是权利所指向的利益。[③] 也有人认为权利是法律的赋予，体现的是法律的强制力量。[④] 借助于相关概念，霍菲尔德对权利的使用语境进行了更为全方位的分析。根据他的分析，权利包含着要求、能力、自由、主张、资格等多重含义，这些含义在对应不同的概念时有不同的表现形式。[⑤] 在霍菲尔德看来，权利的本质问题并不是重要的，关键在于权利在什么情况下表达着什么，排斥了或否定了什么。

但是，无论对权利的本质持何种观点，只要我们承认权利的个体立场，我们就无法割裂其与个体意志的关系。从根本上说，权利的正当性意味着意志的正当性，行动的自由反映的是意志的自由，在此意义上，权利的基础是意志。从单纯的个体的角度而言，权利所表达的是个体意志自主作用的范围，在这一范围内，我有权利，所以我的行动不受限制。从关系的角度来说，"一个人拥有某种权利，意味着权利的客体被纳入其意志活动的对象"。[⑥] 从侵权法的角度来说，侵犯一个人的权利，意味着侵权人的行为超越了个体意志作用范围的正当边

---

① 参见［英］A. J. M. 米尔恩：《人的权利与人的多样性》，夏勇等译，中国大百科全书出版社 2005 年版，第 111 页。

② 参见张文显：《法哲学范畴研究》，中国政法大学出版社 2001 年版，第 301 页。

③ 此观点源出耶林《罗马法的精神》一书，参见［法］雅克·盖斯旦、吉勒·古博：《法国民法总论》，陈鹏等译，法律出版社 2004 年版，第 134 页。

④ 参见［德］迪特尔·施瓦布：《民法导论》，郑冲译，法律出版社 2006 年版，第 133 页。

⑤ 参见［美］霍菲尔德《基本法律概念》一书，张书友编译，中国法制出版社 2009 年版。

⑥ 参见［德］康德：《法的形而上学原则——权利的科学》，沈叔平译，商务印书馆 1997 年版，第 40 页。

界并侵入他人意志作用的范围。

从权利概念的生成史看，权利也是立足于个体意志的表达而逐渐形成的。马西利乌斯从个体的自愿行为来解释 ius，自愿反映的是个体的意志，奥卡姆同样立足于意志来解释 ius 的含义，他认为人的自由意志才是其行为的唯一真正原因，因此也是对行为进行道德和法律归责的确当基础，因此“ius 是意志，是纯粹的意志，根本不以万物的本性为基础”。[①] 格劳秀斯也将自然权利与人的意志联系起来，认为自然权利源于人对自己意志的运用。[②] 康德立足于意志对权利进行了系统的阐释，他说：“一个人拥有某种权利，意味着权利的客体被纳入其意志活动的对象。”[③] 此后，萨维尼通过意志作用的对象来对权利的类型进行划分，温德沙伊德明确将权利视为法律所授予的意志支配力。[④]

在萨维尼和温德沙伊德那里，个体的意志已不再是完全取决于个体内在的、自主的、自我满足的力量，也不再以独立于社会规则的人性为源泉，而是在某种程度上需要以现行法为前提。在这种情况下，所谓意志体现的是一种法律所赋予的个体自主决定的力量，个体由此可以通过自己的意志来设立、变更或取消权利的具体内容。也就是说，他们不再是立足于自然法来讨论权利，而具有了明显的实证法学的特征。但无论是自然法还是实证法，尽管权利的来源不同，权利的基础

① 参见［爱尔兰］约翰·莫里斯·凯利：《西方法律思想简史》，王笑红译，法律出版社 2010 年版，第 124 页。

② 参见［荷］格劳秀斯：《战争与和平法》，何勤华等译，上海人民出版社 2005 年版，第 33 页。

③ 参见［德］康德：《法的形而上学原则——权利的科学》，沈叔平译，商务印书馆 1997 年版，第 40 页。

④ 参见［德］迪特尔·施瓦布：《民法导论》，郑冲译，法律出版社 2006 年版，第 133 页。

在他们那里毫无例外地都是意志。

耶林对意志说提出了尖锐的批评，在他看来，意志说之所以不能被接受，是因为这种观点无法解释无行为能力人的权利和主体在全然不知的情况下所获取的权利。比如一个精神病人或未成年人的权利如何体现自己的意志呢？又比如继承人在不知道被继承人去世的情况下获得的继承权又如何能体现其个人意志的力量呢？基于这样的质疑，耶林认为权利表达的是一种利益，一个人享有某种权利，就是享有某种别人不得侵犯的利益。但是，耶林的利益说未能有效地解释：利益这样一个事实问题如何可以转化为具有支配性的力量。耶林从利益的角度来分析权利实际上所表达的只不过是权利的目的或者说权利行使所意在实现的目标，并未能触及权利的本质。通过利益来定义权利也有过于宽泛之嫌，难免会造成权利观念的泛化。比如情感、友情甚至其他一切个体某方面的需要，对本人来讲，均可视为一种利益，但并不是所有的利益都被视为可以受到法律保护的权利。而且，耶林同样也没有否定意志，他将因果律引入主观意志领域来说明意志目的的重要性，认为个体的意志受因果关系的影响必然指向某种对象，因此耶林所说的利益不过是这种个体意志所指向的对象。尽管耶林对意志说提出了激烈的批评，但从根本上说，他仍然没有完全脱离个体的意志，仍需借助于意志才能对其所谓的利益给予合理的解释。

可以看出，无论从何种角度来理解权利的概念，基本上都或多或少地映射出意志的影子。虽然并不是所有的人都将权利看作个体意志力的结果，但似乎没有人否认，在私法领域，权利体现着个体的意志，是个体意志的法律表达。从静态的角度，个体权利的范围反映的是个体意志的自主领域，所表达的是个体的自主性不受干涉的边界；从动态的角度，权利表达着本人对意志自主领域的防御，也包含着个体意志不受干涉的自由。

二、权利的正当性来源

权利意味着正当性，权利诉求意味着提出了一项正当性的主张。季卫东说："个人如果不把利益转变成权利，那么这种利益是不安定的。"[①] 罗纳德·德沃金说："如果一个人享有做某事的权利，那么政府就此'对他说不'便是错误的，即使是基于公益也不行。"[②] 在此意义上，权利的正当性是绝对的，是不附加任何条件、不受任何限制的，否则它就不再是权利。

那么，权利的正当性来源于何处？或者说是什么赋予了权利的正当性呢？

一种观点认为权利是立足于个体而言的，表达的是"我"的自由、利益或诉求，权利的正当性因此应源于"我"，或者说应源于人自身，人本身即包含着某种天赋的不可剥夺的正当性的诉求。法律仅仅是为保护个体权利的目的而存在，这意味着必须承认权利相对于法律的独立性及其优势地位。立足于人自身来论证权利的正当性，这一意义上的权利被称为主观权利。

另一种观点则认为权利仅仅是社会规则的个体化表达，权利是法律规则的副产品，个人的所谓权利、自由等仅仅是法律规则作用于个人的客观效果，或者说权利本身也不过是一种规则，并不包含法律规则之外的任何内容。因而在他们看来，根本不存在任何权利，只存在法律规则。立足于外在于人的秩序来寻找权利的正当性，这一意义上的权利被称为客观权利。客观权利意在表明：权利仅仅是法律规则上

---

① 季卫东：《法治秩序的建构》，中国政法大学出版社 1999 年版，第 85 页。

② 转引自玛丽·安·格伦顿著：《权利话语》，周威译，北京大学出版社 2006 年版，第 53 页。

的权利，个体并不存在任何相对于法律的优先特权。

主观权利与客观权利的分歧表达了对权利正当性来源——或者说正当性根据——的根本分歧。有人认为这样的分歧也体现为自然法思想与实证法学派之间的分歧，认为主观权利和客观权利分别是自然法思想和实证主义思想的产物。[①] 这种认识显然失之偏颇，尽管主观权利作为旨在保护个体对抗国家专制主义侵犯的民主与自由理念运动的产物与近代自然法思想有着密切的联系，但自然法思想并不当然——甚至在大多数情况下都没有——支持主观权利的观点。很多自然法思想都认为外在的自然本身就存在某种不可变易的秩序，法的正当性并不是来源于人自身而是来源于外在的存在，在这种情况下，也不存在源于个体的优先于客观秩序的主观权利。同样，客观权利与实证法学也并非一脉相承，比如对自然法进行猛烈批判的潘德克顿法学家均秉持着实证主义的思想，但在他们眼里，权利的正当性来源并非任何法律规则，而是源于个体的意志。尽管他们也认为权利需要经过法律的认可才具有强制力，但这并没有动摇他们在权利正当性根据问题上的基本立场。这样的权利观念从根本上说并不是与客观权利的观念相符合的，而恰恰是与主观权利的观念相符合的。

主观权利和客观权利从不同的角度表达了权利的正当性来源。相比较而言，主观权利强调权利相对于法律的独立存在，法律的目的在于保护个体的这种先在的权利。这种观点突出人的主体地位和自主意识，更有利于对个体的保护，但在此认识下，权利话语容易被泛化，从而导致权利的不确定性和任意性。而客观权利否认权利之于法律的独立性，权利由此沦落为人的主观经验基础上单纯的规则。这种观点更加强调社会秩序的维护与规则本身的强制性，但“权利法定”的论

① 参见李永军:《民法总论》，法律出版社2006年版，第108—109页。

调抹去了权利的一切超越规则本身的价值，极易成为国家对私人权利进行限制的工具。因此，两种权利观念都存在某种缺失，套用考夫曼的话说就是，权利“在它们那里均未走向自我”。[①]

尽管理论上主观权利与客观权利存在根本性的分歧，但在具体的法律技术层面，二者之间并没有绝对地相互排斥。无论权利是否独立于法律规则而存在，它终究需要依赖法律的保护，因而主观权利论者同样重视法律规则对权利的确认。客观权利论者同样也没有从根本上否认法律的价值与道德问题，他们只不过是强调“通过明确的法律规定，道德原则可在不同程度上被引入法律制度，进而构成法律规则的一部分”。[②]他们同样也不否认权利所隐含的人的价值，只不过他们不认为这种价值可以超越法律规则而存在，而是必须依赖法律规则并被纳入法律规则才具有法律上的意义。

主观权利与客观权利在理论认识上的分歧也许在有意或无意之间被扩大了，以至于当面对具体问题的时候，人们都免不了要扭扭捏捏地做一番折中式的解释。实际上，不同类型的权利的正当性来源并不相同，任何一种单一的解释都无法涵摄所有的权利类型。比如生命权，将生命权视为法律的赋予无论如何都是让人难以接受的，只能通过主观权利来解释，但对于另外一些权利比如债的保全制度中的代位权与撤销权，这样的权利从行使条件、行使方式和行使期限等各方面都明显地体现为规则的设计，认为其先于法律规则而独立存在同样难以让人信服，因而只能归于客观权利的范畴。

① ［德］考夫曼、哈斯默尔主编：《当代法哲学和法律理论导论》，郑永流译，法律出版社 2002 年版，第 18—19 页。

② ［英］哈特：《实证主义与法律和道德的分离》，翟小波译，载强世功：《法律的现代性剧场：哈特与富勒论战》，法律出版社 2006 年版，第 101 页。

权利是人的权利，是个体的权利，因而权利的正当性来源不能从外在于人的世界里去探寻，只能从人自身探寻。近代自然法学家立足于人的本性推导权利的概念，认为权利的正当性来源于人的本性。但永恒不变的本性本身就是一个有待证明的命题，因而立足于本性并不具有不可置疑的确定性。事实上近代自然法在此问题上的论证也并不成功，在经验主义和德国古典哲学的批判下很快隐退不语。以康德哲学为基础，潘德克顿法学家开始将权利的正当性来源定位于意志，但是，由于他们更加关注权利体系的建构，以至于权利的正当性问题本身并未得到充分的论证，因此，意志也很少进入权利正当性问题的视野。事实上，不同类型的权利的正当性有不同的来源，这一问题可以通过个体意志自主的不同领域来得到解释。

主体领域反映的是个体作为一个独立而完整的自我存在所依赖的条件，否定这样的条件等于否定了一个独立而完整的主体。如果我们将个体在主体领域的自主性定义为本人的权利的话，这样的权利所表达的是一个人在主体领域不受干涉的自主性，同时这样的权利也构成了他人行为的边界。主体领域作为个体主体性存在的基础，是法律规范人与人关系的前提，在此意义上，它并不以法律的认可为条件，其正当性是由意志自主性的并存所决定的，是人的主体性的必然要求。因而这一意义上的权利同样能够独立于法律而存在，因此，对主体领域上的权利我称之为主体性权利。

而在关系领域，关系的具体内容都是个体自主设定或自我同意的。如果这些内容也用权利的概念来表达的话，这样的权利是个体自我设定或法律规定的结果，也就是说没有个体的设定或法律的规定，便不存在这样的权利，其本身即法律规则的一部分。在这一意义上，这样的权利仅仅是规则的设计，它只存在合理性或实用性问题，并不存在真正意义上的正当性问题。由于它只是对规则的表达，是构成法律规则内容的一部分，因此，对关系领域中的这种权利我称之为构成性权利。

三、权利与义务的关系

在很多学者看来，义务与权利是相互依存、相互对应的，权利是义务的另一面。“将各种错综复杂的法律关系都归结为权利—义务的概念这种推定，在各国法学中相当普遍。”[①] 这种认识在我国也不是近年才出现，早在20世纪30年代就有这种提法，1933年出版的《法学通论》中就说：“权利义务，如影之随形，响之随声，在法律上具有相互之关系，故权利之所在，即义务之所在，义务之所在，亦为权利之所在。”[②] 张文显教授更进一步将权利和义务的关系描述为结构上的相互依存关系、数量上的等值关系和功能上的互补关系。[③]

在权利与义务的关系上，人们还普遍将权利视为“权利—义务”关系结构的核心和基点，认为“权利创造义务、限定义务、牵动义务，没有权利就没有义务，也不需要义务”。[④] 权利是义务存在的依据和意义，而义务只有通过权利才能表现其价值，因而是权利的对象化。权利义务之间的关系还被进一步发展为一种理论范式——权利与义务范式，认为一切法律问题都可归结为权利义务的关系范畴，主张围绕权利义务来确定法学的对象和范围。由于在二者的关系中，义务是为权利的实现而存在的，因此这种理论范式又被称为权利本位范式。

① 沈宗灵：《对霍菲尔德法律概念学说的比较研究》，载《中国社会科学》1990年第1期。

② 欧阳谿：《法学通论》，上海会文堂新记书局1933年版，转引自童之伟：《对权利义务关系的不同看法》，载《法商研究》1998年第6期。

③ 参见张文显：《法哲学范畴研究》，中国政法大学出版社2001年版，第338—341页。

④ 张文显：《法哲学范畴研究》，中国政法大学出版社2001年版，第336—347页。

尽管权利本位论在我国当下关于权利与义务的关系认识上占有主导地位，但也引起不少学者的反对。张恒山和童之伟都指出权利本位论者所主张的权利与义务的对应关系说与实际的法律生活不符。他们认为权利与义务并不总是一一对应的关系，权利并不必然对应某种义务，义务也不必然对应某种权利，权利义务分析方法将权力、利益、身份、责任等法律概念纳入权利义务框架内，导致了对利益、权力等概念的忽略。① 同时，权利义务关系的分析方法同样存在一个致命的问题，在具体法律问题上，往往并不体现权利与义务的关系，而是权利与权利的冲突，立足于权利与义务的关系上，权利冲突是无法解决的，它并不能为权利确定一个明确的边界。对于权利本位范式，邓正来认为完全是对政治的一种依附，从根本上看是意识形态化的，并不具有学术上的自主性，它"在某种程度上证明了政治话语或意识形态话语在中国法学讨论中的有效性或合法地位……并在一定程度上转换成某种政治话语或意识形态话语的同时成为那种更高的意识形态的注释"。②

如果说权利本位论存在法学上的意义，这种意义也许仅仅在于：它向我们宣示了权利的价值，它告诉我们权利的重要性，提醒人们要认真对待权利，由此在特定的历史环境下完成法学研究对象的一个视角转换。但是，权利本位论既没有告诉我们权利到底是什么，也没有对权利的法律分析提供一种具体有效的方法。因此当法学研究视角的转换任务已经完成的时候，甚至权利已开始因泛化而使人无所适从的时候，这种理论就开始沦落为法学史上的一件艺术品、一件收藏品。

① 参见张恒山：《法理要论》，北京大学出版社2006年版；张恒山：《义务先定论》，山东人民出版社1999年版；童之伟：《法权与宪政》，山东人民出版社2001年版。

② 邓正来：《中国法学向何处去》，商务印书馆2006年版，第64—65页。

在这个时候，它只是用来把玩的，而不是被拿来使用的。

从性质上说，权利是防御性的，说一个人享有权利，要么是说他本人意志自主决定的范围，要么是说他具有选择某种行为的自由，这意味着他的自主领域或行动自由不受外在的干涉和限制。权利没有进攻性，它不应当对他人指手画脚，不应当要求他人应当如何行为，权利不具有这样的强制性力量。因为如果赋予权利这样的强制力，就等于将他人视为权利的客体，视为自己意志作用的对象，从而不再是自主决定自己行为的主体，而是沦落为他人意志支配下的“奴隶”。在这一意义上，权利的表达是以我为中心的，而不是以他人为对象的，因而并不对应他人的任何义务。

当然，权利的防御性本身也包含着一种请求他人不得侵犯的要求。这种情况下也可以说权利对应着他人的一种不作为义务，至少在这种情况下这样的说法并不存在明显的不当。但是，这种说法仅仅在主体领域，对于主体性权利是有效的。主体性权利表达的是个体意志自主决定的基本领域，它是每个人实现意志自主性的并存所依赖的条件。对于主体性权利，他人负有不作为义务和在相邻关系上的容忍义务，在特定情况下，甚至还负有最低限度的协助义务。在这种情况下，可以说权利和义务是同一问题的两个方面。但是，在关系领域，针对构成性权利，这种说法并不成立。

在关系领域，义务除由法律规则规定外，其更主要的来源是本人的承诺，也就是说在关系领域，义务在很多情况下是自我设定的。但权利不能够自我设定，个体也不可以授权他人针对自己实施任何形式的强制。比如合同履行义务，根据传统权利理论，履行义务对应的是对方的履行请求权，这样的履行请求权虽称作权利，但并不具有任何实际意义，因为在大多数情况下，这种请求权的实现需依赖于对方的配合，它本身不具有任何的强制性。甚至在很多情况下，法律也不能强制当事人履行，而只是在因违反履行义务给对方造成损失时，通过责任承担的方式强制当事人对弥补由此给受害人造成的损失。在当事人不履行合同义务而只承担损害赔偿责任的前提下，因合同未得到实际履行，因而履行请求权实际上并未实现。在此意义上，损害赔偿显然并不与履行请求权相对应，而是对主体性权利——财产损失——的补救。在这种情况下，履行义务很难说对应何种权利，而只能视其是一种独立的义务。

在关系领域，人们习惯于使用权利的概念来表达规则，从而导致了权利的泛化，并在很大程度上遮蔽了权利本来的性质和意义。尤其是在家庭关系中，这种情况更为严重。如有人将生育权视为夫妻关系中的一种权利，按照权利义务相对应的思路，既然有生育权利，也需要对应一种生育义务，因而妻子未经丈夫同意的单方堕胎行为是对丈夫生育权的侵犯。如果说存在生育权的话，这种权利也是一种人格性权利，即使对应义务，也是对应他人不得干涉的义务。既不存在一种关系意义上的针对他人的生育权，任何人也不可能对他人负担一种生育义务。

义务也不是基于权利而形成，并由权利来赋予其自身价值的。在主体领域，主体性权利与人的普遍性义务所表达的均是实现每个人意志自主并存的条件，是同一问题不同角度的表达，不存在谁创造谁、谁依赖谁的问题。而在关系领域，义务无论是基于承诺而自我设定，还是由法律来设定，它都没有赋予针对这种义务的任何直接的强制性。或者也可以说，义务设定并没有赋予对方相应的任何权利，是否实际履行的自主权仍掌握在自己手里。在这种情况下，即使将对方当事人的期待表达为履行请求权，这种权利也常常得不到法律上的保障。也正是在此意义上，我们说，构成性权利并不是真正的权利，而只不过是法律规则，因而也就不存在所谓的权利与义务的对应关系问题。

第二节　主体性权利与构成性权利

一、主体性权利

尽管主体领域的具体范围的确定受各种政治、经济和社会因素的影响，并最终体现在具体的法律规范中，但从根本上说，它是为实现每个人的意志自主性的并存而要求的基本条件。在此意义上，主体性权利同样表达着这样一种条件，而且个体基于这种条件所获得的主体性继而使之成为个体作为一个独立而完整的存在所依赖的基本条件。主体领域明确了自主性绝对不受限制的领域，同时划定了他人自主性的边界，主体性权利也表达着同样的含义，同样反映的是一个免受任何干涉和限制的自我的正当性领域。

尽管所有的法律几乎都毫无例外地对主体性权利作出了明确的规定，但并不能因此认定主体性权利属于法定的权利。法定的权利指的是基于法律的规定才形成的权利，而主体性权利是先于法律——或者说独立于法律——而存在的，它并不是由法律创造的。法律规定主体性权利的目的在于为其提供更充分的保护，但不能因此说主体性权利是法律的创造。法律的任务不是为了创造主体性权利，而只是为这种权利提供法律保障，如果法律的保护缺位，则是法律的漏洞或立法者的失职。

主体性权利也不是个体自我设定的权利。个体不能自我设定主体性权利的类型，也不能设定主体性权利的具体范围。尽管每个人的主体领域的具体范围并没有得到平等的分配，所享有的主体性权利的种类和内容却是一致的。由于涉及每一个人的意志自主的并存，因此不能由任何人单方地创造并宣称超越其他人的主体性权利。

主体领域是为个体划定的免受干涉的范围，因此主体性权利是一种绝对权利。这一意义上的绝对性不仅仅指其对世性，而是真正意义上的绝对性，即它不受任何限制，不负担任何义务，也不依赖于任何条件。负有义务的权利和附条件的权利是不完全的，因为这意味着当个体行使权利的时候，仍需要为自己的正当性进行辩护。这等于是将主体性权利所构筑的天然防御体系打开了一个缺口，必然会导致主体性权利失去其明确的边界，从而为他人尤其是公权力对主体性权利的肆意践踏提供理由。

传统权利理论普遍认为，权利不是绝对的，其行使应受到限制。一个人在行使权利的时候，不得侵害他人的权利。这种说法乍听起来颇有道理，但实际上是自相矛盾的，权利是对个体行为的正当性的表达，说“我享有某种权利”意味着我的享有本身或我实施某种行为具有正当性。既然权利本身意味着正当性，对正当性进行限制便不再具有正当性。当一个人的行为对他人的权利构成侵犯的时候，这一行为不再具有正当性，因为该行为已经超越了其自身权利的边界。在此意义上，所谓的对权利的限制并不是对权利的限制，不过是权利本来就存在的界限。我们说主体性权利是绝对的不受限制的权利，是指在它自身的主体领域内不受限制。主体性权利当然存在边界，它不能超越主体领域的范围。

主体性权利不仅不能超越主体领域的范围，从而成为侵犯他人权利的工具，而且，它也不针对任何人，也从不指向任何人，它是关于“自我”的。换句话说，主体性权利的客体只是被纳入个体意志作用范围的外在物，他人永远也不可能成为权利的客体，成为个体意志作用的对象。在此意义上，对于其他主体而言，主体性权利是一种防御性权利，它没有任何进攻性，它不过是本人对属于自己的世界所垒筑的一道篱笆或围墙。

主体性权利的具体权项——或者说类型——和权利的具体内容也不是亘古不变的，正如主体领域的具体范围会受政治因素的影响，并随社会发展而不断出现新的内容一样，主体性权利的类型与内容也必然随社会发展不断丰富。比如随着网络技术的发展和广泛应用，个人信息保护受到越来越多的关注，个人信息权由此成为主体性权利的重要组成部分。又如基因技术的发展以及基因与个体的特殊关系，基因也必然会被纳入法律的保护范围，基因权由此也必将成为主体性权利的新的成员。

主体性权利所指向的是本人意志所支配的领域，主要是“我”自身的领域和“我的”的领域。关于“我”的权利属于人格权的范畴，而关于“我的”的权利类型则取决于可以纳入“我”的意志作用对象的客体的类型。根据当前的社会发展现状，可以作为意志作用对象——或者说权利客体——的主要是表现为各种形式的“物”。立足于“我”的角度，可统称之为财产，而著作、商标以及发明创造作为特殊的“物”，人们常常将其单独讨论。这样，主体性权利可分为人格权、财产权和知识产权三种基本类型。

（一）人格权

人格权所表达的是一个独立并能够自主决定的完整的自我所应具备的条件。一个作为主体而存在的人，他首先需要的是一个完全归属于他自己并代表他的独一性的物质载体，这是主体维持“自我”存在的基本前提。但人并不是一个单纯的物体存在，他的意志必须是自主的才能塑造出一个真正的自我。除此之外，他还能够自主决定他将如何展示自我，这是他与外在世界及他人建立某种关系的基础。

由此，人格权作为一种有关“我”的主体性权利，他有权维护代表自我的物质载体——即生命、身体和健康——的完整性，有权通过自己的意志来决定自己的事项从而使自己成为一个独立和自主的主体，同时，他有权决定如何塑造并展示一个外在的自我，从而获得与外在世界建立自己所希望的某种关系的基础。这三个方面相互依存，共同构成了一个完整而自主的“自我”。

据此，可以将人格权分为物质人格权、自由人格权和形象人格权三类，物质人格权涉及生命的维系、身体的完整和健康的状态；自由人格权所反映的是个体意志的自主性，它表明了主体自主行动的方式和范围；形象人格权所反映的是个体经由自己的意志所塑造并希望展示出来的独特的自我。

（二）财产权

财产权所表达的是人作为独立而自主的主体所依赖的外在条件。主体必须有其必要的自主空间，并且能够从外部世界获得维护其自我独立性的客观条件，否则独立而自主的“自我”就是一个不现实的幻象。因此，财产权是主体不可或缺的基本权利，是主体性权利的重要组成部分。从主体领域的角度所讨论的人与物的关系，是一种纯粹的人与物的关系，并不涉及任何人与人的关系，其目的在于清晰地界定个体的主体性边界，从而为关系的建立确定一个明确的前提。

由于主体性权利意义上的财产权并不涉及人与人的关系，而是单纯的人与物的关系，这种意义上的财产权可以说是单纯的“对物的权利”。所有权毫无疑问属于财产权的范畴，根据传统民法理论，用益物权、担保物权、债权均属于财产权的范畴。但是，主体性权利的目的在于明确诸个体主体领域之边界，表达的是主体并存的条件。而用益物权、担保物权和债权皆基于特定当事人之意志而设定，与主体性权利的性质有根本不同，故不属于主体性权利的范畴，而应归于构成性权利名下。

但是，应注意的是，我国实行土地公有制，个体对土地的使用权是通过国家划拨或转让的方式取得的，我们也可以理解为国家与个体之间就土地使用问题所订立的合同。尽管在性质上土地使用权属于用益物权，但由于其取得毕竟与私人之间依据个体意志自我设定不同，结合我国实际情况，将之置于主体性权利之下，似更为妥当。

（三）知识产权

尽管知识产权并未超出人格权与财产权的范畴，但作为一种特殊的兼具人格权和财产权性质的权利，可作为一种特殊的权利类型来对待。

相对于人格权和财产权，知识产权并不是每个人都享有的权利，而且某些权利——如专利权——的取得必须经申请审批后由国家专门机关授予，权利的行使也受到与普通民事权利不一样的限制。但是，这种授予或限制并没有改变知识产权的私权利性质，其功能不过是准确地界定知识产权的权利边界。从根本上说，个人的发明创造仍源于个体的意志，而且个人能够依照自己的意志进行处分。同时，一旦确定了知识产权的具体范围，国家就应当置身事外，权利的行使仍然需要依赖于个体的意志。

主体性权利解决的是主体意志的并存，一旦外在物被纳入个体意志的支配范围，则这种支配就具有了排他性，从而排除他人意志的侵入。对于财产权而言，一般情况下，权利的客体是现实的物，占有本身即具有排他性。但对于知识产权来说，权利的客体并不是现实的物，而是人们在科学、技术、文化等知识形态领域中所创造的精神产品，这种精神产品不像有体物那样由权利人排他性地占有，而常常可以为多数人所共享。与财产权相比，知识产权有其特殊的权利表现方式和法律保护方式。但无论如何，知识产权与财产权从根本上说有着共同的性质和特征，同属于“我的”的权利的范畴。与此同时，知识产权作为对个体智力成果的肯定，能够体现一个与众不同的“自我”，因而其部分权项还构成了个体形象自我的一部分。

（四）主体性权利的派生权利——防卫权

主体性权利是一种防御型权利，当其受到侵害时，应允许本人采取保护性措施，由此形成主体性权利的派生权利——防卫权。

防卫权指的是自我防卫权，其目的在于对自己主体性权利的维护，当自己的权利有受侵害之虞时，权利人可以要求他人或本人直接采取措施排除妨害，消除危险；当自己的权利正在受到侵害时，权利人可以制止侵害行为并可以采取相应的防护措施。在私法上，防卫权很少受到重视，学者们似乎认为人身权、财产权等权利本身就包含着防止他人干涉和侵犯的内容，因此没有必要专门另行讨论防卫权的问题。与此同时，民法学者又毫不例外地将自助行为、正当防卫和紧急避险视为当事人自己有权采取的自我保护措施。这些防卫行为没有被作为权利对待，而是被作为权利的自我保护方式。但是，法律允许的防卫行为意味着法律仍将其留在了个体意志自主决定的领域，仍构成私法上意思自治内容的一部分，因此也是权利的表现形式。

在国家公权力介入私人纠纷之前，主体性权利的保护主要是通过自我防卫来实现的，此时的自我防卫充满了暴力与血腥。出于对秩序的维护，国家毫无例外地将权利保护的实施权纳入国家权力的范围内，但由于国家权力不可能随时随地为个体权利提供保护，因此仍需为个体的自我防卫留下一定的空间。因此，自我防卫权在目前大多数情况下只能在有限的范围内行使，权利保护在大多数情况下仍是通过公力救济手段来解决的。但无论如何，我们并不能由此否定个体防卫权的存在。

二、构成性权利

主体性权利在某种意义上表达的是人的本质或伦理上的祈求。一个人拥有生命和身体，当他受到侵害时他会痛苦甚至会死亡，人必须依赖外界的物质条件才能够生存等诸如此类的事实，体现的是事物自身的本性，无论现实的制度如何建构，无论是否遵循了事物的本性，它都是不可改变的。尽管法律制度常常无视甚至试图改变这样的事实，比如把人视为奴隶而不是一个法律上的主体，但只要一个人还作为人而存在，无论制度构建是否真正地视其为人，它都不能否认人作为一个人的客观性。在此意义上，主体性权利是人成其为人的不可剥夺的基本权利。

而构成性权利不同，它不过是法律制度的权利表达，是制度性规则的一部分。比如合同法上的代位权与撤销权，并不是先前存在可以代位或撤销的意志自主性，才需要代位权和撤销权来进行调控，而是先有了代位和撤销的制度构建，才存在的代位权和撤销权。代位权和撤销权并不能独立于代位制度和撤销制度而单独存在，而是构成了制度自身的一部分。又比如配偶权，配偶权源于婚姻关系的制度构建，由于性关系和生育问题对社会关系结构的影响，需要通过婚姻制度来对性关系和生育问题进行调整，所谓的配偶权是婚姻制度的一部分，它的存在从逻辑上依赖于婚姻的制度构建。离开了这一制度，也就无所谓这种权利。

因此，构成性权利并不体现自然法上对人的本质的祈求，而更多地体现为习惯或法律上的制度构建。尤其应当注意的是，由于构成性权利依赖于制度而存在，是对制度所确定的关系模式或关系内容的权利表达，它只在制度所调整的特定关系内才有效，因而并不是一种绝对性的权利，而是一种相对权。近年来频频出现的诸如亲吻权、性生活权等所谓的“新型权利”，无论在私法理论上还是司法实务中都引起了混乱，实务中的处理也是莫衷一是。事实上，所谓的亲吻权和性生活权是配偶关系上的内容，是基于婚姻制度而生成的权利，因而属于构成性权利，这种权利仅仅是针对配偶双方的规则表达，并不涉及第三方，该权利也不具有对抗第三方的延伸性。当前司法实务中对所谓“性生活权”的保护从某种意义上等于赋予了配偶对“侵权者”的损害赔偿请求权，这意味着赋予了配偶权对世效力，显然有违构成性权利的内在要求，势必导致权利的泛化和法律适用上的混乱。①

构成性权利作为一种制度构建，在任何情况下都不能对抗主体性

① “性生活权”案：2012年11月2日上午8点48分许，郑某沿新北区河海路惠山路路口人行横道通行时，一辆大车左转弯驶来，车速较快，将他撞伤。郑某受伤较重，先后辗转市一院及上海多家医院治疗，住院254天，用去医疗费36万余元。经交警部门认定，车辆所在单位负事故全责。郑某被撞得不巧，除多处骨折，会阴、尿道、肛门均撕裂或断裂，大小便失禁。2014年，经南京医科大学司法鉴定所、南京金陵中西医结合医院司法鉴定所鉴定，郑某构成5个十级伤残。更要命的是，郑某被明确鉴定为“阴茎勃起功能障碍”，构成八级伤残，性功能严重受损。此后，郑某将车辆所在单位及保险公司诉至新北法院，获赔82万余元。

但其妻蒋某认为，这些钱仅仅是赔偿了丈夫身体受伤导致的损失，而自己因这场车祸所受的痛苦才刚刚开始：她和丈夫都才30多岁，因为丈夫阴茎勃起功能障碍，夫妻生活受到极大影响，身心遭受极大痛苦。为了讨要“性福权”，蒋某诉至新北法院，要求车辆所在单位赔偿精神损害抚慰金30万元。对此，车辆所在单位表示，蒋某的诉讼请求没有法律依据，而且金额太高。在郑某的交通事故案件中，法院已经酌情提高了赔偿金，应驳回起诉。

法院审理认为，夫妻性生活权利是公民健康权的一个方面。蒋某作为已婚妇女，其与丈夫正常的性行为是其应有的权利，且该权利属于人格权的范畴。蒋某丈夫因交通事故导致性功能障碍八级伤残，必然导致作为配偶的蒋某性利益受到侵害。她的此项权利受损，应属于《最高人民法院关于确定民事侵权精神损害赔偿责任若干问题的解释》第八条规定的“严重后果”，因此，她要求被告支付精神损害赔偿金的请求，理由正当，证据充分，应当支持。因郑某性功能障碍伤残等级为八级，综合交通事故责任认定及郑某在交通事故纠纷中所获得的赔偿金额，蒋某起诉要求被告支付30万元精神损害赔偿金的请求显然高出了合理的赔偿范围。为此，法院最终判决被告赔偿1.5万元。

权利。也就是说，在权利的层次或位阶上，主体性权利是处于更高层次的权利，而构成性权利是处于较低位价的权利。主体性权利和构成性权利是依照个体意志自主决定的不同领域和行使方式而对权利所做的基本分类。两种权利无论是从性质上还是从内容上都存在很大的不同，因此在私法规范意义和适用上，也断不应将两种不同性质的权利相混淆，而是应当采取不同的规范方式和理解适用方式。

主体性权利表达的是主体领域得以并存的基本条件，它独立于法律而存在，并不是源于法律的赋予。关系领域是关系双方自我设定的领域，作为关系内容构成部分的构成性权利从根本上说也应当源于当事人的自我设定，同样不是法律的赋予。然而，任何人不可以通过自己的意志来限制他人的意志自主性，也就是说不可以设定针对他人的权利。因此，构成性权利一定不是由本人单方设定的，而只能理解为对方当事人通过义务设定而授予的。在此意义上，可以说，构成性权利源于对方的授予。比如，甲向乙承诺于某个确定日期支付货款，否则愿按照货款总价的 10% 承担违约责任。从甲的角度说，到期付款否则承担违约责任是他自我设定的义务，这种义务的设定为乙的合同预期的实现承诺了条件，同时授予了乙要求支付货款或要求支付违约金的请求权。

但是，由于关系模式的事先设定，构成性权利在大多数情况下都没有表现为当事人不厌其烦地明确授予，而是表现为关系模式上的规则表达。在此意义上，构成性权利是由本人或通过关系模式而设定的权利，是规则的表达。由于权利话语的泛化，规则也不断地被各种权利话语所代替，诸如性生活权、亲属悼念权等所谓的新型权利不断刷新着人们的权利观念。在这种情况下，构成性权利的类型也变得越来越复杂，立足于不同的角度，也可以有不同的分类。

由于构成性权利是关系领域的权利，因而最为基础的分类是按照关系类型来分类：合同关系与成员关系中的构成性权利分别为合同权和成员权，家庭关系和继承关系中的构成性权利分别为亲属权和继承权，不对等关系主要是劳动关系与消费关系，因此可称之为劳动者权利和消费者权利。这些权利又可以进一步划分，从而形成不同关系类型下的权利体系。

在传统权利理论上，按照权利的功能作用，还可以将权利分为支配权、形成权、请求权和抗辩权。支配权属于主体性权利，属于个体意志作用于物——亦即“我的”的领域——的范畴，属于主体性权利的一项权能，而不属于构成性权利的范畴。因此，立足于权利的功能作用，构成性权利主要包括形成权、请求权与抗辩权等不同类型。除此之外，还有一种特殊功能的权利类型——优先权，由于这种权利常常也是基于制度的构建而存在的，且这种优先性设计体现的是权利的功能与作用，因而也属于构成性权利功能分类的一种类型。由于这种分类反映了构成性权利具体的功能和作用，对理解构成性权利本身有着重要的意义，因此本节主要讨论这种分类。

（一）形成权

形成权指关系一方仅凭自己的意志而不必经对方的同意即可形成并发生某种法律效果的权利。依照传统理论，形成权在很大程度上属于一种特权，因无须考虑相对人的意志，故对权利人而言，代表着一种更加强有力的保护，有人甚至认为其在性质上具有“权力”的霸道属性。[①] 从分类上，形成权主要包括撤销权、解除权、追认权、抵销权等。

① 参见申海恩：《私法中的权力：形成权理论之新开展》，北京大学出版社 2011 年版，第 2 页。

然而，无论形成权怎样霸道，无论它是否需要经过相对人的同意，至少它都需要一个相对人的存在，也就是说，它都必须以个体自主设定的某种关系的存在为前提。在这一点上，形成权与属于主体性权利的处分权明显不同，处分权的行使无须一个相对人的存在，而形成权却是以关系相对人为前提的。因此，形成权在性质上属于构成性权利，本质上仍属于关系中规则的组成部分，是规则的表达。

（二）请求权

从本质上说，任何请求权都不是独立存在的，而是以关系相对人负担有某种义务为前提。没有关系相对人，请求权便没有明确的请求对象，没有关系相对人义务的存在，请求权便没有根据。在此意义上，所谓请求权，指的是义务履行请求权。

在关系领域，义务的设定都是针对关系相对人的设定，因此原则上都赋予了权利人履行请求权。但是，如果关系相对人选择不履行义务而是承担相应的责任，这种请求权未必能够实现，甚至不能得到法律的强制力保障。

主体性权利也包含着某种意义上的请求权，因为主体性权利也对应着他人的不作为义务。然而，请求权只能向特定人行使，当主体性权利没有受到侵犯之虞时，请求权并不存在。只有当其受到侵害时，才产生相应的请求权。在这种情况下，请求权是作为主体性权利的一项权能存在的，并无独立的意义。请求权也可作为构成性权利的一种权能而存在，比如成员权中的知情权，知情权是一种实体性权利，也是一种构成性权利。在正常情况下，知情权与请求权似乎并没有直接关系。但是一旦知情权受到侵犯，就需要依赖请求权来排除对知情权的干涉或侵犯。

（三）抗辩权

抗辩权指旨在不履行义务而行使的抗辩权，或者说是针对请求权的阻却性权利。关系领域只存在义务履行，不存在责任承担，故而这里的抗辩性权利不包括责任抗辩，只存在义务履行的抗辩。立足于义务履行的角度，抗辩权包括两类：一类是义务不存在的抗辩，如承诺表示不成立、不生效或已被撤销。另一类是阻却义务履行的抗辩，如同时履行抗辩、不安抗辩以及基于时效而产生的抗辩等。阻却义务履行的抗辩权一般由法律规定权利的行使条件，但当事人也可以自主设定履行的条件，如附履行期限或履行条件的合同即属此类，当条件不成就时，当事人可以行使抗辩权阻却履行。

（四）优先权

在传统民法理论上，物权具有优先于债权的效力，相对于债权，物权均可称为优先权。除此之外，同为债权性质的权利，出于对某种利益的特殊保护，法律也赋予某种权利以优先于其他权利的权利，比如优先受偿权和优先购买权，甚至租赁关系上的优先承租权。

意志自主理论中不再有独立的物权与债权的区分，物权中的部分权利如所有权和占有权归于主体性权利，而需要由当事人自主设定的用益物权和担保物权则划入关系领域。原则上，主体性权利具有当然的优先于构成性权利的性质，但构成性权利内部也可依据当事人自己的意志来创设权利的优先适用规则。因此，构成性权利并不排斥优先权的存在。

但是，优先意味着对第三人的优先，已经突破了关系双方的范围，但关系本身的局限性没有给处于关系之外的第三人的意志自主性留下必要的空间。因此，优先权的设定并不是单纯的自我决定的问题，其立足于更宏观的视野立场，还关系到更为广泛的公共关系秩序。基于这样的考虑，优先权一般形成于关系模式的制度预设，而不允许个体自主创设。

三、权利的行使

不同类型的权利的行使有不同的要求。由于主体性权利反映的是个体意志自主决定的范围，因此理论上，主体性权利的行使不受限制。尽管个体在行使权利时不得侵犯他人的权利是一个不言自明的基本原则，但这种“不得”所表达的并不是对主体性权利行使的限制，而不过是主体性权利自身本来的边界。在此意义上，法律对个体行为的限制本质上并不是对个体主体性权利的限制，而是对个体在主体性领域之外的行动自由的限制。

当然，如果将权利的边界视为对权利的限制，亦未尝不可，这只不过是一种表达习惯的问题，也更符合有关权利的传统观念。同时，权利的范围或边界反映的是一个静止的状态，而权利的行使反映的是一个动态的过程。在权利行使的动态过程中，权利的边界有时也显得不是那么清晰。比如人身自由权在行使过程中并不存在严格意义上的边界，只能立足于禁止性规定来理解和界定，只要未侵犯到他人的主体领域或违反法律特别规定，人身自由权的行使就是被允许的。对主体性权利真正意义上的限制也许是防卫权，当前，几乎所有的国家都将防卫性权利限制在特定的范围之内。而对于构成性权利，由于这种权利不过是构成法律规则的一部分，因此应依照规则本身的要求来行使，并且在任何情况下，构成性权利在行使时都不得与他人的主体性权利相冲突。

权利的行使还包括权利的转让，人格权由于其严格的人身依附性不得转让，而财产权作为个体意志作用的对象，可根据本人的意志而处分或转让。构成性权利亦可转让，但构成性权利依赖于特定的关系而存在，因此构成性权利的转让实际上是关系当事人资格的让与。任何关系类型所包含的构成性权利都不是单一的，而常常是一系列权利的集合，比如合同关系中，合同权利包括履行请求权，还包括对方根本违约情况下的解除权，以及违约赔偿请求权等，在设定抵押或质押的情况下，还包括抵押权和质押权。原则上，关系中的权利转让不是单一的权利转让，而只能是权利集合的转让。

第三节　普遍性义务与设定性义务

一、主体领域的普遍性义务

主体领域的共存也可以视为一种关系——共处关系，这种关系几乎不以任何人的意志为转移，所反映的是人与人之间最为基础的关系，其他一切关系都必须以这种关系为前提，基于这种共处关系所体现的秩序毫无疑问是一个社会的基本秩序。为维护一种和谐的共处关系，我们需要界定诸个体主体领域的边界，这一边界范围对本人而言属于本人的权利范围，而对于他人而言，则任何他人都负有不得侵犯的义务。由于这一义务是任何个体都必须负担的，且是不依其本人意志为转移的，所以这种义务可称为基本义务或者普遍性义务。

这种普遍性义务一般包括三种基本类型。

（一）注意义务

主体领域不仅为个体划定了一个绝对的自主空间，而且也划定了他人行为的边界，任何人不得对他人的主体领域构成妨害或侵犯。也就是说，每个人对于他人的主体领域负有消极的不作为义务，一旦基于本人的自主行为而违反了该不作为义务，即构成侵权。

传统理论将侵权归于债法，属于侵权之债，但在请求权基础问题上，又有物上请求权、侵权请求权甚至违约请求权的区分，不同的请求权分处于物权法、合同法与侵权法。这样的安排照顾了物法、合同法等民法子体系的理论完整性，却人为地使竞合问题变得越来越复杂，且使最终的责任被切割得支离破碎，因而这样的安排本身存在着不可克服的缺陷。

侵权问题从根本上说，解决的是主体领域的并存问题，无论是针对“我”还是针对“我的”的侵害，都是对主体领域的侵害。因此，法律的目的在于维护主体领域的完整性，没有必要针对不同的对象人为地区分各种不同的调整方式。

为维护正常的主体领域之间的并存秩序，要求每个人对他人的主体领域负有消极不作为义务，这种不作为义务在主观上是一种注意义务。针对不同的情况，个体应尽注意义务的程度也不相同。一般地，根据应尽注意义务的程度不同，可将注意义务分为三种类型。

一是普通注意义务。指一个理性的普通人在日常生活中应当且能够尽到的注意义务。

二是特别注意义务。主要指专家和管理者的注意义务，如律师、医生、会计师等专业人员在从事专业活动中应尽的注意义务，又如管理者对其所负担的管理事项所负的注意义务，学校针对未成年学生的管理义务，所有人对其堆放物或悬挂物的管理义务等均属于特别注意义务。作为管理者，由于其身份的特殊性，应尽比普通人更高的注意义务，要求达到一个勤勉负责的专家或管理者应达到的标准。

三是高度注意义务。高度注意义务主要针对的是从事高度危险作业行为情况下所负的注意义务。对于高空、高压、易燃、易爆等具有高度危险的作业行为，如果给他人造成损害，只要非出于受害人故意，危险本身都是导致损害发生的不可忽略的因素。在这种情况下，除法定的免责事由外，原则上只要造成损害，即可视为未尽注意义务。由于这种情况下对注意义务的要求极为严格，故可称为高度注意义务。高度注意义务在很大程度上已经不再考虑义务人的防范能力，也不考虑义务人自身是否有过错。之所以如此，除了分配正义的考量——高度危险作业人引起的危险——以外，还有助于敦促义务人积极通过各种手段提高防范能力，从而消除社会危险，促进社会安全。

（二）容忍义务

侵权反映的是对主体领域的侵犯，所维护的是主体领域的静态的并存。但主体领域的并存并不是静态的并存，主体领域中的“我”是动态的，对“我的”的利用也是动态的。立足于动态的并存关系，另一个主体单纯的存在本身足以构成一种影响，甚至是妨害，比如甲的房屋建在河边，影响了乙在窗前眺望河流的视线。但是这样的妨害并不源于甲对乙的侵犯，而是甲主体领域存在本身所不可避免的影响，对此，乙应当负有容忍义务。

容忍义务不仅仅是对主体领域的“存在”本身所负的义务，有时候，对于某种非出于恶意的、常常是不得不为的“侵犯”，也需要给予容忍。在大多数情况下，相邻关系都可归于这种情况，为了物尽其用，相邻各方应当相互容忍某种不可避免的“侵犯”，比如流水、出行、不可量物排放等，从而维护一种和谐的共处秩序。

（三）协助义务

私法原则上不会通过法律来强制个体实施利他行为，基于某种职责而负有的法定义务虽然常常是利他的，但以某种社会职务为前提的行为并不属于私法的调整范围。此外，基于某种特定的关系而形成的法定义务（如夫妻间的义务）或附随义务（如安全保障义务）也常常具有利他性，但这些都属于关系领域，以特定关系的存在以及本人事先的同意为条件。而就单纯的主体领域的共处问题，利他行为原则上不得强制实施。

但是，为维护一种和谐的共处秩序，某些最低限度的协助义务是必要的。这种协助义务设立的宗旨不在于利他，同样不过是为了维护原来的共处秩序。比如传统私法理论上的不当得利，尽管不当得利可能是由受害人本人的原因所造成的，但为维护主体领域的并存，受益方在这种情况下给予最低限度的协助是必要的。无因管理同样也是维护和谐共处秩序的需要，尽管本人并没有义务管理他人的事务，但为鼓励人与人之间的互助，受益人应当对无因管理人因无因管理行为造成的损失给予补偿。

在传统民法理论上，不当得利与无因管理常常作为债的发生原因而归于债法的范畴，但从主体领域的角度，无论是不当得利还是无因管理，都不是基于双方共同意志而设立的关系，而是与侵权行为一样，都是因单方的行为而导致的主体领域的改变，反映的是主体领域并存情况下所形成的共处关系。如果不考虑事后的协助义务，不当得利与无因管理的受益人在受益时并无任何义务违反，将之归于“债之枷锁”并不完全适当，立足于主体领域的并存，将其定位于协助义务，无论从理论解释还是制度调整，均比通过债来调整的方式更优。

从根本上说，不作为义务、容忍义务与协助义务解决的都是主体领域的并存问题，这样的理论解释安排打破了原来关于物法与债法的两分，并将二者具有相同特征与共同制度目标的部分统一起来。这样的设计，其内在的逻辑关系更为清晰，并且避免了传统理论上融贯性解释的难题，在理论和体系上的解释方面，有效地避免了理论解释不一致所面临的困境。

（四）普遍性义务的派生义务——恢复义务

违反普遍性义务常常会带来对权利的侵犯，由此可能会改变主体性权利的现实状态甚至是造成损害。如果状态的改变可以恢复到原来的状态，或者说损害是可以修复的，则本人当然应负担恢复原状的义务。这种义务属于普遍性义务的一种延伸，可以视为一种派生性义务。

恢复义务是一种由消极义务而派生出来的积极义务，且只有在因违反义务所导致的状态改变或者损害可以恢复到原状的情况下，才有履行的可能。这种义务主要包括返还义务、恢复原状的义务、修复义务、排除妨碍的义务、消除危险的义务等。如果通过恢复义务的履行，恢复到权利未受侵犯前的状态，也就是说并未产生现实的损害，则义务人无须承担相应的责任；但如果损害是不可恢复的，或者本人拒不恢复，则应对由此所导致的损害后果承担相应的法律责任。

二、关系领域的设定性义务

主体领域的普遍性义务来源于主体意志自主性的并存所依赖的条件，它适用于每一个人，因而被称为普遍性义务。而关系领域中的义务主要是自我设定的义务或由关系模式设定的义务，因而可统称为设定性义务。设定性义务以特定的关系类型为前提，仅存在于特定的关系中。由于义务是确认责任的依据，因而义务不像构成性权利那样可以是功能性的，也可以仅仅具有指称意义，[①] 义务必须是明确而具体的。

立足于不同的角度，义务也可以进行不同形式的分类。按照义务的来源，关系领域的设定性义务可分为自我设定的义务和通过关系模式设定的义务，是否选择进入关系模式取决于当事人自己的意志，因此关系模式设定的义务也可以说是自我同意的义务；按照关系类型，可以分为合同义务、亲属义务、成员义务等；立足于义务的内容和功能，还可以分为对等给付义务、协助义务、告知义务、保障义务、注意义务等。

（一）自我设定的义务

关系领域是关系双方自主设定的关系，因而关系领域的义务原则上也应当由关系双方共同设定，由于任何人都不能为他人设定义务，因而义务只能是自己给自己设定的，亦即必须是自我设定的。

义务的自我设定是通过承诺来完成的，承诺是为他人实现某种行为预期而提供的条件，相对人正是基于这种条件选择了具体的行为方式。承诺也是本人为自己设定的义务，承诺所实施的行为或不实施的

① 有些权利仅具有指称意义，它本身并不具有任何实质意义上的权利内容。由于权利并不具有针对他人的强制性，因而凡是需要依赖于他人的行为才能实施的权利表达，其本身均不具有实质性的内容。可以说，这样的权利仅具有指称意义，因此可称之为指称性权利。比如配偶权，由于夫或妻任何一方都不存在针对另一方的任何权利，所以配偶权并没有任何实质性的内容。这种权利虽然被称为权利，但其所期待的目标必须依赖于对方的某种义务的履行才可能实现。在此意义上，配偶权并不存在任何独立的意义，是依赖于义务而存在的，或者说只不过是对义务的另一种形式的表达。在传统权利理论中，指称性权利有很多类型形式，凡是与他人的具体义务相对应的权利，基本上都属于这一类型。比如成员关系中的参与权和知情权，参与权和知情权必须在相对人的配合下才可能实现，它所表达的不过是团体内部运作的制度性要求。又比如请求权，在关系领域，如果一定要赋予一个人某种义务履行的请求权的话，这种请求权同样也没有独立的内容，本质上仅仅是对义务人的一种催告，除此之外并无任何其他的意义。

行为构成了相对人行为选择的条件，一旦改变这种条件，相对人的预期就有可能落空，从而产生损失或者损害。因而承诺方应当履行自己的承诺，否则就构成义务的违反，并应承担相应的责任。

我们在前文中曾多次强调，自我设定的义务因是本人自主设定的，属于本人自主决定的范围，尽管本人的承诺构成了相对人行为选择的条件，但不能据此赋予法律对承诺强制执行的效力。对于本人自主做出的表示，本人也可以自主地选择不履行，在这种情况下，责任是一种约束，同时也是选择的条件。本人有权基于对继续履行的成本和违反义务所应承担的责任之间进行权衡，并在此基础上自主地做出决定。

义务是可以自主设定的，但并不是所有的自主设定的义务的履行都能获得法律上的保障。由于关系模式承载了特定的社会功能，为鼓励人们进入特定的关系模式，确保其所承载的社会功能的实现，很多国家只对关系模式中的权利义务提供法律保护，而对当事人自主设定的义务不提供保护。比如男女之间的共同生活关系，婚姻关系作为一种关系模式对个体并没有强制效力，个体仍有权利选择不进入婚姻模式，而设定其他的共同生活关系类型，如非婚同居关系。但是，为鼓励人们进入婚姻关系模式，法律对本人在非婚同居关系中自主设定的权利义务并不提供保护。也就是说，自主设定的权利义务在这种情况下只能依赖于双方的自觉遵守，一旦一方违反义务，法律并不提供保护，因而也无法追究其违反义务的责任。

一般情况下，出于对特殊利益的特殊保护，法律原则上对以下自我设定的义务不提供保护：

1. 以人格利益为标的而设定的义务；

2. 以他人的利益或公共利益为标的而设定的义务；

3. 以排斥他人权利的行使为目的或客观上具有此效果的自设性义务；

4. 因设定关系模式之外的身份类型而产生的义务；

5. 关系模式之外的非对待性给付义务。

（二）法律设定的义务

法律设定的义务不是由本人直接设定的，而是关系模式事先设定的，如果本人不愿意承担这种义务，则可以选择不进入这种关系模式，并选择设定其他类型的义务。本人一旦选择进入这种关系模式，则表明本人愿意承担关系模式所预先设定的义务，因而这样的义务可称为自我同意的义务。就此问题，最典型的例子是婚姻关系，婚姻关系作为一种关系模式事先设定了夫妻之间的权利与义务，但是很多人并没有选择进入婚姻关系的殿堂，而是选择了其他共同生活关系，比如非婚同居关系。在非婚同居关系中，双方可以自主地设定相互间应当承担的义务。

人们一般将关系模式称为法定关系，将其所设定的义务称为法定义务。在传统民法理论上，这种义务是强制性的。尽管从某种意义上可以称关系模式是法定关系，也可以称其设定的义务为法定义务，但这样的定义并不准确。因为它忽略了关系模式与个体行为自主性之间的联系，并未触及关系模式的实质。而且，这样的义务也不能说是强制性的，因为当事人完全有权利选择其他的关系形式，从而在根本上无须受这种义务的约束。在此意义上，将其视为强制性义务同样也是不准确的。

个体一旦选择进入关系模式，即意味着同意了关系模式所设定的义务。如果本人不愿再受该义务的约束，则可以选择退出关系模式。原则上，关系模式的退出属于个体自主选择的范围，不应当受到限制。但由于关系总是涉及另外一方，因此退出机制的设计应充分考虑对相对人产生的影响。当然，关系模式所承载的社会功能的实现也是不可忽略的重要考量因素。

一般而言，将关系模式设定的义务称为自我同意的义务，主要侧重的是关系模式对个体意志的补充解释作用和引导作用。立足于这样的角度，关系模式中的很多义务设定与本人的意志并不存在冲突，比如合同关系中的给付义务、家庭关系中的互助义务、成员关系中管理者的忠实与勤勉义务。这些义务尽管是关系模式所预先设定的，但根据关系类型的性质，这些义务是对个体意志在不同情况下的推定与预测，而且这些义务也是关系的基本内容，可以说没有这样的义务就不存在这样的关系，因此，原则上这些义务都应当能真实反映个体的意志。

在有些情况下，义务只是对法定关系模式中的一方设定的，单方义务设定除关系类型本身的要求外，常常是出于平衡双方关系的需要，比如上市公司的信息披露义务、劳动关系中职工社会保险金的缴纳义务、消费关系中生产者产品信息的标注义务等。

三、义务的履行

不同类型的义务履行方式有不同的要求。消极义务的履行要求以不作为的方式履行，并无特定意义上的履行方式与履行要求；而积极义务作为设定的义务常常对履行方式、履行的时间与地点等有特定的要求，因此应按照具体的义务设定全面而适当地履行。

消极义务是任何人都对他人负有的、不以个体意志为转移的普遍性义务，依其性质不得转让。积极义务均具有特定内容，依其性质是可以转让的。但是，由于任何义务的履行都要求义务人具备相应的履行能力，义务的转让有可能因当事人履行能力的不同而使义务的履行受到影响，因此，未经义务相对人同意的，不得转让。

值得深入讨论的是义务的强制履行问题。一般来说，积极义务不得直接强制履行，因为在私法领域，强调的是个体意志的自主性，而不宜对个体意志自由进行过多的干涉。因此，在私法领域，义务履行的强制手段原则上都是间接的，是通过事后责任承担的方式来间接强制的。也就是说，在理论上，当个体宁愿承担相应的法律责任也不愿意履行义务的情况下，私法上并无而且也不宜采取直接的强制手段。但在有些情况下，当义务的履行不需要依赖本人的行为即可以直接强执行，并且义务的强制方式与责任的承担方式不存在实质性区别时，强制履行应当允许。比如，金钱履行义务除非因破产或其他丧失履行能力的情形而无法履行的情况外，均是可以强制的。此外，对于种类物的履行义务，如果有可替代履行的种类物，或对特定物的返还义务，如果特定物是可以返还的，均无须依赖于义务人本人的行为即可执行，原则上亦是可以强制履行的。在上述情况下，义务的强制方式和责任的承担方式也是相同的。

消极义务的履行原则上同样不能直接强制，一般情况下，法律并不能通过限制个体行动自由的方式来避免义务的违反。但是，消极义务的派生义务——亦即恢复性义务原则上都是可以强制的。当因违反消极义务而导致权利现状的改变，如果这种改变是可以恢复原状的，则通过恢复义务的履行恢复原状应当优先予以考虑。只有当恢复原状成为不可能时，才存在责任的承担。现实中，义务人本人往往并不具备恢复原状的能力，因此恢复性义务往往是由义务人委托专业人员替代履行的。有时候，当义务人拒不或怠于委托替代履行的，则由受害人或人民法院委托专业人员恢复原状，因恢复原状所产生的费用往往作为损失而转化为一种赔偿责任的承担。

在主要不以损害赔偿为目的，而是以排除妨碍、消除危险等为目的的情况下，即使本人拒不履行，在可以代为履行的前提下，人民法院也可判决强制履行并由义务人承担由此所产生的费用。对于某些法律有特殊要求的恢复原状的情况，也常常以代履行的方式来强制履行，如环境污染所导致的环境或生态恢复，当本人缺乏专业恢复能力时，也可以考虑代履行的方式。

第九章　自主行为的责任约束

第一节　责任的一般问题

一、责任的性质

与权利和义务等法律概念一样，关于责任，人们也未能在认识上达成一致。首先是责任的性质问题，立足于不同的角度，人们对责任的性质也有不同的认识：

一是制裁说。分析法学创始人奥斯丁认为，法就是命令，“当命令出现的时候，义务也就出现了。当命令被表达出来的时候，一个义务也就被设定了……在一个命令没有被服从的条件下，或者在一项义务没有履行的条件下，如果一个不利后果是可能出现的，那么，一般来说，这个不利后果就可以被称作制裁。”[①] 奥斯丁这里所说的制裁实际就是责任。又如台湾学者李肇伟说：“责任乃为义务人违反其义务时，所应受法律之处罚也。”[②] 法学家哈特将责任定义为违反法律规则的行为所

① ［英］约翰·奥斯丁：《法理学的范围》，刘星译，中国法制出版社2002年版，第19—20页。

② 李肇伟：《法理学》，台湾中兴大学1979年版，第306页。

应受的惩罚。[①]不管是处罚还是惩罚，他们都视责任为一种法律制裁。

二是义务说。苏联学者雅维茨从义务的角度区分了责任与制裁，他说法律责任“是违法者由于做出应受指责的行为而需遭受痛苦的一种特殊义务，而制裁是对违法者适用法律责任的目的”。[②]《布莱克法律词典》也采用义务说，将责任解释为“因某种行为而产生的受处罚的义务及对引起的损害予以赔偿或用别的方法予以补偿的义务”。[③]我国学者也有同样的认识，张文显说：“法律责任是由于侵犯法定权利或违反法定义务而引起的、由专门机关认定归结于法律关系的有责任主体的、带有直接强制性的义务。”[④]

三是后果说。沈宗灵认为，法律责任“指有违法行为或违约行为，也即未履行合同义务或法定义务，或仅因法律规定，而应承受的某种不利的法律后果”。[⑤]周永坤则将责任定义为“义务不履行所处之必为状态”。[⑥]庞德也有同样的表述，他说责任是不符合已确立的法律标准的行为所应承担的结果。[⑦]

对于上述认识，首先不宜采用义务说，因为这种认识导致了义务与责任的混淆。尽管人们在日常使用中常常对义务与责任并不作明确区分，但在大多数情况下，义务与责任所表达的含义并不相同，比如

---

① See H. L. A. Hart, Responsibility, from Philosophy of Law, edited by J. Feinberg & H. Gross, Washington Publishing Company, 1980, p.397.

② L. S. Jawitsch, The General Theory of Law: Social and Philosophical Problems, Progress Publisher, Moscow, pp.236—237.

③ Black's Law Dictionary (5th ed), West Publishing Co, 1983, p.1197.

④ 张文显:《法哲学范畴研究》(修订版)，中国政法大学出版社 2001 年版，第 122 页。

⑤ 沈宗灵主编:《法理学》，高等教育出版社 1994 年版，第 404 页。

⑥ 周永坤:《法律责任论》，载《法学研究》1991 年第 3 期。

⑦ [美] 罗斯科·庞德:《法理学》(第四卷)，王保民等译，法律出版社 2007 年版，第 146 页。

合同法上的告知义务、侵权法上的注意义务、亲属法上的忠诚义务等，都不能与责任混用。尽管义务说强调责任只是一种特殊的义务，但这种模糊的表达无法对所谓的特殊性进行明确界分。

制裁说与后果说表面上看并无实质性的区别，制裁无疑也是一种不利的法律后果。但制裁常与刑罚或行政处罚相联系，而在民事领域，责任强调的是对损害的补偿，而并不强调对行为的制裁。尽管我们也可以将损害赔偿视为一种制裁，但该制裁的落脚点主要不在于对行为人行为的处罚，而在于对受害人损害的补偿。而且，如果受害人放弃损害赔偿请求权，则制裁也就无从谈起。

因此，后果说似乎更具有包容性，但在不同的法领域，后果的具体表现形式并不相同。在私法领域，这种后果主要指行为所导致的损害事实，在此意义上的责任指的是损害赔偿。而在公法领域，损害事实只是认定责任的条件，而并非责任承担意义上的后果，在责任意义上，这种后果主要指的是法律后果，主要表现为法律制裁，如限制人身自由、罚款等。

二、责任的功能

法律是行为规范，体现着对个体行为方式的法律干预。但是，法律对个体行为的干预方式并不是单一的，而是多样化的，它不仅会撕咬，也会安抚和鼓励。一般来说，法律对个体行为的干预主要有五种形式。

一是禁止。禁止指不允许实施某特定行为，比如禁止杀人、禁止闯红灯等。对于法律禁止实施的行为，一旦违反，常常面临着十分严厉的法律制裁，比如罚款，比如追究刑事责任。如果没有构成刑事犯罪或行政违法，对于因实施法律禁止行为而给他人造成损害的，则需通过损害赔偿以对受害人进行补偿。

二是否定。否定并不意味着禁止，常常仅意味着拒绝提供法律上的保护。比如法律上的"无效条款"，无效意味着不产生法律上的效力，但如果该行为没有触犯其他法律的禁止性规定，单纯的无效仅意味着不产生法律效果，并不导致责任的承担。如民间借贷约定每月4%的利率，根据最高人民法院司法解释，年利率超过24%的部分不予保护，因此如果出借人因借款人不还钱而起诉至法院，对其利息法院最多只能按24%的年利率计息，超过部分不再提供保护。否定是民法上最为常见的干预手段，一般来说，法律拒绝保护的行为并不属于真正意义上的违法行为，这种行为不能得到法律上的保护，但也不受法律上的制裁。

三是放任。法律的放任意味着法律没有将其纳入调整范围，其结果也是得不到法律的保护。但与否定态度不同，放任仅仅是"不管"，既不否定，也不肯定，完全由当事人自己去处理。比如"非婚同居"关系，对于非婚同居，法律采取的是一种放任态度，既不提供法律保护，也没有明确否定，它不属于法律调整的范围。

四是鼓励。鼓励也是肯定性评价，常常表现为通过给予奖励或提供福利等形式来鼓励某种行为。比如婚姻缔结的行为，由于婚姻关系承载着其他关系所不能替代的社会功能，所以法律需要采取一系列措施来鼓励人们走到婚姻关系中来，比如提供一些住房税收方面的婚姻福利即属于鼓励措施。

五是强制。强制主要针对的是个体的积极义务，法律要求当事人必须按照某种特定的方式来行为，或者要求个体必须履行某种义务，实施某种行为。如果当事人拒不履行义务，或不依照法律规定的方式履行义务，则可能会面临处罚或赔偿。

对于上述五种干预方式，否定、放任与鼓励手段所针对的行为，法律一般并无强制性的要求，因此一般并不涉及责任的承担。但禁止和强制所干预的行为，均有强制性要求，如果当事人的行为方式违背了法律的强制性要求，则应承担相应的法律后果——即法律责任。在这一意义上，责任是对个体行为进行法律调整和约束的强制性手段。

责任体现的是法律对个体行为的强制，但这一强制并不是事先的直接强制，而是事后的间接强制。比如对于法律禁止实施的行为，并不能通过事先限制个体人身自由的方式来进行预防，而只能是当其违反了该禁止性规定时，通过责任承担的方式来达到约束预防的目的。强制个体必须实施某种行为也是如此，如果本人断然拒绝履行某种强制义务，法律并不是直接强制其实施，而是通过课以责任的形式来间接地督促其实施。在此意义上，法律的禁止与强制均是通过责任承担来实现的，责任是对个体行为进行约束的法律手段。

三、责任的根据

除对责任的性质认识不同外，人们对于责任的来源也存在分歧，归纳起来主要也有三种。

第一种是义务违反说，认为应立足于义务来定义责任，责任的根据是义务的违反。如前述李肇伟所说的“义务违反时应受之处罚”，周永坤所说的“义务不履行所处之必为状态”，均是认为责任源于义务的违反。

第二种是权利侵犯说，认为责任来源于权利的侵犯，如前述张文显认为责任是因侵权而生成的带有直接法律强制性的义务。在法律文本里，责任也常常借助于权利的概念来表达。比如，侵权法就被称为侵权责任法，责任因此是侵犯权利的后果。又比如《中华人民共和国民法通则》第106条第1款和第2款规定：“公民、法人违反合同或者不履行其他义务的，应当承担民事责任。公民、法人由于过错侵害国家的、集体的财产，侵害他人财产、人身的，应当承担民事责任。”这一条规定既立足于义务违反来确定责任，同时也立足于权利侵犯来确定责任。

第三种是违反法律说，认为责任是违反法律规定情况下的后果承担。如前述哈特所说的“违反法律规则的行为所应受的惩罚”，沈宗灵所说的“违法的后果承担”，以及雅维茨所说的“违法者应承担的一种特殊义务”，均是此种观点。

依照传统的民法理论，权利义务是相对应的，一个人的权利对应于另一个人的义务，在此意义上，权利侵犯和义务违反是同一个问题的两个方面，就责任问题而言，表达的是相同的来源，并不存在实质的差异。然而，前文中我们已经讨论过，权利与义务并非一一对应的关系，因此不能将其视为一个问题的两个方面。即使抛开权利与义务的关系不谈，单纯从权利侵犯与义务违反本身而言，两种表述同样存在明显的不同。

首先，权利受到侵犯并不意味着责任，只有当对权利的侵犯是由违反义务的行为所引起的，才构成责任。如基于正当防卫行为而对他人的人身造成伤害，这种人身伤害同样是对权利的侵害，但这种侵害并不构成责任。传统私法理论对此立足于权利的合法性来进行补充解释，认为只有合法权利受到侵犯才构成责任。但权利均为合法，哪有什么非法的权利？而且，在有些情况下，某些“权利”从来源上看尽管并不存在法律上的根据，但本人仍有权防止他人的侵夺，比如盗窃来的物品，小偷在占有期间也享有一定的防卫权。同时，即使合法的权利受到侵害，在行为人不存在任何过错的情况下，也可能不需要承担任何责任。因此立足于权利无法对责任的承担提供圆满的解释。

其次，从权利的性质及其正当性来源的角度看，权利侵犯也不应视为责任的根据。权利的客体只能是物，而不能是人——包括人的行为，因此关系领域中个体自我设定的义务并不赋予相对人相应的权利，在这种情况下无法通过权利来确定个体的责任。比如，违约责任侵犯的是什么权利呢？立足于合同的设定，这一权利应是合同期待权或者说履行请求权。但是，法律原则上并不保护这种期待权或请求权本身所包含的内容。如果一方不履行合同义务，其所承担的责任是赔偿因期待没有实现而产生的损失，而不是对合同义务本身的强制履行。

尤其应予注意的是，在没有侵犯任何权利的情况下，仍有可能构成责任，比如刑法领域的无被害人犯罪，行政法领域某些违反行政管理规定的行为。但在私法领域，责任更强调其补偿功能，因此需以行为造成实际的损害为前提，而损害必然涉及权利的侵犯，因此只有在私法领域，责任的承担才以权利受到侵犯为前提。但即使如此，权利的侵犯也只是一个必要条件，而非充分条件，因此无法视其为责任的根据。

违法性也不能视为责任的根据。前文已经讨论，法律对个体行为的干预有多种方式，但并不是所有不符合法律规定甚至违犯法律规定的行为都涉及责任的承担。在很多情况下，不符合法律规定仅仅涉及行为的效力，如未依法登记为婚姻的同居关系。而在另一些情况下，即使是违反法律规定也仅仅是不能得到法律的保护，如超出法律规定利息的民间借贷。在这些情况下，违法均不涉及责任的承担。在合同领域，违约责任也可以是约定的，约定的责任同样可以受到法律的保护。同时，有些情况下，即使行为不存在违法性，仍有可能对由此所造成的损害承担责任。如未超过法定污水排放标准的排污造成的损害，排污人并不因其排污行为符合法定标准没有违法而免责。

当然，任何责任在性质上都属于法定责任，任何责任形式都必须得到法律的明确规定或认可。没有法律的规定和认可，任何责任的承担都无法获得法律的保障。但是，责任的法定性与将违法作为责任的根据是两回事，不能将二者混为一谈。

既然责任的根据不能从权利和违法的角度去寻找，我们只能从义务中去寻找。事实上，义务在任何情况下都构成责任的前提，无义务即无责任，在此意义上，责任源于义务的违反。

第二节　义务违反

一、义务违反的认定

立足于不同的标准，义务有不同的表现形式：立足于义务的履行方式，义务可分为作为义务与不作为义务，又称为积极义务和消极义务；立足于公私法的划分，义务可分为公法上的义务和私法上的义务；立足于义务的来源，义务又可分为普遍性义务与设定性义务，其中，设定性义务又可分为自我设定的义务与法律设定的义务。在私法领域，义务既可以是普遍性义务，也可以是自我设定的义务，还可以是法律设定的义务，但公法上的义务只能是法律设定的义务。

义务违反指的是不履行义务或不适当履行义务，针对不同的义务，义务违反也有不同的表现形式。对于积极义务——比如合同履行义务、协助义务和返还义务等——而言，义务违反指未按照义务本身的要求实施行为。至于义务的履行方式如何要求，取决于义务的具体内容。而对于消极义务，义务违反则表现为实施了不得实施的行为，何为实施了不得实施的行为，同样也取决于义务的具体内容。但是，由于积极义务是由个体自主设定或是由法律设定的，其内容较为明确，履行要求也比较具体，个体自主设定或法律设定的消极义务同样如此，这种情况下，是否构成义务违反，标准明确，较易认定。对于普通注意义务而言，一般采用普通人日常生活中的通常标准来认定，在司法实践中这是一个法律适用的经验问题，随着司法实务经验的积累，认定一般也不存在问题。对于特别注意义务和高度注意义务，一般需要法律对义务的内容作出明确规定，没有明文规定的，则适用普通注意义务的认定标准。在上述情况下，是否构成义务违反的认定关键在于当事人是否尽到注意义务。

由于普通注意义务没有明确的具体内容，是否构成义务违反与违反其他义务相比常表现出很大的不同。比如，注意义务常常在损害发生后才涉及是否违反的问题，在未造成损害前，除非涉及公法上的责任，当事人是否采取合理的措施避免损害的发生似乎并不受法律的强制，而属于其本人自主决定的范围。不过应当注意的是，损害并不是仅指现实的人身伤害或财产损失，在较为宽泛的意义上，妨碍、危险、现状的改变均属于损害的范畴。比如在公共通道堆放物件给他人造成的不便、建筑物倒塌的危险对安全造成的威胁、物的占有转移等，这些情况同样构成义务违反。

有时候，对于注意义务而言，是否构成义务违反，单从义务本身来看并不明显，需要借助于权利的状态来进行判断。比如，张三院子的围墙发生倾斜，在张三尚未及时修复期间，是否构成义务违反呢？如果围墙倒塌给他人的人身或财产造成了现实的损害，则显然构成义务违反；如果虽然没有倒塌，但围墙存在倒塌的危险，给邻居的安全造成了很大的威胁，同样也可构成义务违反；如果该围墙与他人不存在任何联系，且没有给他人造成任何危险或现实的损害，原则上不能认定张三构成义务违反。注意义务旨在维护一种和谐的共处关系，是否构成义务违反需要置于主体领域并存的前提下予以考虑，是否给主体性权利造成威胁和侵害由此成为判断是否构成对注意义务的违反的一个重要标准。

借助权利状态来判断义务违反原则上只适用于主体领域，关系领域中自我设定的义务或法律预设的义务与权利并不对应，即使对应，所对应的也不过是构成性权利，其本身不过是规则的表达，无法成为义务违反的判断依据。何况，关系领域的义务较为明确具体，是否构成义务违反一般情况下可以直接进行判定，也无须借助权利的视角。

二、义务违反的抗辩

任何形式的义务违反，义务人均可提出不自主抗辩，非基于本人的自主行为而造成的义务违反只是形式上的，不构成实质意义上的义务违反。而对基于表示行为所设定的义务，当事人还可以行使自主性欠缺的抗辩。不自主抗辩，是说违反义务的行为不具有自主性，因此不构成义务违反，但义务并不因此而消除，是否免除履行义务是完全不同的另外一个问题。而自主性欠缺抗辩是对自我设定的义务而言的，指的是设定义务的行为欠缺自主性，抗辩理由成立则设定的义务被消除，无须继续履行，故不再存在义务违反问题，自然也就不构成义务违反。

应当注意的是，恢复义务不得行使不自主抗辩，这里的恢复义务包括两种情形。一是对于普遍性义务，基于义务违反而产生的派生义务的履行不得行使不自主抗辩，这一原则可称为恢复义务不可抗辩。二是对于设定性义务，如果双方义务是互为条件的，在对方已为履行的情况下，如果因自己一方无法避免的原因导致履行不能，在这种情况下，由于本人对于不能履行义务的行为不具有自主性，故该不履行行为不构成义务违反。但由于对方已为履行，因此本人负有将对方履行恢复至未履行状态的义务。对于该恢复义务，当事人不得行使不自主抗辩。比如，在甲乙双方之间的合同关系中，因甲的原因而导致合同无效或被撤销，乙不存在任何过错，但对甲已为之给付，乙应负返还义务。假设此时恰逢一场事故导致物的灭失，乙无法履行返还义务。对此种情形下的义务违反，无论导致标的物灭失的事故是否是乙可以左右的，乙均不得行使不自主抗辩。

除恢复义务不可行使不自主抗辩外，对待性的金钱给付义务也不得行使不自主抗辩。比如借款合同中贷方因不可抗力导致投资损毁，无力清偿借款，但其并不能基于不可抗力对还款义务的履行提出抗辩。对待性金钱给付义务本质上也是一恢复义务，是对金钱这一特殊标的的返还义务。

三、义务违反与归责

责任源于义务的违反，义务违反不仅是责任的来源，也是责任的根据和责任的前提。或者也可以说，义务违反既是归责的依据，也是归责的一般性原则。

传统私法理论中，归责的一般原则是过错。“导致损害赔偿义务的不是损害，而是过错。”[①] 耶林的这句名言对每一个法律学子而言早已是耳熟能详。在传统私法理论上，过错责任被视为最有利于全面实现侵权法的惩罚、预防和补偿功能的工具，它体现着强烈的道德观念。个人对基于自身的过错而负赔偿责任，是公平正义的逻辑要求。同时，它被认为是最有助于调和个人自由与社会安定的基本价值，如果一个人已经尽到注意义务即得免负责任，则自由不受束缚，社会安定亦足

---

① ［德］鲁道夫·冯·耶林：《罗马私法中的过错要素》，柯伟才译，中国法律出版社2009年版，第76页。

维护。过错原则还被认为是最能体现道德与法律逻辑的力量，并且最能体现经济效率并合于个人主义理性。[①]

然而，过错责任仅适用于侵权法，合同法上的责任则是违约责任，而且，即使在侵权法领域，我国法律所规定的很多责任承担方式也与过错无关。比如，我国侵权法将返还原物、排除妨害等均作为侵权责任的承担方式，但这些责任从归责的根据上来说，实际上与过错或其他侵权法意义上的归责原则均没有关系，而是源于物权制度或不当得利制度中的相关规定。也就是说，传统私法中责任的认定针对不同的领域，其标准并不是统一的。这种不统一不仅使很多法律制度在理论上无法形成前后一致的融贯性解释，而且还导致了复杂的责任冲突与竞合。

责任的承担并非源于过错，而是源于义务违反，没有义务违反便没有责任，义务违反不仅构成了责任认定的核心因素，也成为归责的基本原则。义务违反并不排斥过错，在很多情况下，义务违反与过错是统一的，比如侵权行为是对不得侵犯他人主体性权利的消极义务的违反，但这种义务违反在主观上常表现为侵权人的故意或过失。但义务违反与过错的差别也是明显的，义务违反原则上并不是完全无视当事人的主观心理状态，但其关注点主要在于个体行为的自主性以及是否违反了其本来所负担的义务。而且，并不是在任何情况下，义务违反都与本人的过错有关，比如在合同关系上，一个人不能清偿到期债务也许并不是本人故意拖欠，他可能是由于市场原因而赔得盆干钵净，根本无力清偿债务，因而就不能清偿债务构成义务违反这一后果而言，他根本不存在任何过错，但这并不影响他仍负有清偿责任。又比如前文中已讨论的恢复义务的履行与对待性金钱给付义务的情况下，当事

① 参见李永军:《民法总论》，法律出版社 2006 年版，第 77—80 页。

人是否存在过错不影响责任的承担。

可以说，义务违反包含了侵权法意义上过错的内容，但又不限于此，从而可以有效地将违约责任和物权法上的责任等不同责任整合到统一的归责原则中来。

义务违反作为归责原则不仅包含了过错的内容，还可以吸收过错推定原则的适用。在过错责任归责原则下，需要由受害人来证明行为人存在过错，为解决受害人的举证困难，对于某些特殊情形，法律特别规定由行为人承担举证义务，如果行为人不能证明其无过错，则推定过错成立。而对于义务违反的归责原则来说，无损害抗辩、无义务抗辩、因果关系抗辩和不自主抗辩，均需由行为人对其抗辩事由承担证明义务，这实际上等于吸纳了过错推定原则。

举证义务的分配应充分考虑双方利益的平衡，这常常也是一种立法政策的选择。当前侵权法让受害人证明加害人有过错，除了让行动者在做出行动时可以更加肆无忌惮以外，并无其他方面的作用。有什么理由比让给他人造成伤害的人来说明自己不应当承担赔偿责任的理由更具有正当性呢？而且，过错的认定从主观标准到客观标准的演变反映的也是一种逐渐有利于受害人的趋势，因为对受害人而言，客观标准的证明显然比探求行为人的内心更为容易。在司法实践中，是否具有过错往往也并不是由受害人来证明的，更多的是关注行为人是否有充分的可以排除过错认定的理由。在此意义上，通过不自主抗辩来排除责任具有更大的合理性，而且更好地顺应了侵权责任认定的当代趋势。在特殊情况下，如果让行为人来证明自己的行为不自主显得过于苛刻的话，还可通过立法的形式来规定特殊的抗辩事由，从而实现行为人与受害人双方在责任认定问题上举证负担的平衡。

严格责任或者说无过错责任同样可以通过义务违反来解决。无过错责任不考虑行为人是否有过错，只要行为造成损害且无法定免责事由，即构成责任。在此意义上，无过错责任实际上类似于结果责任。立足于义务违反，对于适用无过错责任的情形，也可通过设定某种特别义务来解决归责任问题。对于某些高度危险作业，考虑到其给社会和他人所增加的危险，法律可以规定高度危险作业人的高度注意义务。这种高度注意义务以有效避免损害为标准，只要未能有效避免损害，即可认定义务违反，从而构成责任。

义务违反作为责任的根据，解决的只是一般的归责原则，是否构成责任，还需要具备其他条件。传统侵权理论认为侵权责任的构成需具备四个要件，即行为的违法性、过错、损害、违法行为与损害之间的因果关系。立足于义务违反，不再考虑行为的违法性和过错，要考虑的是行为的自主性与是否构成义务违反。由此，责任构成的四要件为：行为的自主性、义务违反、损害、自主行为与损害之间的因果关系。

第三节　责任的承担

一、责任的范围

义务违反是责任的来源，是责任的根据，也是责任的前提。但在私法上，义务违反并不意味着一定构成责任，除行为的自主性和义务违反外，民事责任的构成还要求损害的后果。单纯就私法领域而言，原则上无损害即无责任。

在民事责任上，决定责任大小的并不是已尽注意义务的程度，也不是过错的大小，一个主观上十分恶劣的行为和一个轻微的疏忽，如果导致的损害后果一样，则两种情况下责任人所实际承担的责任可能并无区别。对于非可归责于特定人的原因——如自然原因——参与所导致的损害，由于没有人可以为之负担责任，行为人的责任事实上也不能因此而减轻。由此可以说，如果不考虑法律在某些特定情形下的特殊规制——如惩罚性赔偿，责任的大小取决于实际的损害。或者也可以说，在责任的构成问题上，法律立足的是行为人的角度，所关注的是行为人是否构成了义务违反；而在决定责任的范围问题上，法律立足的是受害人视角，所关注的是损害如何能够得到弥补。

损害是一个复杂的问题，直到目前，我国法学界对损害的讨论也远不够深入。依照不同的标准，损害有不同的分类：比如人身损害与财产损害的分类，又比如直接损害与间接损害的分类，还有物质性损害与精神损害的分类等。不同的分类对于理解和区分各种不同类型的损害有着重要的意义，从而有助于我们确定各种不同类型损害的具体范围。

但是，不管何种类型的损害，应当被纳入责任范围的损害，原则上均受“可预见范围”的限制。比如一个因酒驾而在高速公路上发生交通事故的司机，固然要对被其撞坏的车辆和由此而受伤的人承担赔偿责任，但是，该司机酒驾所导致的事故造成了严重的交通拥堵，一个商人因此未赶上飞机从而耽误了一笔生意，一个正被送往医院的急诊病人因事故导致的拥堵丧失了抢救的时机而死亡……对于上述损害，人们认为其与违反义务的行为之间的因果链条“过于遥远”，或者说“不可预见”而不被认为属于“可赔偿损害”，从而未被纳入责任的范围。从另外的角度说，这样的“损害”也许不应该称其为“损害”，而不过是我们生活在这个世界上本来就应当容忍的倒霉的运气。从责任的功能角度来说，责任是对个体行为进行强制约束的手段，如果损害是不可预见的，那么将其纳入责任的范围实际上也无助于实现责任的制度功能。

原则上，损害指的是现实的损害，损害的大小根据具体情况来确定，但由于损害的复杂性，损害的范围往往具有法定性特征，赔偿范围、赔偿项目、赔偿的计算方式，甚至赔偿数额都需依照法律规定来进行计算。理论上，过低的赔偿额和过高的赔偿额都是不合适的，过低的赔偿额不足于制止侵害和补偿损害，而过高的赔偿额又可能鼓励受害人的轻率甚至冒险，如何根据社会现实情况确定损害的范围，是一个需要认真研究的复杂课题。

二、责任的样态

责任的范围取决于“可赔偿损害”的大小，但是，如果损害是由两人或两个以上的人共同造成的，则可能导致责任的共担或分担。这种对责任的各种共同或分担形式即责任的形态。责任形态主要有以下类型。

（一）混合责任

根据传统侵权法理论，对于造成的损害，如果加害人与受害人都存在过失，则构成混合过失，也叫“与有过失”。在这种情况下，加害人可以根据其过错大小减轻责任，但是侵权行为适用无过错责任的除外。对于适用无过错责任原则的，受害人过错原则上不导致加害人责任的减轻，但对于受害人重大过失，有时候也可作为责任的减轻事由，但应以法律有明确规定为前提。比如《中华人民共和国侵权责任法》第 78 条规定：“饲养的动物造成他人损害的，动物饲养人或者管理人应当承担侵权责任，但能够证明损害是因被侵权人故意或者重大过失造成的，可以不承担或者减轻责任。”

（二）按份责任

两个或两个以上的各自独立的行为分别实施，没有共同的意思联络，但间接性地结合并导致同一损害后果的，应当根据各自过错大小或者导致损害的原因力大小各自承担相应的赔偿责任。通俗地讲，责任人只承担自己应当承担的份额。这是一种责任分担的情况，法律上称为按份责任。

（三）连带责任

基于共同的意思联络而共同实施的行为是共同行为，对共同行为导致的损害，所有人共同承担责任。受害人可以向全部行为人要求赔偿，也可向其中任何一个人请求赔偿全部损失。如果一个人赔偿了受害人的全部损失，则受害人失去向其他责任人追究责任的权利，已承担责任的人可以要求其他责任人根据各自的责任大小承担相应的份额。这是一种责任共担形式，法律上称为连带责任。

（四）最终责任

有些情况下，立足于受害人的角度，他可以同时向两个或两个以上的责任人主张损失赔偿，也可以向其中一个责任人主张全部损失赔偿，这种情况立足于受害人角度与连带责任并无区别。但责任人内部关系与连带责任人的内部关系并不一样。连带责任人的内部关系是需要分担的，但存在最终责任人的情况下，并不存在责任的分担，如果已承担责任的人不是最终的责任人，则他在承担责任后可以向最终责任人追偿。

比如，产品责任中的销售者责任。《中华人民共和国侵权责任法》第 43 条规定："因产品存在缺陷造成损害的，被侵权人可以向产品的生产者请求赔偿，也可以向产品的销售者请求赔偿。产品缺陷由生产者造成的，销售者赔偿后，有权向生产者追偿；因销售者的过错使产品存在缺陷的，生产者赔偿后，有权向销售者追偿。”第44条规定：“因运输者、仓储者等第三人的过错使产品存在缺陷，造成他人损害的，产品的生产者、销售者赔偿后，有权向第三人追偿。”在上述规定中，被追偿的人是最终责任人。对于这种共同向受害人承担责任，但同时存在最终责任人的情况，法理上称之为不真正连带责任。

（五）补充责任

补充责任的责任人一般不是加害人，但因其与损害存在的某种法定关联，在受害人无法充分从加害人处获得救济时，而对受害人承担的具有补充性质的赔偿责任。如《中华人民共和国侵权责任法》第37条规定：“宾馆、商场、银行、车站、娱乐场所等公共场所的管理人或者群众性活动的组织者，未尽到安全保障义务，造成他人损害的，应当承担侵权责任。因第三人的行为造成他人损害的，由第三人承担侵权责任；管理人或者组织者未尽到安全保障义务的，承担相应的补充责任。”

三、责任的承担方式

《德国民法典》没有独立的责任编，总则中也没有专门讨论责任的问题，因而在法典中责任是分别散见于各编的。《中华人民共和国民法总则》设专章规定民事责任，并统一规定了责任的承担方式。

按照《中华人民共和国民法总则》的规定，责任的承担方式有以下10种：（1）停止侵害；（2）排除妨碍；（3）消除危险；（4）返还财产；（5）恢复原状；（6）修理、重作、更换；（7）赔偿损失；（8）支付违约金；（9）消除影响、恢复名誉；（10）赔礼道歉。

由于我国民事立法的各部分都是以单行法的方式分别制订、分别通过的，在《中华人民共和国物权法》《中华人民共和国合同法》以及《中华人民共和国侵权责任法》立法过程中，根据其各自的特点又分别规定了各自领域内的责任承担方式。

《中华人民共和国合同法》中规定的责任的承担方式主要包括6种：(1)继续履行；(2)采取补救措施；(3)赔偿损失；(4)修理、更换、重作、退货、减少价款或者报酬；(5)违约金；(6)定金。

《中华人民共和国物权法》中规定的责任承担方式也包括6种：(1)返还原物；(2)排除妨害；(3)消除危险；(4)重作、更换；(5)恢复原状；(6)损害赔偿。

《中华人民共和国侵权责任法》规定的承担责任方式则为8种：(1)停止侵害；(2)排除妨碍；(3)消除危险；(4)返还财产；(5)恢复原状；(6)赔偿损失；(7)赔礼道歉；(8)消除影响、恢复名誉。

责任是因违反义务而导致的后果承担，责任不是义务，而是义务违反后的结果。因此，讨论责任的承担方式，首先应当将责任与义务进行区分。但是我国现行法所规定的责任承担方式中，并未清楚地区分责任与义务。

首先是将义务人本来就应履行的义务作为责任承担方式，如继续履行和停止侵害。继续履行所履行的是其本来的义务，这种情况下一般是积极义务。如果该义务是可强制履行的，则可强制其履行，如不可强制履行且因不履行造成了损害，则应承担的是赔偿责任。停止侵害本来是普遍性义务的应有之义，任何人本来就负有不得侵害他人的义务，而且，对于任何处于持续状态的违反消极义务的行为，均可强行制止之。因此，停止侵害仍属于义务的强制履行，而非责任的承担。

其次是将派生义务作为责任承担方式，如排除妨碍、消除危险、返还财产、恢复原状、消除影响、恢复名誉、重作、更换、修理、采取补救措施等。一个人因违反普遍性义务而改变了现有状态，如果这种改变是可恢复的，则行为人负有恢复原状的义务。只有当不可恢复或本人拒不履行恢复义务时，才涉及责任的承担。

最后是将合同的变更或解除作为责任的承担方式，如退货和降价。退货显然是解除交易关系的另外一种表达，当事人可以协商解除，人民法院也可判决强制解除，但无论如何，不能视为责任的承担方式。而降价实际上是一种合同变更形式，原则上，在双方协商一致的基础上方可降价，一方或法院原则上均不得随意决定降价，因此将其视为责任的承担方式也是不适合的。

责任反映的是义务违反情形下的后果承担，这种后果即可以是法律后果，如刑事与行政制裁措施，也可以是现实的损害后果，还可以是约定的后果，如关于违约的约定。私法领域不强调制裁，因此主要是损害后果或约定后果的承担，由此，损害赔偿与支付违约金均可视为责任的承担方式。定金的作用主要在于担保合同的履行，也可以视为一种约定责任。

值得讨论的是赔礼道歉。立足于侵权人的角度，赔礼道歉既非制裁，也非赔偿，而主要在于教化；而立足于受害人的角度，主要在于精神上的抚慰，当然，我们也可以将之视为一种特殊的精神补偿方式。但是，赔礼道歉在实践中往往并不具有可强制性，如果本人拒不赔礼道歉，一般是由法院登报致歉，而费用由侵权人承担。从这一角度看，赔礼道歉似乎更多地体现出对受害人精神伤害的修复性功能，从其不可直接强制并可代为履行的角度，将之视为一种派生性义务似乎更为合适。

义务与责任的区分不仅仅具有理论意义，更为重要的是在于区分责任的范围，或者更具体地说在于明确行为的后果到底是什么。个体的承诺所承诺的是义务，义务的不履行导致的后果是责任。如何理解这种后果呢？比如甲承诺向乙出租房屋，后甲未履行协议，甲违反义务的后果是什么？是乙未租到甲的房屋，还是乙因甲未履行合同而造成的损失——比如因另行租赁其他房屋所增加的成本费用？如果是前者，则任何承诺都具有可强制性。我们说，这种做法是不当的，因为违背了个体意志的自主性。尽管我国及其他大陆法系国家在法律上保留着继续履行的制度设计，但在司法实践中并没有强调合同义务的强制履行，而更多支持的是损害赔偿责任的承担。

总之，我国现行法中规定的各种民事责任的承担方式，除损害赔偿责任、违约责任和定金责任外，其他均可归入义务的范畴，义务在特殊情况下可得以强制履行，其他不宜强制履行的义务只有在因不履行而造成损害时，才产生责任的承担。

下篇　纵向构造论

——立足于意志自主论的私法体系

第十章 私法的边界

第一节 私法边界问题的困惑

一、什么是私法？

私法是与公法相对而言的，早在古罗马，法学家们就将法分为公法和私法，乌尔比安说，公法规定的是罗马国家事务，而私法是关于个人利益的规定。[①]优士丁尼《法学总论》沿袭了这种认识，说"法律学习分为两部分，即公法与私法。公法涉及罗马帝国的政体，私法则涉及个人利益"。[②]但公益和私益的界限并不容易区分，任何法律都会同时兼顾公益和私益。比如刑法虽属公法但亦具有保障私人生命财产安全即私益的功能，又比如民法虽属私法但也具有保护交易安全、社会伦理秩序和经济秩序等公益的作用。因此，无论是公法还是私法，在立法宗旨上都不会真正地关注公共利益和个人利益的区分。

也有人立足于主体来界定私法，认为法律关系主体的一方或双方

---

① Digest，1.1.1.2.

② Iustiniani Institutiones，1.1.1.4.

为国家或国家授予公权力的机关的，为公法；法律关系主体双方均为私人的，为私法。[①] 但这样的认识同样存在缺陷，国家或其他公权力机关有时也与私人缔结买卖、租赁或运输等契约关系，立足于主体并不能明确界定私法的范围和边界。

我国所普遍接受的方法是通过法的调整对象来界定私法的范畴，我国立法上也采取了这种界定方法。根据《中华人民共和国民法总则》的规定，民法调整的是平等主体之间的人身关系与财产关系。然而，在很多情况下，财产关系并不能起到区分公私法的功能，比如反不正当竞争法、反垄断法、国有资产管理法和税法等，其中很多内容都与财产有关，同样可以说是关于财产关系的规定，但这些内容并不属于私法的范畴。而且，从较为宽泛的意义上，身份也不限于亲属身份，基于社会身份而形成的身份同样属于人身关系，但基于社会身份而形成的关系并不受私法的调整。可以说，人身关系与财产关系充斥于各种不同类型的社会关系之中，并非民法调整范围所独有，因此用以表达私法的调整范围并未体现出私法的个性特点。

如果决定私法边界的因素不在人身关系与财产关系，那么，用以明确私法范围的只能落脚于“平等主体”，只有平等主体之间的人身关系与财产关系才是民法的调整对象，非基于平等主体之间的关系则不属于民法的范畴。然而，近年来，以平等主体作为确定民法调整对象的依据同样受到了质疑，比如亲子关系和劳动关系均不是严格意义上的平等关系，物权法中的征收、征用同样也不是平等主体之间的关系，但没有人否认上述关系均属于私法的调整对象。因此，在很多人

① 参见［日］美浓部达吉：《公法与私法》，黄冯明译，中国政法大学出版社 2003 年版，第 25—26 页。

眼里，平等主体的提法并不准确。[①]

对于上述质疑，秉持平等主体说的学者主要通过以下三种方式进行了反驳。一是对不平等关系进行例外解释，认为民法主要调整平等主体之间的关系，身份法领域的不平等、因对实质正义的强调而对弱势群体进行的特殊保护，以及民法上的登记征收等问题只是特定的例外。[②]二是立足于所谓的“整体解释”来进行反驳，认为尽管民法上也存在诸如监护关系、社团内部关系等具有服从性质的不平等关系，但面对公私法之间在许多领域上的交错，不必强求像刀子切苹果一样清晰无误地切成两半，因而从整体上说，“平等主体”的表述比较准确地反映了民法调整的社会关系的基本特征。[③]三是从形式平等和事实平等的角度进行解释，认为平等主体中的平等指的是法律地位的平等，而不是具体法律关系上的事实平等，雇佣关系、监护、消费者合同中事实不平等现象不影响在法律上将他们理解为平等主体之间的关系，事实不平等可以通过法律的干预进行校正。[④]

可以看出，上述解释均采取了一种含糊其词的策略，难以令人信服。如果家庭法中的亲子关系、劳动法中的劳动关系、消费者权益保护法中的消费合同关系乃至物权法上的征收登记等问题均体现了一种不平等关系的话，显然已不能简单地用“例外”或“整体上看”这样的措辞来敷

① 关于对平等主体提出的质疑，可参见徐国栋教授就此问题发表的一系列文章，较有代表性的有:《“平等主体”民法调整对象限制语研究综述》，载《北方法学》2009 年第 3 期;《家庭法哲学两题》，载《法制与社会发展》2010 年第 3 期;《论民事屈从关系》，载《中国法学》2011 年第 5 期;《平等原则——宪法原则还是民法原则？》，载《法学》2009 年第 3 期等文，还可参见其《民法总论》(高等教育出版社 2007 年版）中关于“平等主体”问题的讨论。

② 王利明:《民法总论》，中国人民大学出版社 2009 年版，第 26 页。

③ 尹田:《民法典总则之理论与立法研究》，法律出版社 2010 年版，第 67 页。

④ 高富平:《民法学》，法律出版社 2005 年版，第 4 页。

衍了之。形式平等和事实平等的说法同样无法消除人们之于“平等”的疑虑，形式平等和事实平等之间是何种关系？它对解释并解决事实不平等问题到底能够带来哪些帮助？如果认可民法所调整的社会关系存在事实不平等，“平等主体”还能否成为民法调整的社会关系的限制语？上述解释显然并没有就这些基础问题进行正面的回答。

除了从调整对象来界定私法边界以外，人们还常通过调整方法作为划分或区分法律法律部门的依据。法律调整方法主要指法律关系中权利义务的确定方法和实施法律制裁的方法两个方面。一般来说，民事法律关系中当事人权利义务主要由当事人自己来确定，法律规范多表现为任意性规范，而其他法律关系中权利义务的确定多采用授权性规范或强制性规范。在法律后果的承担上，私法一般采取损害赔偿的民事赔偿方式，而其他法律部门则采取刑罚或行政处罚等法律制裁手段。

然而，调整方法的上述区分标准同样并不清晰，在具体的法律部门划分中同样存在诸多困惑。比如公司法，从调整方法的角度应该如何对公司法进行归类呢？从公司法的内容看，其中既有强制性规范也有任意性规范，法律责任上既有民事责任也有行政责任，甚至还涉及刑事责任。立足于调整方法似乎无法对公司法进行分类，不仅公司法，商法中的证券法、保险法、票据法均面临同样的难题。

不仅越来越多的单行法无法归类，在传统民法内部，也越来越多地出现了公法的调整方法，这一现象被称为“私法公法化”。所谓的私法公法化，主要是指国家强制力对私法关系的介入。日本学者美浓部达吉说，当国家权力的调整手段不单纯使法律关系无效，而且还施以公法上的制裁时，便出现了私法的公法化。[①] 实际上，私法公法化

① 参见［日］美浓部达吉：《公法与私法》，黄冯明译，中国政法大学出版社 2003 年版，第 235 页。

的表现远不止此，在权利行使、关系设立等方面均有体现，如对所有权行使的限制、对契约关系的平衡等都反映了国家公权力对私法关系的干预与渗透，都属于当下人们所说的私法公法化的表现。这种干预和渗透模糊了私法与公法的边界，使基于调整方法而划分法律部门的方法不再有效。

私法公法化从某种意义上改变了私法法律关系的属性，使私法在很大程度上不再体现为单纯的私人之间的关系，还表现为某种形式的个体与国家之间的关系，从而进一步模糊了私法的边界。由此我们看到，消费关系与劳动关系因其关系上的“不平等性”而逐渐脱离了私法的阵营，知识产权虽然在理论上还被视为私法的范畴，但在立法上也早已与私法渐行渐远了。与此同时，诸多单行法律也越来越多地表现出混血儿的特征，它们的血统似乎越来越难以区分了。面对新的社会现实，传统理论中的私法边界及其区分标准问题已经无能为力，应当重新进行审视了。

二、标准的重新确定

实际上，所谓私法，是指与私人事务有关的法律。所谓私人，指的是一个孤立而完整的、不依赖于任何社会条件的纯粹的个体存在。在此意义上，所谓私人事务，指的是个体作为一个单纯的存在所面临的事务。比如与他人相处、购买商品、谈恋爱等，不管是什么样的人，只要作为一个现实的存在，他都需要面临这些事务。而且，这些事务与他本人的身份无关，在处理这些事务时也无须考虑本人的身份。而那些需依赖某些特定身份才能实施的行为或成立的关系，则超出了私人事务的范畴，故而不属于私法调整的范围。比如逮捕一个人需经检察机关人员批准，由公安机关人员执行，又比如征收行为，需由有征收权力的机关行使。在这样的关系中，作为关系一方的检察机关与检察官、公安机关与警察、征收机关与征收人员都依赖于公权力的授予而存在，不属于单纯的个体存在。但是，上文已经讨论，单单立足于主体或事务性质，对于有些特殊情况仍不容易划定私法的范围，所以我们仍需寻求新的思路。

私法处理的是私人事务，尽管以此作为区分公私法的具体标准并不一定准确，但从一般意义上，这样的表述也基本上不会招致反对。私法既然处理的是个体的私人事务，原则上应该由本人自主决定。由此，私法的范围可表述为“个体意志自主决定的领域”。凡是由个体意志自主决定的，均属于私法领域，个体意志不能自主决定的，则不属于私法的领域。

这里的个体是指完全剥离掉个体特质的“法律人格体”，德国法学家克尼佩尔说，这种被剥离掉一切外在条件和个体特质的个人是“一个孤立的、褪掉个人历史特性和历史条件的个人，一个绝对的法定的我的图像”。[①] 这样的解释也许过于强调个体存在的纯粹性，实际上，在私法上，个体强调的是剥离掉一切社会背景和身份的存在，指的是个体作为单纯的“人的存在”本身。在此意义上，私人事务指的是单纯的作为个体的人的事务。一旦涉及社会身份，则超出了作为个体的人的范畴，从而便不再有“私”的特征。

个体意志自主的领域不同于个体行为自由的领域，自主反映的是个体的选择倾向，自由表达的是个体行为的边界。自主行为未必属于自由的范围，比如伤害他人的行为受到法律的禁止，不属于行为自由的范围，但这样的行为是自主的行为。个体意志自主决定的行为所造成的后果如果涉及其他人，则可能导致责任，如果责任的承担允许当

① [德] 罗尔夫·克尼佩尔:《法律与历史》，朱岩译，法律出版社 2003 年版，第 75 页。

事人的自行协商，则仍属于个体意志自主决定的领域。只有当立法者认为需要运用行政处罚和刑罚手段来处理时，才排除当事人的自主意志，从而进入公法的领域。

个体意志的自主决定主要包括两个方面：一是主体领域中个体行为的自主选择，二是关系领域中义务和规则的自我设定。立足于这两个方面，私法的任务同样主要包括两个方面：一是界定个体意志自主决定的范围，二是明确个体意志自主决定的方式。

主体领域划定了个体意志自主决定的范围，在此范围内，个体意志不受任何限制，由于其不受限制，个体意志的行使方式并不受法律的关注。但是，主体领域所表达的是诸个体意志普遍得以自主决定所依赖的条件，由于这一表述过于抽象，普通人无法通过这一原则来准确把握个体意志得以自主决定的范围，因此，主体领域的具体范围往往表现为法律的强制性规定。比如，法律规定不得侵害公共利益，不能违背公序良俗。但是，这样的强制性规定目的在于划定个体意志自主决定的范围，在于明确诸个体普遍得以自主决定的条件，而这种范围和条件是考察个体意志的自主决定是否具有正当性的基本前提。关于确定个体自主决定的范围与边界的规定不仅具有强制性，还常常体现出强烈的国家意志，反映着特定国家特定历史时期不同政治力量之间的斗争与妥协，比如等级社会不同等级的主体之间，其自主决定的领域也是有差别的，而且是不公平的。但是，无论这样的规定是否公平，无论它反映着怎样的政治背景，它都是私法无力改变且必须接受的前提。

关系领域中的义务与规则均源于个体的自主设定，但这种设定并不一定是由当事人直接实施的，而是常表现为法律的预先设定。比如合同法中，合同当事人的义务以及合同规则都是由法律予以明确的，并非出于当事人的直接设定。但是法律的这种设定并不具有强制性，当事人完全可以依自己的意志另行约定，当约定内容与法律规定不一致时，原则上个体约定应优先适用。因此，所谓法律的规定不过是为避免个体订约的过于烦琐，或者在当事人未约定或约定不明时对当事人意思的解释与补充，并未超出个体意志自主决定的范围。当然，由于私人关系总承载着特定的社会功能，为确保这种社会功能的实现，立法者也会预先设定一定的关系模式而不允许个体随意改变其内容，如婚姻关系中的很多权利义务不允许个体随意改变。但是，尽管这样的设定不允许个体随意更改，但个体可以自主地选择是否接受这样的事先设定，如果当事人不满意这样的设定，他仍有权自主地选择其他的关系形式，尽管当事人的选择可能不受法律的保护，但当事人的选择也不受法律的强制干预。在此意义上，关系模式同样没有突破个体意志自主决定的范畴。

在关系领域中，也存在一些至少看起来当事人不可选择的强制性规定，如劳动关系中对用人单位劳动合同解除权的限制，对用人单位而言，这样的规定似乎是强制性的、不可变易的。但劳动关系本身是由当事人自主设定的，特定情况下的限制同样可以视为关系领域划定的个体意志自主决定的边界。这种性质的限制并不限于劳动关系，普通合同关系中同样存在，比如禁止毒品和枪支的交易。而且，对劳动关系而言，由于外在环境的影响，使得作为弱势一方的劳动者常常不能真正自主地表达自己的意志，需要通过规则消弭外在环境的影响，从而使双方均能真正自主地表达自己的意志。

总之，用以将私法与其他法律部门相区分的，不在于人身关系与财产关系的关系类型，也不在于关系当事人是否具有平等的地位，而在于是否属于个体意志自主决定的事务。凡是应由个体意志自主决定的，则属于私法的范畴，否则，不属于私法的范畴。

第二节 私法与其他法域的具体界分

一、私法与公法

私法是个体意志自主决定的领域，而公法与公权力的配置和运行相关，是关于公权力行使方式的领域，凡是与公权力运行相关、个体意志不能自主决定的领域均属于公法。一般情况下，依据上述标准，公法与私法的区分是明确的。但在有些情况下，尤其对是一些单行法律，应归于私法还是公法似乎并不是非常清晰，需要专门予以讨论。

一是知识产权法。知识产权法在性质上属于私法领域，对此并无太大分歧。但大多数人认为，关于知识产权的授予问题，因需国家特定机关审查授予，应属于公法规范。这样的认识同样也没有问题，知识产权的授予是由国家特定机关授予的，在这一过程中，授权机关并非被剥离掉一切社会背景的纯粹的个体，而是以其被赋予了特定的国家权力并履行特定的行政职能为前提。权利授予机关和授予程序也不是由当事人自己设定的，而是由法律事先确定的，不允许当事人自主进行选择。因此，这样的规范当然属于公法规范。由此，当下的知识产权单行法，可以说兼具公法和私法的性质和内容。

实际上，知识产权授予机关在授予知识产权的同时，也将知识产权划入了个体意志自主决定的范围，在此意义上，知识产权授予行为与主体领域的边界相联系。主体领域的边界划定是确定个体普遍性义务的前提，但是边界的确定常常并不是由私法来确定，而是由公法来确定的。比如社会分配影响着主体领域关于“我的”的领域，但社会分配问题不是私法的调整范围，社会分配即使存在严重的不公也是私法不可变易的前提。私法维护的是主体领域的现实状态，其形成的前提或者原因原则上不属于私法的范畴。又比如土地使用权，由于我国特殊的土地政策，土地使用权在某种意义上构成了主体领域的一部分。但是，土地使用权如何取得是由土地管理法确定的，而不是通过私法上的合同关系由当事人双方自主决定的。也就是说，土地使用权取得问题属于公法范畴，而一旦取得该权利，该权利即构成个体主体领域的一部分，从而成为私法上确定权利义务的前提。

二是某些单行法律中强制性条款的性质。以公司法为例，公司法中股东之间的投资协议，对股东之间预设关系模式的认同或另行约定等均是个体自主决定的。但公司法也有诸多所谓的强制性条款，比如公司设立过程中的程序性规定，比如对董事与高管的任职资格的规定，又比如对公司违反规定所应承担的行政责任的规定等。这些规定由于涉及特定国家机关的职权行使，均不是单纯的私主体之间的关系，相关的权利义务也是由法律事先设定而不是由个体自主决定的。因此，上述内容在性质上也属于公法的范畴。

那么，公司法、专利法这些法律到底应归于私法的范畴还是应归于公法的范畴呢？实际上，一定要进行这样的区分并没有实质性的意义，公司法也好，专利法也罢，其核心是公司和专利，可以说是围绕着公司或专利这样的主题的相关法律规范的集合，在这样的集合中，既包括私法的规范也包括公法的规范，这是与公法与私法完全不同的另一种分类方式。即使是传统意义上典型的私法内容——比如合同法，如果将所有与合同有关的规范都集中在一起的话，同样也有公法的内容，比如合同诈骗属刑法的内容，又比如以限制流通物为标的需接受监管审批的物为标的的合同，其所涉及的监管与审批程序属于行政法的内容。在此意义上，以单行法出现并围绕着某个特定主题而颁布的法律也许从来都不会有纯粹意义上的私法与公法。

但是，公私法的区分仍有必要，从立法的角度来说，出于法典化的需要，我们需要在制定民法典时明确将哪些内容纳入民法的体系，而将哪些内容剥离到公法的体系。即使我们采取单行立法的方式，比如仍将专利法和公司法单独立法，而不将其纳入民法典体系，公私法的划分仍有必要，因为公法与私法分别有不同的理念和原则，有不同的理解和解释方式，因而有着不同的法律适用方法。而这些区分对正确适用法律而言，其影响是至关重要的。

二、关于社会法及其第三法域

公私法的划分在20世纪初至今，受到三元论的冲击。德国学者帕夫洛夫斯基提出以公法、私法和社会法三分法来取代传统的两分法。三元论者注意到了当代法律的一些实际发展，即公私法的交错形式上产生了作为中间领域的新型法域，如劳动法、经济法和社会保障法等。这些法律应当归类到私法还是公法，不甚明确，故三元论者认为其应属于公私法之外的第三法域——社会法的范畴。第三法域说突破了传统的二元划分，但是如何界定社会法与私法及公法之间的边界仍是一个难以解决的问题。

中国政法大学教授赵红梅将目前有关社会法的观点整理为三种。第一种观点她称为“广义社会法”观点，将社会法定义为所有为实现社会政策而制定之法律，认为社会法是将个人作为团体构成成员的法律总称，调整的是以社会团体为核心的法律关系。依照这种观点，不仅劳动法、社会保障法属于社会法的范围，公司法、各种类型的团体组织法，甚至家庭法都被纳入了社会法的范畴。第二种观点为“狭义社会法”观点，认为社会法以社会保障法和劳动法为核心，主要包括劳动法、社会保障法、社会求助法等内容。第三种观点立足于公法与私法之外的第三法域来界定社会法，认为社会法是因浸润了公法色彩而从私法中剥离出来的第三法域，主要包括有关劳动关系、产业编制等方面的法律。[①]

可以看出，关于何为社会法，社会法与公法以及私法的区分标准何在，当前并没有一个统一的认识。主张社会法的学者只是看到了一些法律领域，尤其是单行法律中兼具有公法与私法的双重色彩，难以将之归于公法或私法的范畴，为此希望将之统一于社会法的概念之下，并期望由此寻找到这一类型法律的共同理念与原则。

社会法的提法受到很多学者的质疑与批评。针对以社会团体为核心的法律关系的说法，拉伦茨批评说："不管这类团体承担着什么样的社会功能，不少团体的内部组织是属于私法领域的，它们以合同的法律形式共同活动，属于私法领域。"[②]还有学者认为尽管在私法领域中，随着社会的发展需要社会性的规制，但这是私法自身的发展，而不能因之将其剥离出私法之外。[③]也有学者认为，尽管有些法律文件中兼有公法与私法的内容，但这样的法律不过是一个"公法与私法的拼盘"，而不应视为一种独立于公法与私法之外的"新品种"。[④]

那么，我们应该如何来看待劳动法、社会保障法乃至公司法、社会救助法等法律的性质呢？它们到底属于私法还是公法？还是应当归于一种被称为社会法的"新品种"呢？

---

① 参见赵红梅：《私法与社会法——第三法域之社会法基本理论范式》，中国政法大学出版社 2009 年版，第 46—47 页。

② [德] 拉伦茨：《德国民法通论》(上)，王晓晔等译，法律出版社 2003 年版，第 7 页。

③ 参见 [日] 金泽良雄：《经济法概论》，满达人译，甘肃人民出版社 1985 年版，第 31—32 页。

④ 参见王涌：《私法的分析与建构——民法的分析法学基础》，中国政法大学 1999 年博士学位论文，第 39 页。

前文中已经讨论，很多法律如公司法、专利法并非一种“新品种”，而是分别以公司和专利为主题将相关规范汇集在一起的“拼盘”，我们可以比较轻易地区分哪些属于公法规范，哪些属于私法规范。对此问题我们不再赘述，在这里，我们主要讨论劳动法和消费者权益保护法。

对于支持社会法学说的学者而言，几乎是毫无争议地将劳动法和消费者权益保护法列入社会法的范畴，即使是那些并不认同社会法的提法的学者，也承认在劳动关系和消费关系领域，由于法律渗入了越来越多的强制性因素，公私法的界限由此变得越来越不清晰了。对于婚姻关系领域，法律对个体的权利义务也作了诸多预设，但这种预设并没有封闭个体的选择，个体仍可以选择其他的共同生活关系模式。劳动关系与消费关系与婚姻关系不同，法律对用人单位和经营者所作的限制是强制性的，用人单位与经营者似乎并没有其他的选择余地。

劳动关系与消费关系之所以特殊，是因为劳动关系中用人单位与劳动者地位不平等、消费关系中经营者与消费者信息不对等，从而使作为弱势一方的劳动者和消费者无法真正自主地表达自己的意志。尽管用人单位与劳动者、经营者与消费者在法律上是完全平等的私法主体，但实际所表现出的却是一种“事实不平等”关系。为解决这种事实不平等，法律对用人单位和经营者进行了诸多的限制，因而在很多人看来，这样的关系领域已被排除——至少是被部分地排除——在个体意志自主决定的领域之外，因而也一定程度上脱离了私法的范畴。

但是，在劳动关系与消费关系领域，无论法律渗入多少强制性规范，关系的设立及其主要内容从根本上说仍然由是双方自主决定的。只不过由于外在原因的影响，使得劳动者和消费者一方在很大程度上无法真正自主地表达自己的意志。但是，个体意志的外在影响因素不属于私法的调整范围，私法无法予以改变。在这种情况下，为了能使弱势一方真正自主地表达自己的意志，需要对用人单位和经营者一方的自主权进行一定程度的限制，从而使双方的关系基本上达致平衡。立足于这样的视角，法律上对用人单位和经营者的限制，我们可以将其视为在关系领域中对其自主性范围的限制，划定的是其在关系领域中自主行为的边界。这样的划定目的不在于国家对个体行为的管理和控制，而是维护特定类型的关系的平衡，而且，这种限制的目的和出发点都不在于“限制”本身，而是确保个体能真正自主地表达个体的意志。在此意义上，尽管劳动关系和消费关系渗入了诸多强制性规范，但并未改变关系的性质，仍属于个体意志自主决定的领域。而且，这样的一种视角有助于我们把握在诸如劳动关系和消费关系等所谓“事实不平等”关系中法律强制干预的限度。

从某种意义上，在上述领域，法律的强制性规范的目的并不在于强制，同样在于划定个体意志自主决定的范围，因此对于违反上述规范的行为，私法上只涉及效力以及相应的民事责任，并不规定相应的制裁措施。如违反法律强制性规定的行为无效，如赋予劳动者或消费者某些特定的抗辩权，又如赋予劳动者或消费者某种特殊的赔偿请求权。这些调整手段与公法上的行政处罚手段是不同的，因而在立法上对哪些内容应规定于私法之中，哪些内容应规定于公法之中，也比较容易进行区分。

总之，对于劳动关系和消费关系这些所谓的“事实不平等”关系，其不平等不是主体上的不平等，而是因外在环境因素的影响从而使弱势一方不能真正地表达自己的意志。为平衡双方的关系并确保弱势一方能真正表达自己的意志，需要法律在一定程度上对用人单位和经营者一方的自主范围进行必要的限制。但这种限制并没有从根本上改变双方的关系性质，因而仍属于私法的体系范畴。

至于第三法域说，无论这样的研究有怎样的价值，由于至今并未形成统一的法律理念和区分标准，因而无论是在立法上还是在法律适用上，目前均无独立区分的必要。而公法与私法分类的基本意义在于便于法律的适用。梁慧星教授在谈及公法与私法的分类时说，法律之分为公法与私法，乃是人类社会文明发展的重大成果，是今日整个法秩序的基础。如果这一区别被混淆，甚至无视公法与私法的本质差异，作为社会调整器的法律将会失灵，并导致社会关系和社会秩序的混乱。[①]但对所谓的第三法域而言，其对法律适用的影响目前还没有显现。

三、私法、民法与商法

相对于民法，商法的主体指具有经营资格的商主体，但商主体同时也是民法主体，二者之间并无根本的区分，比如公司，公司既是民事主体，也是商主体。无论是民事主体，还是商主体，都是单纯的个体存在，并不以任何社会身份为条件，因此仍然属于私主体。从内容上看，商法所涉及的问题同样是由个体自主决定的，即使在某些单行法中存在强制性条款，与知识产权法一样，我们仍然可以对其中不同性质的规范进行区分。在此意义上，商法与民法同属于私法的范畴。

有些国家民法与商法是分别制定的，也有很多国家在立法上不进行区分，称为民商合一的立法体例。但即使是采民商合一的国家，学界也普遍承认，商法在法律理念和法律原则上，与民法还是有很大区别的，因此在理解方式和法的适用上，也必然会有不同。而且，商法作为对商事活动规则的经验总结，内容庞杂，内在的逻辑关系脉络也不像民法那样清晰。在这种情况下，很难将商法纳入民法典的统一体

① 参见梁慧星:《从近代民法到现代民法》，载《中外法学》1997年第2期。

系之中。

我国民法学界均称我国采民商合一的立法例，但商法一直是以单行法的形式出现的。从当前民法典分则草案看，分则共有六编，分别是物权编、合同编、人格权编、婚姻家庭编、继承编和侵权责任编，商法的内容一概没有涉及。由于直到目前为止，还没有任何有关制定统一的商法典的官方态度，在相当长一段时间内，公司法、破产法、证券法、商业保险法、票据法、海商法等商法规范还将以单行法的方式继续存在。但无论何种立法形式，都不能改变商法的私法属性。

第十一章 私法的纵向体系构造

第一节 私法体系的纵向脉络

一、体系的意义

法律规范并非彼此无关地平行并存，其间有各种脉络关联，或者说存在于一定的法的体系之中。立足于不同的层次，法有不同的体系构造，比如立足于一国国内的法律，法律体系体现的是各种部门法内在的组合形式；而立足于某一部门法如民法，法律体系体现的是民法各部分之间的内在组合形式。

一般来说，法律的体系化具有以下功能：

1. 避免立法的散乱与重复；

2. 避免法律内在的冲突与竞合；

3. 体系化所形成的一般性原则有助于缓解法律规范的过于刚性，也有助于为法律解释及法律漏洞的弥补提供一般性原则与标准。

但法律体系是建构性的，立足于不同的视角，会形成对法律的不同理解方式，从而也会形成不同的体系构建方式。如果体系的建构方式未能准确反映法律内在的逻辑关联，则可能会对法律的解释与适用带来负面的影响，比如增加法律适用上的冲突与竞合。有时候，一种封闭而不具有开放性的体系建构还有可能因不能及时适应现实的需要而变得僵化，从而在一定程度上束缚了法律的发展。

对于采用德国潘德克顿体系的国家，学者们已经认识到该体系当前所面临的困境，但直到目前，民法学界似乎并没有找出一个能够被普遍认可的解决方案。在此情况下，一些学者提出了解法典化甚至反法典化的主张。我国当前正在制定民法典，同样也有学者对制定一部体系严谨的民法典缺乏信心。

但是，大概没有人会否认，即使我们在立法上放弃法典化的编纂思路，对一部部门法内在逻辑关系的关注与研究仍是必要的。法的体系化不仅仅是一个立法问题，它更是一个法律解释与法律适用问题。失去了体系化的关照，在法律适用中无疑会增加更多的冲突与竞合。而且，松散式的民法编纂思路，甚至放弃制定一部民法典，也并非不考虑民法的体系问题，而只不过是对我国当下现实的一种权宜。他们并非反对法律的体系化，而不过是对完善的体系化本身缺乏信心。事实上，无论法典化的思路多么松散，哪怕合同法、物权法等均以单行法的形式出现，仍然无法掩藏其内在的体系化逻辑脉络，体系化仍有其不可替代的研究价值。

二、私法的脉络与体系建构方式

不同的视角有不同的逻辑起点，基于不同的逻辑起点，也会形成不同的法律理解方式与思维方式。在法律理论及其体系的构建上，不同的理解方式与思维方式体现出不同的逻辑脉络，这种逻辑脉络会进一步影响甚至决定着法律的体系建构方式。

脉络体现的是内在联系，是构成整体的各个部分之间的关系形式以及整体的组成形式。脉络是始终贯穿的，而不能是中断的。一旦内在的脉络中断，无论在形式上是否还保留着一个整体的样子，其内在的联结已经不在了，也就不再成为一个整体，对法律的理解方式和法律思维方式也就易生断裂，无法再达致整体的融贯一致。这种始终一贯的脉络反映的是对事物的一种整体认识，是对体系内在逻辑关系的精准把握。因此，任何脉络的形成都离不开某种理论的指导，都必然是某种理论演绎下的产物。

古罗马法学家们无意于规模宏大的体系建构，而是更愿意通过个案来发现实用的法律适用原则，由此所运用的实用主义思维方式虽有助于个案的处理，但无助于系统的理论与体系建构。中世纪法学家借助于亚里士多德的逻辑学对私法体系的建构再次进行了尝试。然而，逻辑学作为一种方法，它虽然有助于对法律概念进行更为细致的划分，并对法律制度进行更为精巧的拼嵌甚至粘接，但逻辑学方法本身并不能成为制造这种脉络的材料。因此，中世纪法学家们单纯依靠逻辑学方法所构建的体系必然也只是形式意义上的，其内在的联系是机械式的，而不是如人的经脉一样内在贯穿的，这样的体系是缺少灵魂的。

近代理性法时期，人们将目光转向了理性，理性有能力发现脉络，也有能力发现建构的材料和方法，然而理性本身只是可能性的来源，是否能够发现一个适当的逻辑起点并据此建立起贯穿整个体系的脉络则完全是另外一回事。近代理性主义者的最大贡献在于将人们的目光从天国拉回到了人间，他们也试图立足于人性来建构起一个逻辑严谨的法律体系，但人性在很大程度上不过是理性的创造物，它似乎并不可靠，而且也不具有确定性。因此，我们看到，洋溢着理性主义光辉的《法国民法典》所新酿的美酒，在体系的建构上仍然沿袭了古罗马的传统，不得不重新将之装在“法学阶梯”这只古董级的旧瓶里。

真正寻找到一种内在的脉络并由此建构起一个严谨体系的任务是由德国法学家完成的。借助于康德哲学，立足于意志，德国法学家首先根据意志的作用对象将私法分成若干部分，从而为私法各部分寻找到了共同的联结点。意志并不是单纯的联结点，还是贯穿各部分的内在的经络与血脉，不仅各种制度均立足于意志来理解，而且法律行为理论、权利理论、自治理念等私法理论均是通过意志理论进行构造，并贯穿于体系的各个部分，从而使整个私法体系保持着高度的内在统一性。德国法学家声称他们所采用仍是罗马法体系——《法学汇纂》体系，然而，德国法学家理解法律的方式和体系内在的脉络关系与古罗马已经完全不同。这只酒瓶虽然仍保留着罗马法的传统造型，但它是新制作的，用的也是与以往完全不同的技术工艺。

意志虽然被德国法学家作为私法理论及体系建构的起点，并成为贯穿整个体系的内在脉络，但遗憾的是，意志概念本身在法学家那里并未得到充分的讨论，由此所建构的理论与体系不可避免地存在诸多问题。依据康德哲学，所有人都是平等而自由的主体，一个人不得被纳入另一个人的意志支配对象范围。但在债法上，潘德克顿法学家又认为债表达的是主体支配他人行为的领域，在这一问题上，他们从未能做出圆满的解释。同时，在潘德克顿法学家立足于意志所建立起来的体系下，各部分如物法、债法、家庭法和继承法是并列的横向排列关系，每个部分都有各自独立适用的理论、原则、制度甚至是责任形式，由此形成了各个相对完整的子体系。诸子体系的理论构建在很大程度上忽略了子体系之间的连通，因而未能有效地避免各部分内容之间的冲突与竞合。更为严重的是，潘德克顿法学家立足于个体意志的自由所建构起的理论，在很多情况下——尤其是在劳动和消费者领域——却使个体的意志自由无处安放，由此导致传统体系的渐趋崩解。

总之，德国潘德克顿法学家们在整个法律理论与体系构建上，借助于意志形成了贯穿始终的内在脉络，由此建立起一个比此前任何法学理论都更为严谨的理论与体系。然而，这种理论不仅因对意志概念本身缺乏深入的讨论而变得先天不足，在具体的运行过程中这一脉络也并不通畅，甚至出现了自身无法治愈的顽疾。

我国当前正在制定民法典，从当前各种建议稿与立法进程情况看，尽管我们在人格权法与侵权责任法是否独立成编、债法总则与分则的编排等问题上对潘德克顿体系做了很大的调整，但总体上并未突破潘德克顿体系的基本框架，其基础理论与内在脉络仍是对潘德克顿体系的沿袭。早在100多年前，拉德布鲁赫就对《德国民法典》评价说，该法与其说是20世纪的序曲，不如说是19世纪的尾声。如今，又是100多年过去了，我们不能还指望着它继续载着我们完成21世纪的行程，是时候重新考虑体系的建构方式了。

三、自主理论的体系框架及其纵向脉络

私法是个体意志自主决定的领域，建构私法体系需要首先考虑的是，哪些领域是个体意志自主决定的，以及对于不同的领域，法律的规范目标是什么。

个体首先对自己有支配的自由，有决定自己如何行动的自由，有权依自己的意思塑造自己的形象。如果一个人对其自身都没有自主性，那么他便不再是一个独立而自由的主体，其他方面的自由与自主也就失去的意义。其次对于属于本人所有的东西，他有使用、处分的自由，如果本人对某物不能使用、处分，该物就不能说是他的。或者说，如果某物已经被纳入或部分被纳入个人的意志，则在已纳入本人的意志的范围内，该物受本人的支配，属于本人自主决定的领域。最后一个人与何人建立一种什么样的关系，应当由本人做主。他与任何人之间的关系不应当由第三方来决定，而应当由本人设立并维系。由此，个体意志自主决定的领域可分为三部分，即本人、已纳入本人意志的外

在自然，以及本人依自己的意志与他人建立的关系。为表述的方便，上述三个领域可简称为："我"的领域、"我的"的领域和关系领域。

由于自主领域的行为都是个体自己做出的，行为的后果也应当由本人来承担，由此进入责任领域。本质上讲，任何责任都具有强制性，责任人无权选择。但在私法上，受害人是否追究行为人的责任，以及在多大程度上追究其责任是可以在法定责任幅度内自主决定的。在此意义上，私法上的责任与公法上的责任不同，也是可以自主决定的。

"我"的领域与"我的"的领域表达的是已经纳入"我"的意志支配的范围，可称为主体领域，私法的领域由此可分为：主体领域、关系领域与责任领域。

主体领域表达的是一个独立而完整的个体所拥有的东西，是一个人区别于他人的边界，在这一领域，每个人都是孤立的存在。进入关系领域，个体才与他人依照自己的意志建立起联系，由此可以说主体领域构成关系领域的基础和前提。相对于责任领域，主体领域和关系领域确定了个体针对他人的义务，其中：在主体领域，个体对他人所负的义务为普遍性义务，而在关系领域，个体应负的义务是关系当事人自我设定的义务或由法律事先预设的义务，无论何种义务，义务的违反构成责任。

主体领域、关系领域与责任领域之间体现的是一种相互承接的关系，主体领域构成关系领域的前提，主体领域与关系领域又共同构成责任领域的前提。相对于潘德克顿体系的横向构造，这种体系反映的是一种纵向的脉络构造，因而可称为纵向体系。立足于法典化的视角，纵向体系的内容主要可以设计为三编：主体领域编、关系领域编和责任编。关于个体主体地位以及自主行为的内容，可另行单独设立总则编来予以统一规定。由此纵向体系可分为四编：总则编、主体领域编、关系领域编和责任编。

第二节　纵向体系的具体构造

一、总则编

潘德克顿体系是一种横向体系，各编以个体意志的作用对象为基础，没有为主体制度留下空间。而且，德国法学家抽象出法律行为的概念，认为其是从各编中提取出的公因式，需要统一规范，为此专设总则编，该编包括主体制度、法律行为理论以及期间时效等其他一般性规定。

主体领域与关系领域用以确定个体意志自主决定的范围，同样不包括主体制度本身，主体制度需要另行规定。意志自主理论不再使用法律行为概念，而是使用自主行为概念，自主行为同样也需要统一规定。在此问题上，纵向体系与横向体系一样，均需要设置总则编。在纵向体系下，总则编主要包括四部分内容：一是主体制度，包括自然人、法人和非法人组织；二是自主行为，包括自主行为的判定、类型及其效力、自主性的欠缺等内容；三是期间与时效；四是法律的解释与适用，包括涉外民事关系的法律适用规则。

二、主体领域编

主体领域反映的是诸个体意志并存的条件，对于本人而言，主体领域所确定的是个体意志自由支配并免受外在干涉与侵犯的范围，对于他人而言，主体领域划定的是个体行为的外部边界。从内容上，主体领域包括两部分：一是“我”的领域，二是“我的”的领域。“我”

的领域反映的是一个独立而自主的“我”所享有的东西，属于人格权的范畴；“我的”的领域属于已经纳入个体意志支配的范围，属于财产权的范畴。知识产权既包括“我”的领域，还包括“我的”的领域，由于其表现形式的特殊性，可以将之单列。

（一）人格权领域

人格权反映的是一个人之所以成为一个完整的、独立的、自主的个体所依赖的主体条件。没有人格权，个体便不能成为一个法律上的主体，便不能成为一个主体意义上的“人”。人格权主要包括三类：一是物质性人格权，包括生命权、健康权和身体权，表达的是人之为人的物质载体；二是自由人格权，包括迁徙自由权、表达自由权、自主决定权、信仰自由权等，表达的是一个自主主体所应当享有的基本的自由；三是形象人格权，包括姓名权、肖像权、隐私权、名誉权、个人信息权等，表达的是一个人所意欲对外展示的独特的自我。

（二）财产权领域

财产权并不是泛指任何与财产相关联的人与人之间的相互关系中的权利，而仅仅指人与财产的关系，是人对财产的权利，所确定的是已经被纳入个体意志支配的财产的范围。财产权领域反映的是一个独立、完整而自由的个体生存所依赖的外部条件，与人格权领域同属于主体领域的范畴，其目的在于解决诸个体之间主体领域的共存。因此，作为主体领域的组成部分，财产权领域仅仅反映个体意志支配的范围，并不以任何他人意志的参与为条件，凡是需依赖于他人意志的参与而建立的关系——如物的交换、物上担保的设定等关系——均不属于财产权领域，而是属于关系领域的范畴。

（三）知识产权领域

知识产权作为人的智力成果，是个体某方面能力的展现，故而能够表达个体所欲展现的自我形象，因而包含人格权的内容。同时，知识产权因其有用性又体现出一定的经济价值，这部分内容又可归属于财产权的范畴。因此，知识产权兼有人格权与财产权的特征，但由于其自身的特殊性，现代立法多将其单独归类。知识产权一般包括三部分：著作权、专利权与商标权，除此之外，非专利技术、集成电路布图设计、商业秘密、植物新品种等同样也可构成知识产权的客体，受到法律保护。

作为主体性权利的知识产权同样只反映主体与客体的关系，由于知识产权取得的具体条件、程序涉及公权力的审查授予，故属于公法的领域，不宜规定于民法典之中。由于知识产权的转让、使用许可等依赖于关系当事人基于共同的意志而设立，故而不属于主体领域，而是属于关系领域的范畴。也就是说，作为主体性权利的知识产权在主体领域中只解决权利的归属和权利的具体内容，而不涉及其他。

（四）主体领域通则

人格权、财产权与知识产权均属于主体性权利，具有共同的性质特点，故可设通则统一规定主体性权利的一般性问题。同时，主体领域需要明确个体针对他人的普遍性义务，主体性权利仅可确定义务的范围与边界，但不能确定义务的内容及其履行方式，因而同样需要统一规定。

由此，主体领域编可分为通则、人格权、财产权和知识产权四个分编。

三、关系领域编

关系领域中，各不同关系模式中的权利在性质上为构成性权利，义务为设定性义务，权利的性质与行使方式、义务的性质与履行方式同样有共同之处，为避免内容重复，需要设立通则编来统一规定。除此之外，关系设立、变更和消灭的一般规则，关系模式等也需要在通则编中统一规定。

由于不同的关系类型承载着不同的社会功能，为了确保各社会功能的实现，法律会通过不同的方式来限制或者鼓励人们选择某种特定的关系模式。因此，关系领域除规定用以设定不同类型关系的意思表示的一般性规则外，更多的内容是规定不同关系类型的关系模式，主要包括以下 5 种。

（一）合同关系

合同关系是单纯依靠关系当事人意志共同设定的关系，其设立不依赖于当事人之间的任何先前关系，即使存在某种先在的关系，原则上也不被纳入合同关系的考量范围。合同关系中的不同类型，如买卖合同、借款合同、建设工程合同、赠与合同、技术合同、居间合同等尽管也承载着某种社会功能，但这种社会功能一般不需要法律通过特定的调整手段来促进其实现。因此合同关系类型所设定的关系模式，其目的主要不在于社会功能的实现，而在于合同关系设定的高效与快捷以及当事人意思表示不充分时的解释与补充。因此，当关系当事人合同中的约定与关系模式中的预设不一致时，如果该预设的目的并非对个体意志自主性的限制，无疑应当首先尊重当事人的约定，而不是适用模式的设定。

（二）家庭关系

家庭作为社会组织结构的基本单位，承载着无可比拟的社会功能，因此在各国立法中向来受到特别的关注。古今中外，统治者一般不允许个体完全依赖本人的意志自由地设定家庭关系的权利和义务，而总是通过立法的形式来预设家庭关系的具体内容，并强制当事人去遵守。现代家庭关系作为私法的重要内容，除极为个别的情形外，立法者一般并不强制个体设立特定关系并履行特定义务。但绝大多数国家在立法上为家庭关系预设了特定的关系模式，一旦个体选择进入特定的关系模式，就要受该关系模式所预设义务的约束。

家庭关系主要包括两类关系：一是婚姻关系；二是亲子关系，包括收养关系。生物意义上的亲子关系形成之时，婴儿没有表达意志的能力，因此形式上这种关系并非由当事人共同设定，但从生物选择意义上，同样也可以视为自主选择的结果。除此之外，兄弟姐妹之间、祖孙之间在特定情况下也被纳入家庭关系模式的调整范围。

（三）继承关系

继承关系一般包括三种类型：一是法定继承，二是遗嘱继承，三是遗赠协议。在这三种继承关系类型中，除遗赠协议系由关系当事人共同设定外，其他两种关系形式上似乎并没有反映关系当事人的共同意志。法定继承以特定的家庭关系身份为前提，也可以视为家庭关系中的一种特殊关系类型，在某种意义上，甚至可以说是强化家庭关系纽带的一种手段。

遗嘱继承反映的是遗嘱人单方的意志，同样不依赖于继承人的意志，在此意义上，遗嘱继承更像是个体对财产的单方处置。但是，这种单方处置与主体领域中个体对财产的处分行为并不完全相同，这种处置之目的并非单纯地放弃对物的支配，而是有明确的目标指向。而且，一般情况下，遗嘱继承并不为继承人设定义务，因而原则上无须事先取得继承人的承诺表示。即使遗嘱人在遗嘱中为继承人设定了义务，这种义务相对于通过遗嘱所取得的利益，一般也是微不足道的，至少依通常观念是可以接受的。在这种情况下，除非继承人明确做出放弃继承权的表示，法律上一般会推定不违背继承人的意志。因此，继承关系可以视为自我设定的关系的特殊关系类型。

（四）社员关系

社员关系也可以称为成员关系，调整的是某种组织或团体的内部成员关系。个体是否愿意加入某种组织或团体以及意欲加入何种组织都是由本人决定的，因此同样属于本人自主设立的关系。但与其他关系类型不同，社员关系主要并不表现为单纯的个体与个体之间的关系，而是常常表现为个体与群体之间的关系。对于一般的关系类型，如果关系内容的设定不符合本人的意志，则无法达成对其产生约束力的关系，但在社员关系中，个体的意志往往会被集体意志所淹没，因而在社员关系中，对于特定的某个体而言，最终通过的决定往往并不体现个体的意志，社员关系由此体现出非常独特的特点。根据我国当下的现实情况，社员关系主要包括股东关系、居民成员关系、集体成员关系、协会会员关系等类型。

（五）不对等关系

当下的不对等关系主要包括劳动关系与消费关系。这两种关系本来都属于普通的合同关系，但因当事人意志以外的原因使得双方的关系并不真正对等，而且这种不对等具有一定的普遍性并被社会所固化。对于这种关系，如果不予以特别关照，则在相互关系中，弱势一方无法真正表达自己的意志。就此，法律所采取的方式往往是强制性地为强势一方设定某些特别的义务，同时赋予弱势一方某些特殊的权利，从而使双方的关系能趋于平衡，并在关系建立过程中能够尽可能地体现双方共同的意志。

将上述关系类型中的每种类型作为一个分编来规定，加上通则编，共六个分编。

四、责任编

主体领域与关系领域在于确定个体的普遍性义务与自我设定或法律预设的义务，责任是违反义务应承担的法律后果。从法律规范的角度说，责任主要包括三部分内容。

（一）责任的认定

责任构成主要涉及归责原则、责任构成要件的认定、责任的抗辩，特殊归责原则下责任的具体认定等。这基本上是传统侵权责任法的大部分内容，但并不局限于侵权责任法，违约责任以及传统物权法的责任也是其内容的一部分。

（二）责任的范围：损害

私法上的责任主要是赔偿责任，赔偿责任的大小取决于损害的大小，责任的范围因而也是可赔偿损害的范围。就此内容，我国传统民法中并未规定，主要是由司法解释来明确损害的具体认定标准。然而，赔偿标准不单单是一个赔偿依据，标准是否合理不仅对预防侵害和违约有着重要意义，而且对维护普通人内心中的公平感从而有效消除心理不平衡感也有重要意义。由司法解释来解决损害的认定虽然有利于及时适应社会的变化，但通过法律来明确损害认定的一般原则仍是必要的。立法应当为法律适用确定一个基本的框架，而不是将之完全推给司法。

从类型上看，损害主要包括人身损害、财产损害和精神损害三部分，不同的损害类型有不同的认定标准和认定方式。

（三）责任的承担

主要包括责任主体的认定、责任形态、责任的承担方式、责任的转移等内容。

第三节　纵向体系与横向体系的比较

一、请求权的统一

责任的构成以行为人的义务违反为前提，并不以受害人的意志为基础，但这并不意味着责任对受害人而言只是一个单纯的不可改变的事实。在私法领域，受害人的意志并不左右责任的构成，事实上却决定着责任的最终承担。公法上责任的性质主要在于制裁，着眼点在于行为的社会危害，而不是对个体造成的损失，其目的在于对违法行为的预防，因而责任的追究原则上并不考虑受害人的意志。而私法上的责任，其着眼点主要不在于行为的社会危害性，而在于行为对个体造成的损害，目的主要在于对损失的弥补，在这种情况下，应充分尊重受害人本人的意志，是否追究责任也就取决于受害人的选择。因此说，在私法领域，责任的最终承担取决于受害人的意志。

受害人的这种意志是通过请求权的行使来表达的。在传统私法理论上，请求权是要求他人为或不为一定行为的权利，在此基础上发展成为一个包括债法上的请求权、物法上的请求权、家庭法上的请求权和继承法上的请求权在内的请求权体系，并成为涵盖民法各编的基础性概念。

这样的请求权体系与立足于个体意志作用对象而形成的权利体系是完全吻合的，也是与整合私法体系的构造相一致的。然而，由于不同权利类型中有不同的请求权，不同的请求权针对的是不同的责任认定方式，因此，这样的请求权体系不可避免地会造成各种不同责任之间的竞合。

这样的请求权概念也无法对义务与责任进行明确的区分。原则上，任何承诺的履行都对应着相对人的请求权，相对人可以请求承诺人履行承诺，在此意义上，请求权所对应的是义务，而不是责任。但损害赔偿同样也对应着某种请求权，受害人可以请求加害人赔偿，在这种情况下，请求权对应的是责任，而不是义务。可以说，在请求权体系下，并不对义务和责任进行明确的区分。由此我们看到，继续履行、修理、更换等履行行为都成为责任的承担方式。

为解决传统义务和责任理论在请求权问题上的困境，魏振瀛教授将请求权区分为原权利的请求权与救济权的请求权两类。他认为，原权利的请求权对应的责任没有强制性，需依赖于责任人的自动承担。当责任人拒不承担责任时，就产生第二种请求权，即救济权的请求权。但救济权的请求权也不具有强制性，如果责任人仍拒绝承担责任，则需依赖诉权救济。因此，魏振瀛教授说："救济权的请求权是在民事责任自动承担和强制承担的中间环节上产生的。"[①] 如果说将原权利的请求权对应于个体的义务，而将救济权的请求权对应于责任，基本上能

① 魏振瀛：《民事责任与债分离研究》，北京大学出版社2013年版，第66页。

够将义务与责任相区分，但魏振瀛教授将救济权的请求权借助于当事人是否自动履行来定义，将其定位于民事责任自动承担与强制承担的中间环节，这样的区分同样没有清楚区分义务与责任，实际上并无太多的实益。

应当认识到，请求权本身并不是一种独立的权利，在任何情况下，它都必须以某种基础性权利为前提，在此意义上完全可以说，所谓的请求权不过是实体性权利本身所具有的一项基本权能。任何权利都包含着这样一种权能，在主体性权利中，包含的是一种请求他人不为一定行为的请求权，而对于关系中的权利，包含的是一种请求他人为一定行为的请求。在此意义上，请求权对应的是义务，而不是责任。返还原物、停止侵害、消除妨碍、恢复原状等都是不作为义务的要求，而继续履行、修理更换、降价重做等都是作为义务的体现，因而都属于义务的领域，而不是责任的范畴。

原则上，任何义务都必须履行，但这并不意味着任何义务都应当被强制履行。

主体领域的义务表达的是个体意志自主性并存的条件，应当强制履行，否则主体意志自主性得以共处的基本秩序便会受到破坏。但即使如此，这种强制仍不是对个体行为的直接强制，而仍是通过责任的间接强制。但是，对于因违反普遍性义务而造成的损害，如果该损害可以恢复，且义务人有能力恢复的，应负恢复义务，该恢复义务原则上是可以强制履行的。本人拒不恢复或没有能力恢复，也可以通过代履行恢复，并强制义务人负担相应的代履行费用。

关系领域的义务表达的是本人的设定或者本人对关系模式所设定的义务的同意，体现的是个体意志的自主性，因而属于个体自主性的范畴，原则上不得强制履行，而只能通过责任的承担来敦促义务的履行。在这种情况下，是选择责任承担还是选择义务履行原则上取决于当事人自己。也就是说，就此问题的选择权在义务人或责任人，而不在于权利人。如果当事人选择继续履行义务，则应主动继续履行义务，如果本人拒绝履行义务，则应对因义务不履行而造成的后果——注意不是义务履行本身——承担责任，而只有对这种后果的承担才具有可强制性。对于金钱给付义务或种类物给付义务，由于义务的内容与违反义务后责任的内容没有实质性区别，故也可以强制履行。

简单来说，责任主要来源于两个方面：一是因违反消极义务——不作为义务——所造成的不可挽回的损害；二是因未履行积极义务——作为义务——而造成的损失。对于虽违反消极义务但仍可挽回的，行为人仍负有恢复原状或返还财产的义务，而对此外的其他损失才属于责任的范围。对于积极义务，由于这种义务没有强制性，因而不存在义务履行的强制，只存在因义务不履行而造成的损害的责任。

总之，请求权所体现的不过是权利的一项权能，由于不同的请求权针对的是不同的义务，是以特定的关系为前提的，因此也可以理解为一种构成性权利。但是，责任承担前提意义上的请求权只有一项，即损害赔偿请求权，其请求权基础也只有一点，即义务违反所导致的损害。也可以说，请求权可分为两种基本类型：一种是义务履行请求权，这种请求权是针对义务的；另一种是损害赔偿请求权，这一请求权是针对责任的。这样的区分有助于避免请求权视角下义务与责任的混淆，同时，不管是基于物上请求权、合同法上的请求权，还是任何法的领域上的请求权，除义务履行请求权外，均统一为损害赔偿请求权，从而避免了传统私法理论上的责任竞合。

二、责任与义务的区分

债的标的主要是“给付”，自我设定的给付义务——如合同义务——是债，基于义务违反而产生的责任——如因侵权而形成的赔偿责任——因主要表现为给付，同样也是债。所以，传统的债法理论立足的是给付，并不区分义务与责任。立足于这样的角度，债也可以表述为“应当但尚未完成的给付”。

这种义务与责任的混淆在体系构建上显得非常尴尬。合同义务是给付，违反合同而产生的责任也是给付，侵害物权和人身权而产生的责任同样也是给付，因而都属于债的范畴，甚至违反亲属法上的义务所产生的责任也是债。这样，债与物法以及亲属法等就不再是一种单纯的并列关系，还存在交叉关系，因为物法与亲属法上具有给付内容的责任同样也应归入债的范畴。在这种情况下，如何在法典中安排债法的位置，如何处理债法与其他部分的关系，就成为一个非常棘手的问题。

目前为止，法学学者并没有找到一种合理的体系构建方式，也没有通过债来将所有的给付统一起来。物权法、合同法、人格权法，甚至亲属法上所有因义务违反而产生的具有给付内容的责任实际上仍分别规定于各部分之中。因此，传统私法理论中并没有统一的责任理论，责任是由侵权责任、合同责任、亲属法上的责任、物权法上的责任分别进行讨论的，至今未对责任问题形成前后融贯的统一的理解与解释。

魏振瀛教授通过区分请求权的类型试图将债与责任进行区分。他认为，人的权利都对应着他人的某种义务，相应地也就对应着某种请求他人为一定行为或者不为一定行为的请求权。这种请求权是基于权利本身所固有的内容而存在的，魏振瀛教授称之为原权利的请求权。原权利的请求权不限于债法，物法和亲属法中的权利同样也对应着某种请求权，如所有权包含着要求他人不作为的请求权，配偶权包含着要求配偶为一定行为或不为一定行为的请求权。原权利的请求权对应的是义务，在债法上就是债。如果原权利的请求权所对应的义务没有履行，就产生了责任。魏振瀛教授认为原权利的请求权只是针对原有义务的请求权，并不是针对责任的请求权，要求相对人承担责任的请求权属于救济权请求权。也就是说，原权利对应的是义务，请求相对人履行义务的请求权是原权利的请求权；原权利在相对人不履行义务时产生救济权，救济权对应的是责任，请求责任人承担责任的请求权属于救济权的请求权。由此，债与责任基于请求权的区分而得以分离，在此基础上，他认为可以基于救济权的请求权实现债法、物法和亲属法上的责任的统一。

但是魏振瀛教授最终未能将责任与债彻底区分开，首先是违反债的责任未被纳入统一的责任体系中去，而是仍保留在债的体系之内。魏振瀛教授对此解释说，债本身具有财产性，只有能够转化为金钱数额的行为才应当被纳入债的体系。但这样一来，不仅违反债的责任不能与债相区分，基于侵权而产生的损害赔偿同样因为其财产性而与债保持着无法割断的联系，比如责任承担问题仍需沿袭债法的一般规定。

从我国当前的立法看，《中华人民共和国民法总则》中责任的独立规定，以及《中华人民共和国侵权责任法》的独立均表现出一种将责任独立的努力。但从当前的情况看，仍没有形成一种理论使责任从债法中独立出来，民事责任并没有脱离与债的内在关系。在这种情况下，责任即使在民法典中独立成编，也不可能找到自己的灵魂。

魏振瀛教授所主张的债与责任的分离也没有解决责任与债的关系问题。债与责任分离意味着将债定位于义务，尽管人们常常将债理解为某种义务，但反过来义务常常并不能理解为债。比如说夫妻间的互助义务，这种义务并不是债，又比如避免给他人造成伤害的注意义务，这种义务更不是债。即使是合同法中的履行义务同样也不与债等同，比如加工承揽合同中承揽方的履行义务，在人们的一般认识中同样也不属于债的范畴，甚至对于买方的付款义务，在其未届清偿期之前，即使称之为债，也仅具有经济学上的意义，其与违约之债和侵权之债中所称的债在性质上均不相同。

将债定位于义务，实际上还忽略了债的共性，合同、侵权、无因管理与不当得利，其共性的部分不在于义务，而在于与给付相关的一般规则，除给付规则本身外，还包括债的转让、债的保全、债的担保、债的按份与连带承担、债的消灭等。这些规则作为债法的总则部分从某种意义上也可以说是从各种债的关系中提取出的公因式，但是这种公因式似乎并不是从各种义务中提取出来的，除以给付为内容的义务外，上述规则所规范的主要是义务违反情况下的后果承担与实现。比如债的担保，担保义务是债务人不履行义务的前提下才发生的，但担保并不能强制义务本身的履行，而是义务不履行所导致的损害的赔偿。由此可以说，债法总则部分的内容在性质上主要是关于责任的规定，而不是关于义务的规定。

立足于人与人之间的关系类型，侵权、无因管理和不当得利调整的是共处关系，而合同关系属于自我设定的关系，不同的关系类型意味着不同的义务，而不管是什么义务，均不过是债发生的前提或者说原因，义务本身并不是债，只有违反义务造成的损害赔偿责任才是债。在这一意义上，债不仅不应与责任相分离，反而应与责任相统一。义务是债的原因，而不是债本身。比如合同义务，合同义务是合同当事人自我设定的义务，原则上不具有履行的强制性，因而这种义务本身也不是债，只有对义务违反所导致的损害赔偿，才是具有可强制的责任，才是债。

这样，无论是共处关系的义务违反还是自我设定关系的义务违反，也无论是合同法上的义务违反还是物权法和亲属法上的义务违反，除可强制履行的义务外，最终都表现为损害赔偿。由此，一切责任都有了共同的基础与表现形式，得以共同统一于责任体系之下。由于这种统一是债与责任的统一，债不再具有其他方面的意义，在此意义上也可以说责任实际上被纳入了债的范畴，因此可以称为责任之债。

当然，任何概念的使用都具有约定俗成的成分，立足于不同的角度赋予其与传统不同的意思，这样的做法常常并无必要，也没有实际的意义。但是，立足于意志自主性理论，理论的内在脉络不再是以意志的作用对象为基础的横向脉络，而是一种以权利义务和责任为线索的纵向脉络。在这样的理论体系下，传统民法理论上的债权、物权等概念已经被大大淡化，甚至完全可以弃之不用，债的概念和体系问题以及其与义务和责任的关系等问题由此也就变得不再重要了。

三、编排形式上的差别

（一）物权法的分解

立足于意志自主性理论，财产权在性质上同属于主体性权利，与人格权相比，人格权表达的是作为主体的“我”的领域，而财产权表达的是“我的”的领域，由于“我的”的领域已经被纳入个体意志的支配范围，从而构成了主体性领域的一部分。被纳入个体意志支配的情形主要有两种：一是所有物，即已经取得所有权而受本人意志支配的物；二是占有物，指虽未取得所有权，但占有本身表明了该物已包含占有人的意志，故亦得受法律保护。

除所有权和占有，传统物权法理论上的物权还包括用益物权和担保物权。但是，用益物权和担保物权并不能基于本人的意志而形成，而是需与用益物或担保物的所有权人共同设定而形成的权利，本质上属于构成性权利。只不过这种权利在债权实现时，较之于其他债权具有优先性，为了保护其他债权人利益，这种权利只有在经法定方式进行公示的前提下才能成立，从而在形式上表现出与所有权变动生效要件相类似的特征。即使如此，从权利的来源和性质上，用益物权和担保物权仍属于构成性权利，不宜规定在主体领域中。

在我国，由于个体不能取得土地所有权，只能向政府或集体组织申请取得土地使用权，故而所有权中并不包含土地所有权的内容。由于这一用地申请审批过程并不属于私法的范畴，因此也无法在关系领域通过私法意义上的用益合同来进行规范。事实上，尽管我国民法理论上将土地使用权归属于用益物权的范畴，但土地使用权与其他用益物权有着根本的不同，土地使用权源于国家或集体的授予，而非私法主体的设定。在我国土地公有的背景下，土地使用权在很大程度上承担的是土地所有权的制度功能。在此意义上，可以将土地使用权作为一种特殊的主体性权利，规定在主体领域编。

（二）债法的取消

与横向体系相比，纵向体系最大的变化是债法。在纵向体系中，实际上已经不再存在传统意义上的债法。在横向体系中，债源于个体意志作用他人的行为，但意志自主理论不认为个体意志可以作用于他人的行为，任何人的行为都不应受他人的支配。在关系领域，关系一方之所以应当如何行为，是因为他本人通过自己的意志为自己设定了义务，并且这种设定常常以他人的义务设定为交换，由于这种义务设定成为他人实现某种预期的条件，如果因违约使条件不成就而给对方造成损失，本人需承担相应的后果。在这种情况下，是继续履行义务还是承担相应的法律后果，原则上仍取决于当事人本人的选择，并不能认为其行为应受他人意志的支配。依据这种认识，所有依赖于个体意志而自主设定的关系将统一于关系领域之中，债便失去了其存在的理论基础。

在纵向体系中，主体领域和关系领域均不涉及责任，其法律规范主要在于明确个体的义务。其中主体领域所明确的普遍性义务包括注意义务、容忍义务和最低限度的协助义务。侵权责任可归于对注意义务的违反，相邻关系中所产生的责任可归于对容忍义务的违反。而最低限度的协助义务主要指特定情形下的救助义务、不当得利的返还义务和无因管理的补偿义务。因不当得利和无因管理所产生的义务，从表现形式上看，常常是因他人单方行为而施加给义务人的义务，比如因本人的失误将款项支付给不相关的人，此人没有正当理由收到款项，应负返还义务，但这种义务并非自己设定或因自己的行为所引起的，而是基于对方的过失而产生的。但是，为了维护一种正常的共处关系，这样的义务是必要的。由此，原属于债法中的侵权行为、不当得利和无因管理，其中与义务设定有关的内容被归于主体领域中，属于主体对他人所负的普遍性义务。

债法中的另外一部分内容是合同，合同关系是当事人共同设定的关系，属于关系领域的范畴。但关系领域不限于合同，家庭关系、成员关系、劳动关系等同样也属于关系领域。关系领域法律规范的重点同样在于明确个体在关系中的具体义务，但这些义务并不能等同于债，关系领域同样没有为债留下空间。

（三）人格权编与责任编的独立

在横向体系中，人格权没有独立成编，人格权内容是包含在主体制度之中的。之所以如此，萨维尼的解释是：尽管人格权是不容置疑的，但人格权并不需要实在法的承认与限制，将其作为与其他权利同等的权利来对待，其真正的本质反而会被遮蔽。因此，萨维尼不同意将人格权作为与其他权利同等的权利来单独规定。

我国当前关于人格权是否独立成编问题存在较大的争论，以梁慧星教授为代表的学者沿袭了萨维尼的观点和立场，同时认为当前主体制度与侵权责任法完全能够解决人格权保护问题，独立成编不仅没有必要，而且因难以处理与侵权责任法的关系反而会导致体系的不协调。而以王利明教授为代表的主张人格权独立成编的学者认为独立成编可以彰显对人的价值的肯定，同时也是对潘德克顿体系的创新。

实际上，体系构造方式主要取决于体系内各部分之间的逻辑关系。横向体系是立足于个体意志作用对象而建构的，如果将人格权独立成编，实际上就等于将本人作为自己意志作用的对象。尽管萨维尼也称这种认识没有人反对，但无论如何这种解释都显得过于矫情。在我国，已独立成编的侵权责任法在很大程度上完全可以视为一部人格权保护法，在此情况下再另行制定一部人格权法，的确有蛇足之嫌，并无太大的现实意义。

但是，在意志自主理论下，人格权和财产权均不再是个体意志作用的对象，而是个体意志自主决定的范围，是人作为一个完整、独立、自主的主体得与他人并存所依赖的条件。在此意义上，包括人格权在内的主体性权利不仅是个体作为主体存在的条件，还构成他人行为的边界以及个体与他人建立一切关系的前提。由此，人格权独立成编乃顺理成章之事。

在传统民法理论中，合同、侵权、无因管理与不当得利之所以被统一于债的范畴之下，除个体意志作用对象的共同性之外，另一个不可忽略的因素是：它们都涉及给付。在此意义上，所谓债，实际上就是给付，或者说债的内容主要是给付。由于义务意义上的给付与责任意义上的给付均属于给付，故在债的体系之下，义务与责任并未进行明确的区分。在此情况下，责任分散于各子体系中，无法独立成编。

《中华人民共和国民法通则》虽将责任独立，但并不是建立在对责任和义务进行明确区分的基础上，责任并没有因此获得独立的地位，而是分别规定在不同的子体系之中。在这种情况下，总则部分单独设立责任一章的作用和意义也不是十分明确，而且随着侵权责任法的独立成编，二者的关系更加模糊不清。

在纵向体系中，主体领域与关系领域只涉及义务的确定，不涉及责任的承担。无论是违反普遍性义务，还是违反自我设定的义务，最终在后果承担问题上，均统一于责任之下，适用统一的责任认定标准和规则。在这样的体系构造中，已经没有了债法的位置，债的一般规则被放置责任领域，责任由此得独立成为一编。

与横向体系相比，纵向体系可以说是一种大民法体系，因为它将知识产权、劳动关系和消费关系均纳入统一的民法体系之中。这三种关系本质上均属于私法范畴，仅仅是理解视角的改变使之越来越偏离了私法的理念，从而在横向体系中无法再将其纳入其中。而在纵向体系中，其私法本质可以得到合理的解释，与私法的基本理念也不再产生冲突。

附：民法典纵向构造的内容编排

说明：本附录内容编排中的编与分编的安排是确定的，但章与节的安排仅用以表明相关内容所在的具体位置，以及与其他内容的内在逻辑关系。可根据篇幅和内容的具体需要而做进一步调整。

大多数情况下，章与节的内容均没有展开，如合同编中，各合同类型的内容均未展开。有的内容虽然形式上已经展开，但我并未在意其内容是否完善，而是为突出差异。因而常常是在与传统体例存在不同的情况下，为了突出差异才特别予以列出。

总之，此民法典内容编排仅用以标明民法相关内容在民法典中的具体位置，强调的是民法典的体系构造形式与内在逻辑关系，对其他方面的问题并未充分兼顾。

第一编　总则编

第一章　基本规定

第二章　自然人

第一节　权利能力与行为能力

第二节　监护

第三节　失踪与死亡宣告

第四节　住所

第三章　法人

第一节　一般规定

第二节　营利法人

第三节　非营利法人

第四节　特别法人

第四章　非法人组织

第五章　自主行为

第一节　一般规定

第二节　自主行为的判定

第三节　自主行为的欠缺

第四节　表示行为

第五节　现实行动

第六节　辅助行为

第七节　代理行为

第六章　期间

第七章　诉讼时效

第八章　法的解释与适用

第二编　主体领域编

第一分编　主体领域通则

第一章　一般规定

第二章　人的主体性权利

第三章　人的普遍性义务

第四章　注意义务

第一节　一般注意义务

第二节　特别注意义务

第三节　高度注意义务

第四节　经营者的安全保障义务

第五章　协助义务

第一节　不当得利情况下的返还义务

第二节　无因管理情况下的补偿义务

第三节　特定情况下的救助义务

第六章　容忍义务

第一节　相邻关系中的容忍义务

第二节　其他容忍义务

第七章　恢复义务

第一节　消除危险义务

第二节　排除妨碍义务

第三节　返还义务

第四节　修复义务

第五节　恢复义务的强制履行

第二分编　人格权

第八章　一般规定

第九章　物质人格权

第十章　自由人格权

第十一章　形象人格权

第三分编　财产权

第十二章　一般规定

第十三章　所有权

第一节　一般规定

第二节　所有权的取得方式

第三节　共有
第四节　建筑物区分所有权
第十四章　土地使用权
第一节　土地使用权的取得
第二节　农地使用权
第三节　建设用地使用权
第四节　宅基地使用权
第十五章　占有

第四分编　知识产权

第十六章　一般规定
第十七章　著作权
第一节　一般规定
第二节　著作权的内容
第三节　著作权的归属
第四节　著作权的限
第五节　著作邻接权
第十八章　专利权
第一节　一般规定
第二节　专利权的内容
第三节　专利权的限制
第十九章　商标权
第一节　一般规定
第二节　商标权的内容
第三节　特殊商标
第二十章　其他知识产权

第一节　商业秘密

第二节　域名

第三节　植物新品种

第四节　原产地名称

第五节　集成电路布图设计

第三编　关系领域编

第一分编　关系领域通则

第一章　一般规定

第二章　构成性权利

第三章　设定性义务

第四章　设定性义务的履行

第五章　关系的变更与消灭

第二分编　合同关系

第六章　一般规定

第七章　买卖合同

第八章　供用电、水、气、热力合同

第九章　赠与合同

第十章　借款合同

第十一章　租赁合同

第十二章　融资租赁合同

第十三章　承揽合同

第十四章　建设工程合同

第十五章　运输合同

第十六章　技术合同

第十七章　保管合同

第十八章　仓储合同

第十九章　委托合同

第二十章　行纪合同

第二十一章　居间合同

第二十二章　担保合同

第二十三章　用益合同

第二十四章　知识产权合同

第三分编　家庭关系

第二十五章　一般规定

第二十六章　婚姻

第二十七章　亲属

第二十八章　收养

第四分编　继承关系

第二十九章　一般规定

第三十章　法定继承

第三十一章　遗嘱继承

第三十二章　遗赠

第三十三章　遗产的处理

第五分编　成员关系

第三十四章　一般规定

第三十五章　股东

第三十六章　集体经济组织成员
第三十七章　业主
第三十八章　会员

第六分编　不对等关系

第三十九章　一般规定
第四十章　劳动关系
第四十一章　消费关系

第四编　责任编

第一章　一般规定
第二章　义务违反
第三章　抗辩事由
第四章　损害
第一节　一般规定
第二节　人身损害
第三节　财产损害
第四节　精神损害
第五章　责任的样态
第六章　责任的承担
第一节　责任承担的主体
第二节　责任承担的方式
第三节　责任的免除与代承担

后 记

本书是我在博士后报告的基础上修改而成的，自 2013 年 10 月答辩通过至今倏忽而又五年矣。当时我在报告的后记中说，我完成博士论文的时候，像刚完成任务的接生婆，长松了一口气，然而博士后报告的完成并没有让我真正放松，我不再是刚完成任务的接生婆，而是刚生完孩子的妈妈。这个孩子并不是太好看，而且明显因早产而营养不良，甚至还有点残疾。现在，我又呵护了它五年，我对它的未来该寄托怎样的期待呢？每个孩子都有他自己的命，然而这个孩子也许就是我的命，尽管我从不敢奢望我此生能够指望它。

每次的完成都是一个暂时的停顿，每次的停顿都会留下一些无法弥补的缺憾，每一点缺憾总带着一点伤感，每一点伤感总不免使人有些茫然。到现在为止，我仍然不知道，我每一次的选择是否都选对了方向；到现在为止，我仍然常常想，如果当年我没有这样选择，现在又会怎样？

然而，无论如何，对我本人而言，我不后悔用七年的人生来换取这本书的面世，没有这本书，我的人生也许是不完整的。无论这本书以后面临着怎样的命运，它都毋庸置疑地构成了我此生不能割舍的一部分。

感谢何勤华老师，能入何老师门下是我一生的荣幸。没有他七年前的收留，不仅没有这本书，我的人生也将可能完全是另外一副样子。正是因为何老师的提携和关爱，我才能将我的学术梦想坚持到今天。

感谢刘士国老师，十年前追随刘老师攻读博士学位是我人生的转折点，没有刘老师，我现在也许仍然是一个忙碌而自负的律师，挣更多的钱，住更大的房，然而，此生我也许永远不可能得以一窥学术研究这片神圣而充满魅力的领地。生活虽然稍嫌清苦，我的人生却因此而更加富有多样性，我也因此得以尝试更多的可能。

七年来的这段时光，充满煎熬也充满期待。如今，这一桩心事已了，却突然感觉自己一下子失去了方向。窗外的夜空依然是星光闪烁，我也许需要一段时间的暂时休整。未来，总是在远方。

王森波

图书在版编目（CIP）数据

意志视角下私法理论与体系的重构 / 王森波著. —北京：中国法制出版社，2019.5

ISBN 978-7-5216-0209-8

Ⅰ. ①意… Ⅱ. ①王… Ⅲ. ①私法—研究 Ⅳ. ① D90

中国版本图书馆 CIP 数据核字（2019）第 087318 号

策划编辑：潘孝莉（editorwendy@126.com）

责任编辑：马春芳（machunfang@zgfzs.com） 封面设计：杨泽江

意志视角下私法理论与体系的重构

YIZHI SHIJIAO XIA SIFA LILUN YU TIXI DE CHONGGOU

著者 / 王森波

经销 / 新华书店

印刷 / 北京京华虎彩印刷有限公司

开本 / 640 毫米 ×960 毫米 16 开 印张 / 24.25 字数 / 303 千

版次 / 2019 年 5 月第 1 版 2019 年 5 月第 1 次印刷

中国法制出版社出版

书号 ISBN 978-7-5216-0209-8 定价：99.00 元

北京西单横二条 2 号 邮政编码 100031 传真：010-66031119

网址：http://www.zgfzs.com **编辑部电话：010-66038139**

市场营销部电话：010-66033393 **邮购部电话：010-66033288**

（如有印装质量问题，请与本社印务部联系调换。电话：010-66032926）